mdv

Wilhelm Boeger

Der Leihbeamte

Berichte aus Bonn, Schwerin und anderen Kleinstädten

Mitteldeutscher Verlag

für Gerti, meine Frau, die mir immer den Rücken gestärkt und mich ermutigt hat

»Wie sich der kleine Max die Weltgeschichte vorstellt, so ist sie.«

Anton Kuh, österreichischer Publizist (1890-1941), Mitarbeiter der »Schaubühne« und der »Weltbühne«

Dienstantritt in Schwerin / Ein Leihbeamter muß nicht alles wissen

Die Entscheidung hatte sich hinausgezogen, und die Oberen hatten sich geziert. Schließlich kann nicht jeder Beamte einfach so mir nichts dir nichts nach Mecklenburg-Vorpommern abgeordnet werden, um dort die dicke Buschzulage zu kassieren, womöglich noch befördert zu werden und zum Ausgleich dafür zu faulenzen, wie man das in Bonn seit Jahren von den Beamten gewohnt ist.

Pflichttreue und eifrige Beamte, die zu katzbuckeln verstehen und ihren Vorgesetzten nach dem Mund reden, haben solche Wohltat schon eher verdient, sind aber leider kaum entbehrlich und schon gar nicht durch andere zu ersetzen. Auf der anderen Seite muß die Arbeitsfreude auch von unbequemen und eigenwilligen Mitarbeitern erhalten bleiben. Da bietet sich der Ausweg an: Man begrenzt das Vergnügen auf ein bis zwei Monate.

So wurde ich am 2. April bis Mitte Mai 1991 nach Schwerin geschickt, um als Leihbeamter der Landesregierung auszuhelfen. Die Aufgabe war, in Schwerin das Konzept für ein Berufsbildungszentrum zu entwickeln, dieses in den Ressorts innerhalb der Landesregierung abzustimmen und anschließend auf Rügen zu verwirklichen. Das Rezept, dieses anspruchsvolle Vorhaben in wenigen Wochen umzusetzen, und das noch dazu in einem Land, in dem aber auch alle Voraussetzungen hierfür fehlten, wurde allerdings nicht mitgeliefert.

Die Begrüßung in Schwerin war herzlich. »Was mir so an Ihnen gefallen hat«, sagte der Staatssekretär im Sozialministerium, »waren Ihre Worte: Meine ganzen beruflichen Erfahrungen werde ich dafür einsetzen, daß es gelingt, den jungen Leuten hier im Lande einen Ausbildungsplatz zu geben und die Arbeitslosen umzuschulen in neue zukunftsträchtige und dauerhafte Berufe. Das soll die Krönung meiner beruflichen Tätigkeit sein.« Mit Entschiedenheit und ungewöhnlichem Nachdruck hatte sich dieser Staatssekretär dafür eingesetzt, mich für das Land zu gewinnen. Er sorgte auch für einen vernünftigen Zeitrahmen; die Abordnung wurde bis Ende des Jahres verlängert.

Vor Beginn der Planungsarbeiten habe ich dann noch mit dem Staatssekretär eine Vereinbarung getroffen, deren Bedeutung keiner von uns beiden zunächst übersehen hat. Das war ein Gespräch zwischen Tür und Angel, vom täglichen Streß überschattet. Ich hatte gerade erfahren, was der Sozialminister in Schwerin für eine Mühe gehabt hatte, in Bonn für mich die unbedingt für die Arbeiten erforderliche Zeit herauszuschinden. Dafür habe ich mich beim Staatssekretär bedankt. Der hat ganz komisch geguckt, so als ob er gar keinen Dank erwartet hätte, und hat mich dann recht leutselig gefragt: »Kann ich sonst noch was für Sie tun? Damit die Arbeiten rasch anlaufen und zügig vorangehen. Die Sache muß so schnell wie möglich ins Kabinett. Da müssen Sie schon mal, wenn's not tut, unkonventionell handeln. Ich werde das immer abdecken.« Ob ich einen Wunsch hätte? Na klar. Den hätte ich fast vergessen: »Um rasch und unbürokratisch in Prora agieren zu können, müßte für mich der Instanzenweg verkürzt werden.« Was das heiße, wollte der Staatssekretär wissen. »Ganz einfach. Ich möchte direkt der Leitung des Hauses unterstellt sein. Also dem Minister und Ihnen.«

Der Staatssekretär atmete auf. Er hat wohl befürchtet, ich hätte um Personal und eine finanzielle Mindestausstattung gebeten. Für meine Bitte zeigte er Verständnis: »Ich war ja schließlich auch mal längere Zeit Fachbeamter. Da habe ich manche Kollegen kennengelernt. Wie die einem dreinreden. Am schlimmsten sind die Vorgesetzten, die sich profilieren wollen. Und die Arbeiten ihrer Mitarbeiter erstmal eine Zeit liegen lassen und sie dann bekritteln und benörgeln. Wenn die Vorlagen dann endlich bei der Leitung landen, hat sich oft die Sache von selbst erledigt. Also das soll uns in Prora nicht passieren. Ich sage meinen Abteilungsleitern Bescheid. Da haben Sie einen ganz vernünftigen Vorschlag gemacht. Ich werde Sie überall als Landesbeauftragten für Prora vorstellen, der selbständig handeln kann und zu allen Sitzungen ohne besondere Einladung oder Absprache Zutritt hat.«

Dieses Zugeständnis hat mir bei einigen Beamten zwar Ärger eingebracht. Doch den kann man vergessen: Der Nutzen war ungleich größer. Ich konnte mir Informationsquellen erschließen, die mir die Augen über meine Mission öffneten. Ich sah in Abgründe.

Wenn ich heute, mit Abstand und mehr Gelassenheit, als ich damals aufbringen konnte, alle Beobachtungen und Informationen kritisch betrachte, sie bewerte und sie wie ein Puzzle zusammenfüge, habe ich den Verdacht, daß ich in ein Glücksspiel geraten war, in dem ich – unwissend – als Trumpfkarte für jemand anderen eine Rolle spielen sollte. Stimmt der Verdacht, dann hätte die Begrüßung durch den Staatssekretär anders lauten können. Natürlich nur, wenn er mich ins Vertrauen gezogen hätte. Etwa so:

»Wir freuen uns, daß Sie gekommen sind und uns hier bei der Arbeit helfen wollen. Es gibt da nämlich so ein Problem, das uns einige Kopfschmerzen macht. Auf Rügen, in der Bucht von Prora, steht eine militärische Anlage, die uns die Nationale Volksarmee hinterlassen hat. Die würde das Land gern vom Bund kaufen, aber es darf nicht viel kosten. Der Finanzminister in Bonn gibt den Ländern und Gemeinden im Osten einen kräftigen

Rabatt bis zu fünfundsiebzig Prozent. Voraussetzung ist allerdings, daß eine solche Anlage umgewidmet wird und fortan sozialen Zwecken dient. Da haben wir an ein Berufsbildungszentrum gedacht. Auch die Gemeinde Binz ist sehr an einem Miterwerb interessiert. Wir bitten Sie, uns eine Konzeption auszuarbeiten, die wir dann ins Kabinett geben. Anschließend schicken wir Sie nach Rügen, um dort mit soliden Trägern das Berufsbildungszentrum aufzubauen.

Dabei müssen Sie höllisch aufpassen. Wir wollen das Unternehmen nämlich auf zwei bis drei Jahre begrenzen. Dann müssen die Unternehmen wieder heraus. Sonst kauft uns keiner die Anlage ab, weil er sie dann nicht nutzen kann, wie er will. Wie Sie das schaffen, ist Ihre Sache. Die westdeutschen Firmen, die in Prora die Ausbildung und Umschulung in die Hand nehmen, wollen langfristige Verträge. So über fünf bis zehn Jahre, mindestens.

Warum? Sie müssen kräftig investieren, um die verrottete Anlage auf den Mindeststandard zu bringen. Da ist seit dem Krieg nichts mehr passiert. Die Außenwände lassen den Regen durch, die Räume müssen renoviert werden, das Mobiliar gehört auf den Müll, die sanitären Anlagen stammen aus der Steinzeit. Und was glauben Sie, wie teuer die neue Einrichtung mit allem technologischen Schnick-Schnack, ohne den heute nichts mehr geht, die Unternehmer zu stehen kommt? Die wollen den ganzen Aufwand, der in die Hunderttausende geht, mit der Miete verrechnen. Und das dauert Jahre. Es soll sogar Leute geben – ich habe da etwas von einem Christlichen Jugenddorfwerk aus Berlin gehört – die wollen sich sogar durch ein Erbbaurecht auf neunundneunzig Jahre sichern. Wenn wir uns auf sowas einlassen, werden wir die nie mehr los. Unseren ganzen schönen Plänen können wir dann ade sagen.

Und Sie hätten gut und gerne in Bonn bleiben können. Also hören Sie mal genau zu: Die Anlage in Prora ist unvorstellbar groß und äußerst wertvoll. Um einen Eindruck zu kriegen, müssen sie schon mit dem Hubschrauber einmal drüberher fliegen. Die hat vor dem Krieg Hitler als gigantische Erholungsstätte für, ich glaube, 20 000 Gäste oder noch mehr bauen lassen. ›Kraft durch Freude‹ hieß damals das Staatliche Reiseunternehmen. Später hat die NVA den Komplex militärisch genutzt. Jetzt wird alles geräumt, und die ganze Anlage steht zum Verkauf. Das ist jedenfalls unser Ziel. Der Knackpunkt ist der Kaufpreis. Großbanken schätzen den Wert des Areals mit sechs Kilometer Strand, ausgedehnten Waldungen und Binnenseen, einst Eigentum des Fürsten von Putbus, der es Hitler zum Geschenk machte, auf sechs- bis achthundert Millionen Mark. Die hat natürlich keiner, schon gar nicht das arme Land Mecklenburg-Vorpommern. Das braucht uns aber nicht zu bekümmern. Wir machen den Kaufpreis mit der Oberfinanzdirektion in Rostock aus. Der Präsident ist unser Mann. Hinter der vorgehaltenen Hand hat man mir berichtet, daß er durch Gutachter den Wert auf einhundert Millionen runtergerechnet hat. Jetzt nehmen Sie mal den Rabatt des Finanzministers auf militärische ›Ladenhüter‹, dann bleibt kaum noch was übrig. Den Rest hole ich mir dann persönlich in Bonn beim Kanzler ab. Aus der Aufbauhilfe Ost.

Die eigentliche Problematik liegt nicht in der Finanzierung, wie Sie sehen, sondern in der Umwidmung der Militäranlage für zivile Zwecke. Also auf ihr Berufsbildungszentrum kommt es an. Da muß eine knackige, bis in alle Einzelheiten ausgetüftelte Darstellung her, die den ärgsten Zweifler überzeugt. Und die vor der Fachwelt Bestand hat. Daraus machen Sie dann eine Vorlage für das Kabinett in Schwerin, das unser Projekt genehmigen muß. Hat die Ministerrunde erst einmal alles abgesegnet, werden wir in Bonn leichtes Spiel haben. Aber dazu muß erst einmal Feinarbeit geleistet werden. Wie sage ich immer: Gehen Sie mit Feingefühl an die Sache, wie ein Uhrmacher, mit zarten Händen. Jetzt wissen Sie, weshalb wir uns alle Mühe gegeben haben, Sie als Fachmann in Bonn loszueisen. Das war gar nicht so einfach.« Ich bin skeptisch. »Mit dem Berufsbildungszentrum wird doch nur ein Bruchteil der riesigen Anlage genutzt.« Der Staatssekretär winkt ab. »Meinen Sie, die kommen aus Bonn hierher und sehen sich an Ort und Stelle an, was wir hier unternommen haben? Dafür haben die Finanzer in Bonn doch in Rostock ihren verlängerten Arm, den Präsidenten der Oberfinanzdirektion. Der wird's schon richten.« Fragt sich nur für wen.

Natürlich hat dieses Gespräch nie stattgefunden. Das wäre auch riskant gewesen. Für beide Seiten. Ich hätte jedenfalls meine Sachen gepackt und wäre auf der Stelle nach Bonn zurückgefahren. Auf meine sichere Planstelle. Was ich noch nicht wußte: Die war so sicher nicht mehr. Im Gegenteil. Aber das ist eine längere Geschichte.

Da ich also arglos war und mich auf diese »Pionierzeit« im Osten freute, konnte ich ohne Skrupel an die Arbeit gehen. Zusammen mit einigen engagierten, aber bescheidenen Fachleuten aus Westdeutschland (»Kosten können Sie natürlich keine machen, Geld ist so gut wie nicht da«, hatte der Staatssekretär kategorisch verkündet) wurde die Planung in wenigen Wochen durchgeführt, abgeschlossen und zu Papier gebracht. Die Vorlage wurde im Kabinett in Schwerin beschlossen.

Das allwöchentliche Abenteuer der »DieMiDos«

Die »DieMiDos« sind Zeitgenossen, die freitags ihren Griffel niederlegen und zur Familie heimfahren und montags in umgekehrter Richtung zur Arbeit zurück ins »Reichsbahngebiet« eilen. Nur am Dienstag, Mittwoch und Donnerstag sind sie voll im Einsatz und arbeiten rund um die Uhr. Da werden sie dringend gebraucht (»Diese Ossis müssen ja noch so viel lernen«, sagt der Staatssekretär). Hinter ihm im Dienstzimmer an der Wand hängt ein Zeitungsausschnitt aus einer Lokalzeitung in Schwerin. Überschrift: »Der Staatssekretär ... ist selber ein Ossi!«

Ich finde das ganz schön irritierend, weil er mir gesagt hat, er komme in Wirklichkeit aus Kiel. Zitat: »Sieben Jahre war ich dort im Landtag Vorsitzender des Finanzausschusses. Ich weiß, wo es mit den Finanzen langgeht. Das aufregendste Erlebnis war die Barschel-Affäre, da haben wir ganz schön mitgemischt.«

Die »DieMiDos« dürfen für die Anreise und ihre Heimfahrt das Flugzeug benutzen, es muß aber die Luftwaffe sein. Diese setzt für den Beamtentransport die ausgemusterten Maschinen der DDR-Linie »Interflug« ein.

Eine große Reisefreude bereitet dagegen die Dienstmaschine des ehemaligen Staatsratsvorsitzenden Erich Honecker: Man geht die Gangway hinauf und hält sich streng links, überwindet die kühle Reserviertheit der dort postierten Stewardeß und erreicht als Belohnung für die Mühen eine Traumwelt an Reiseluxus: Breite, gepolsterte, bequeme Sessel umsäumen in mehreren Reihen das Ziel eines jeden »DieMiDos«: die Privatkabine des Staatsratsvorsitzenden. Ein großes, geräumiges Zimmer mit drehbaren Sesseln, einem kleinen, gepflegten Konferenztisch und – für eine längere Reise offenbar gedacht – ausklappbaren Betten. Und natürlich eine abschließbare Tür.

Jeder Beamte, der nach gewonnenem Marathonlauf über das Flugfeld – auf dem Bonner Militärflughafen stehen Zubringerbusse nur ab und an bereit – die Kabine als erster erreicht hat, bedauert, daß Berlin nur eine knappe Flugstunde von Bonn entfernt ist. Nach diesem erhabenen Lebensgenuß war für mich die Landung auf dem Flughafen Schönefeld eine verdrießliche Rückkehr in die Tristesse des ehemals »ersten sozialistischen Staates auf deutschem Boden«.

Die Weiterfahrt trägt nicht dazu bei, die Stimmung aufzuhellen: Das Warten auf den Zubringerbus zur S-Bahn, die Fahrt zur S-Bahn, das Warten auf die S-Bahn und die Weiterfahrt im kalten, ungeheizten Abteil der S-Bahn, nach einer halben Stunde: Umsteigen am Bahnhof Ostkreuz, Warten auf die nächste Bahn nach Lichtenberg, und dann die Fahrt im überfüllten Abteil dorthin. Im Bahnhof Lichtenberg sind zwei Schalter geöffnet, vor beiden reiht sich eine Schlange von potentiellen Fahrgästen, deren Länge abzumessen traurig stimmt. Was die Stimmung weiter drückt, ist die stumpfe Gleichgültigkeit der Wartenden. Niemand spricht miteinander. Jeder scheint sich in ein ihm unerklärliches Schicksal zu fügen. Sich hier anzustellen bedeutet für mich, damit einverstanden zu sein, den Dienstort heute nicht mehr zu erreichen.

Im Zug ist der Reichsbahnschaffner freundlich, aber er hat kein Wechselgeld. Außerdem gibt es beim Nachlösen im Zug keine Ermäßigung, schon gar nicht auf eine Seniorenkarte. Doch auch auf den vollen Preis kann der Schaffner nicht herausgeben. Auf halber Strecke bleibt der Zug stehen: Die Lok ist ausgefallen, sagt der freundliche Reichsbahnschaffner, von Abteil zu Abteil eilend. Ob wir heute noch eine neue kriegen? Schwer zu sagen, aber man wird doch hoffen dürfen.

Es wird Abend und dunkel darüber, bis ich Schwerin erreiche, den Dienstort. Im Gang vor dem Dienstzimmer steht ein Herr Kahlstedt aus Hamburg. Er soll mir in Prora zur Hand gehen, sagt der Staatssekretär. Jahrelang hat er sich im Vorzimmer eines Senators in Hamburg redlich abgemüht. Er ist kein politischer Mensch, aber er ist – wie es sich in Hamburg gehört – immerhin in die SPD eingetreten, geht auf die fünfzig zu und hat sein Nahziel, Oberregierungsrat zu werden, erreicht. Seine Karriere soll nun im Osten kräftig aufgebessert werden. Die Ossis werden sich wundern. Die Ossis, die »noch viel dazulernen müssen« werden überhaupt staunen, was das für Leute aus dem Westen sind, die ihnen als Beispiele für Fleiß und Tüchtigkeit präsentiert werden. Für die Wessis ist es nur natürlich, daß sie jahrelang die einträglichen Staatsdomänen mit Beschlag belegen und den Einheimischen den Zugang dazu versperren. Gewiß, im Kabinett in Schwerin sitzen lauter Ossis, sie dürfen sich Ministerin oder Minister, ja sogar Ministerpräsident nennen. Aber wer hat wirklich das Sagen?

Die neuen Herren in Schwerin / Was die Zeitungen darüber berichten

In der Nummer 37 des in Ostberlin erschienenen Magazins »Extra« vom 5. September 1991 – Anzeigenverkauf laut Impressum: Gruner & Jahr AG und Co. – steht ein aufschlußreicher Artikel. Überschrift: »Die Barschel-Mafia von Schwerin: Barschels Männer sind wieder da. Sie machen Politik im Osten. Ihre neue Hochburg ist Schwerin. Ihr Programm stramm rechts. Der schwache CDU-Landeschef Gomolka hob die ›Barschel-Mafia‹ in den Sattel – offenbar ist er auf jede Hilfe angewiesen.« Unter den aus Kiel importierten Beamten, die heute als Abteilungsleiter und Staatssekretäre in Schwerin fungieren, ist auch Volker Pollehn, ein enger Mitarbeiter Barschels, der heute als Staatssekretär im Innenministerium in Schwerin oberster Beamter nicht nur für die innere Sicherheit, sondern auch für die personelle Betreuung des Regierungsapparates ist. Über seine Tätigkeit in Schwerin weiß der Spiegel in seiner Nummer 49 vom 2. Dezember 1991 unter der Rubrik Filz u.a. zu berichten: »Der Auftrag des Lebens. In Mecklenburg-Vorpommern schieben sich alte Bekannte aus Schleswig-Holstein Multi-Millionen-Aufträge zu:

Schwerins Architekten sahen Rot: Ausgerechnet ein Westdeutscher, der gänzlich unbekannte Hans-Peter Peterson aus Raisdorf bei Kiel, erhielt den Regierungsauftrag, in der Landeshauptstadt von Mecklenburg-Vorpommern das historische Arsenal für das Innenministerium umzubauen. Das Schweriner Großprojekt (geschätzte Bausumme 70 Millionen DM) beschert dem Mann aus Schleswig-Holstein gemäß Honorarordnung für Architekten und Ingenieure einen stattlichen Verdienst: 3,3 Millionen Mark, mindestens.«

Weiter heißt es im Text:

»Als derselbe namenlose Architekt nur zwei Wochen später beauftragt wurde, nun auch das Schweriner Schloß für die Zwecke des Landtages von Mecklenburg-Vorpommern umzubauen, wuchs unter den Ost-Architekten der Ärger über den geheimnisvollen Westdeutschen zum offenen Protest. Das Bauvolumen für die Arbeiten am Schloß, schätzungsweise 130 Millionen Mark, bringt Petersen ein weiteres Honorar von mindestens 4 Millionen Mark ein. Es sei ›der Auftrag meines Lebens‹, ließ Petersen denn auch die Lokalpresse wissen... Schweriner Denkmalspfleger beurteilen ›die Qualität der eingereichten Entwurfsleistungen‹ (des Architekten Petersen) ebenfalls ›skeptisch‹. Auch in seinem Heimatdorf Raisdorf, einer 7300-Seelen-Gemeinde mit zwei Kirchen und einem Fußballverein, ist Petersen nicht eben als Denkmalpfleger aufgefallen... Im Dorf weiß nahezu jedermann, mit welchem hohen Tier aus der CDU Petersen befreundet ist: mit einem seiner Schweriner Auftraggeber, dem ebenfalls aus Raisdorf stammenden Staatssekretär des Schweriner Innenministeriums, Volker Pollehn, 47.

Gemeinsam mit Pollehn, einst enger Mitstreiter des verstorbenen Kieler Ministerpräsidenten Uwe Barschel, war Petersen jahrelang im rund 100 Mitglieder zählenden Raisdorfer CDU-Ortsverein aktiv gewesen. Pollehn wirkte damals als Vize-Vorsitzender, Petersen als Mitglied im Gemeindeausschuß. Beide haben manch ein Bierchen im Raisdorfer CDU-Stammlokal Rosenheim getrunken.

Daß schwarzer Beziehungsfilz der Grund für die exklusive Auftragsvergabe ist, vermutete auch die Opposition im Schweriner Landtag: ›Typischer Fall von Vettern- und Parteibuchwirtschaft‹, urteilt Sigrid Keler, die finanzpolitische Sprecherin der SPD-Fraktion.«

Wie inzwischen bekannt geworden ist, hat die schleswig-holsteinische Regierung mehr als 200 Leihbeamte nach Schwerin entsandt. Bezahlt werden sie von Kiel.

»Und da läßt man sich nicht lumpen«, so ist in »Extra«, Nummer 37, nachzulesen, »1350 Mark Ost-Zulage zusätzlich zu Gehalt und Spesen streicht jeder der Staatsdiener ein. Zudem sind in der ehemaligen FDGB-Großherberge ›Fritz Reuter‹ ständig 320 Zimmer reserviert. 80 bis 90 Mark kassiert die Stadt Schwerin pro Nacht und Beamten, also über eine halbe Million im Monat für einen Komfort übrigens, an dem sich seit FDGB-Zeiten nichts geändert hat.

Vor wenigen Wochen durfte auch der schleswig-holsteinische Ministerpräsident Engholm die Atmosphäre im ›Fritz Reuter‹ schnuppern, wo er während seiner Schwerin-Visite sinnigerweise untergebracht war. ›Der

Björn ist beinah vom Barhocker gekippt‹, erzählt ein Begleiter, ›als er all die alten Bekannten aus der Barschel-Riege traf und erkannte, wen er da so alles bezahlt.‹« Ende des Zitats aus dem Magazin »Extra«.

Mein Mitarbeiter, der Herr Kahlstedt, gehört nicht zu dieser Truppe: Er stammt nicht aus Kiel, sondern aus Hamburg und ist auch nicht in der CDU. Trotzdem ist er für mich ein undurchsichtiger Zeitgenosse. Doch eins muß man ihm lassen, der hört die Flöhe husten. Kaum haben wir uns kennengelernt, läßt er die Katze aus dem Sack: »Geben Sie sich bloß nicht soviel Mühe in Prora mit den Weiterbildungsträgern. Ich habe einen großen holländischen Konzern an der Hand, der die ganze Anlage kauft und sie privatwirtschaftlich vermarktet. Das sind die Leute, die damals schon die Geschäfte mit den Autobahnraststätten machen wollten. Also ganz solide und finanzkräftige Leute.« Wie ich mich erinnere, haben die Geschäfte dieser finanzkräftigen Spekulanten seinerzeit einen mittelprächtigen Skandal ausgelöst, sie mußten rückgängig gemacht werden.

Und dieser Herr Kahlstedt will mir also in Prora zur Hand gehen. Da werd' ich mich ja auf einiges gefaßt machen müssen. An dem werde ich keinen motivierten Mitarbeiter haben. Ich nehme an, der will im Osten nur seinen Schnitt machen. Vielleicht ist er mit einem kleineren Happen zufrieden, bescheiden, wie er sich gibt.

Fahrt nach Rügen / Eine Sternstunde in Ahrenshoop

Herr Kahlstedt läßt mich wissen, daß die Reise noch am gleichen Abend, sozusagen bei Nacht und Nebel, nach Rügen gehen muß: »Ich hab mein Zimmer schon aufgegeben hier in Schwerin.« Mir kommt ein Gedanke: »Eigentlich könnten wir bei Rolf Schneider in Ahrenshoop vorbeifahren, vielleicht gibt es für uns beide eine Tasse Kaffee, wir verbringen eine anregende halbe Stunde, und ich kriege endlich meine Büchersammlung signiert, worauf ich schon seit Jahren erpicht bin.« Der Dichter hat sich bisher von mir nicht fassen lassen. Ich suche zu ihm wie auch zu anderen Autoren Kontakt, um mich demnächst beim Aufbau eines Kulturzentrums beraten zu lassen. Die Gebäude in Prora wären allein mit einem Berufsbildungszentum nicht ausgelastet. Und das Land hat zugestimmt.

Herr Kahlstedt ist mit dem Besuch einverstanden, vorsichtshalber rufen wir in Prora beim Militär an, ob abends spät noch geöffnet ist. Nach einer halben Stunde kommt eine Verbindung zustande. Wir erleben kleinkarierte Bürokratie wie im Westen: Der Posten verweist auf den Offizier vom Dienst. Es wird durchgestellt, der Offizier ist ratlos: »Sowas haben wir noch nie gehabt! Wenn jemand um acht Uhr angemeldet ist abends und kommt erst um elf oder elf Uhr dreißig, das gibt große Schwierigkeiten. Ich müßte da meinen Vorgesetzten, den Obersten, fragen, aber der ist im Augenblick nicht zu greifen.« Man einigt sich darauf, alles Menschenmögliche zu tun und in einer Stunde zurückzurufen. Fast auf die Stunde genau kommt die Nachricht: »Der Schlüssel liegt bei der Wache, es geht alles in Ordnung.«

Die Fahrt in der klapprigen Rostlaube des Hamburger Oberregierungsrates: »Bei Unfällen hafte ich natürlich nicht, damit das klar ist«, geht über vier reine Fahrtstunden durch eine schöne naturbelassene Landschaft und wird ein Abenteuer. Die riskanten Überholmanöver des ehrgeizigen Fahrers auf den kurvenreichen, unübersichtlichen Alleen, das kilometerlange Kopfsteinpflaster, die zahlreichen Baustellen – alles das ist dem Wessi ungewohnt und macht ihm Beklemmungen. Nach drei Stunden Fahrt verpassen wir kurz vor Ribnitz-

Damgarten, wo die Brücke über die Recknitz Mecklenburg von Vorpommern trennt, prompt die Abfahrt nach Ahrenshoop. Nach einem riskanten Wendemanöver, das wir mit strapazierten Nerven überstehen, geht es weiter parallel zur Küstenstraße. Dort liegt im Landschaftsschutzgebiet zwischen Ostsee und Bodden auf einer schmalen Landzunge Ahrenshoop. Und fernab der Straße, direkt am Steilufer zur Ostsee, auf einem großzügigen Areal steht eine Siedlung geschmackvoller Ferienhäuser. Ich denke spontan an Kampen auf Sylt. Die Anlage ist vergleichbar, nur nicht so feudal, dafür naturwüchsiger: diskret gepflegte Gärten und Rasenflächen, die Häuser hinter blühenden Büschen und Bäumen verborgen. In den letzten vierzig Jahren verbrachten hier hohe Stasi-Beamte wie auch Künstler ihre Urlaube.

Rolf Schneider wohnt in der ehemaligen, eher bescheidenen Villa des angesehenen DDR-Malers und Fotografen Edmund Kesting, der von Walter Ulbricht zunächst protegiert wurde, aber später in Ungnade fiel. Respekt vor der Größe des Künstlers hat den jetzigen Besitzer offenbar veranlaßt, das Türschild nicht zu ändern. Da kein Nachbar den anderen kennt oder nicht zu kennen vorgibt, ist die Suche langwierig, doch letztlich ergiebig. Rolf Schneider zeigt sich als liebenswürdiger Gastherr, die beiden Enkel liegen vor der Glotze und wollen nicht ins Bett. Der Kaffee ist gut, die Atmosphäre gelockert. Die Rede kommt auf den Bundeskanzler und seine Heimat. Rolf Schneider sagt: »In Oggersheim hat Schiller die Räuber geschrieben.« Seine Frau bezweifelt das, der Hausherr beruft sich auf seine Autorität als Germanist. Wir freuen uns über die Bereicherung von literarischen Kenntnissen, Rolf Schneider signiert. Er bemerkt meinen erstaunten Blick über die winzige Signatur: »Sie haben recht, beeindruckend ist meine Unterschrift gerade nicht.« Ich fühle mich ertappt und bin betroffen. Rolf Schneider überspielt – ganz Weltmann – die peinliche Situation: Er holt einen großformatigen Druck »Bewerbungen« der Berliner Handpresse herbei: bibliophile Ausstattung mit zwölf sechsfarbigen Originalgraphiken von Wolfgang Jork und Erich Schöning, mit der Hand gesetzt und in einer Auflage von dreihundert Exemplaren gedruckt. Das Exemplar hat die Nummer sechsundfünfzig und ist von beiden Malern handsigniert. Rolf Schneider fügt seine Signatur hinzu: »Das Buch schenke ich Ihnen.« Wir gehen zum Auto und holen die restlichen Bücher. Beim nächsten Besuch werde ich mich wohl von meinem schönen Bildband des Fotografen Kesting trennen müssen. Hoffentlich freut sich Rolf Schneider darüber.

Es ist Nacht, als wir auf Rügen ankommen und in Prora vor dem Kasernentor stehen. Die Wache ist besetzt. Der Schlüssel liegt parat. Die Kasernen sind sechs Kilometer lang, wir finden den richtigen Abschnitt, öffnen die Tür und gehen todmüde ins Bett.

Aufenthalt in Prora / Kein Bedarf für das Walter-Ulbricht-Heim?

Adolf Hitler liebte es gigantisch und monumental. Wie die Bendlerstraße mit der neuen Reichskanzlei als Regierungszentrale für Europa, wenn nicht für mehr, gedacht war (sangen doch die braunen Horden: »Heute gehört uns Deutschland und morgen die ganze Welt!«), wie das Reichsparteitagsgelände in Nürnberg die Kulisse für Riesenaufmärsche und Ergebenheitsadressen dankbarer Massen an ihren Führer war, so zeigte sich Hitler seinerseits generös in Prora: Seine staatliche Erholungsgesellschaft »Kraft durch Freude« baute in der Bucht von Prora auf Rügen, direkt am Strand, umgeben von einem zweitausend Hektar großen Naturschutzgebiet, eine Anlage für fünfundzwanzigtausend Urlauber. Hitlers Architekten hatten jedem Volksgenossen, der dort baden, sich erholen und kuren sollte, am kilometerlangen Strand acht Quadratmeter Sand zugemessen. Die Anlage war fast fertig – alle Doppelzimmer mit Meerblick, Großküche mit modernster Einrichtung, Bade- und Arztabteilung, Versammlungssäle und Gesellschaftsräume mit Parkett und paneelierten Wänden – da setzte der II. Weltkrieg dem Projekt ein Ende. Kurz vor Kriegsschluß hatte Hitler den Fürsten von Putbus auf Rügen, der ihm das gesamte Areal als Schenkung vermacht hatte, nach Plötzensee bringen und als »Verräter« hinrichten lassen.

Die Russen wollten 1945 das Ärgernis in die Luft sprengen. Die Gebäude zeigten sich aber standhaft, sie trotzten herkömmlichen Sprengmitteln. In Bunkerqualität, mit ungewöhnlich starker Stahlarmierung, waren sie für die nächsten tausend Jahre gedacht. Die Russen gaben nach kläglichen Versuchen ihr Vorhaben auf. Einige Zeit später zog die Kasernierte Volkspolizei ein. Dann nutzte die NVA das Gelände bis zur Wende. Man umzog das ganze Gelände mit Stacheldraht und nutzte die Kasernen auf vielfältige Weise. Ein größerer Block wurde zur Offiziershochschule erklärt. Dort wurden Untergrundkämpfer befreundeter Nationen, vor allem Schwarzafrikaner, für die Weltrevolution militärisch vorbereitet. Die eher konservativen Rüganer nannten diesen Abschnitt verächtlich »Die Mohrenschule«. Der junge Hauptmann, der dort Dienst getan hat, auf Zeit von der Bundeswehr übernommen wurde und demnächst Bankkaufmann werden möchte, sagt mir dazu: »Das war ein sehr undankbarer Dienst dort in der Kaserne. Wenn die Neger zum Strand gingen, und das taten sie gern und häufig, mußten sie immer von bewaffneten Soldaten begleitet werden. Offiziell hieß das: zu ihrer Sicherheit. In Wirklichkeit ging es aber mehr um die Sicherheit der Bevölkerung. Kam es zu Übergriffen, wurden schon mal einige von den Gästen aus Afrika verdroschen. Dann erschien am nächsten Tag der Botschafter aus Ostberlin und beschwerte sich beim Kommandeur.«

Diese Offiziershochschule wird zunächst meine Unterkunft. Ich halte das einige Tage und Nächte aus, dann gehe ich zum Kommandeur und sage ihm dazu: »Herr Oberst, ich freue mich über das schöne, geräumige Zimmer mit den beiden Betten, das Sie mir zur Verfügung gestellt haben. Aber beim besten Willen kann ich weder heißes noch kaltes Wasser entdecken. Abends muß man sich hüten, noch ein Bier zu trinken, weil die Toiletten über einen langen, dunklen Flur mit unebenem Steinfußboden meilenweit entfernt scheinen, und morgens gibt es nur eine Dusche, aus der eiskalt das Wasser fließt. Das wäre alles noch zu ertragen, wenn ich heute nicht allerlei Käfer und anderes Ungeziefer im Bett entdeckt hätte. Kann man denn in diesem riesigen Komplex nicht irgendwo schlafen, wo die Verhältnisse erträglicher sind?« Wir begeben uns gemeinsam auf die Suche. Stichproben in den kilometerlangen Kasernen ergeben, ich habe eine Luxusherberge erwischt! Eigentlich hatte ich immer gehört: »Im Osten kriegt das Militär alles, was es braucht, da ist die Zivilbevölkerung arm dran«. Ich kann mir nicht vorstellen, daß die Bevölkerung in der alten DDR so erbärmlich hausen mußte wie das Militär in Prora.

Wir erreichen das Ende des Geländes und stehen vor einem eisernen Zaun mit verschlossenem Tor, alles verriegelt und versperrt. Ich frage, was dahinter sei. Der Kommandeur zuckt die Schultern, dafür sei das Militär nicht zuständig gewesen. Eben ein eigener Bereich, ganz für sich abgeschlossen. Ob es einen Schlüssel gibt? Achselzucken. Ich werde neugierig zu erfahren, was in dem kilometerlangen Trakt verborgen sein mag.

Widerwillig sagt der Kommandeur: »Das ist das ehemalige Walter-Ulbricht-Heim, ein Erholungsheim der Nationalen Volksarmee. Hatten wir vom Militär aber gar nichts mit zu tun, dafür gab es eine eigene Verwaltung!« »Und wer hat den Schlüssel?« »Ja, den Schlüssel hat die Hausmeisterin.« »Und die wohnt in Pasewalk?« »Die Frau wohnt in Mukran.« Ich denke an Pasewalk, weil der Kommandeur seine Worte so setzt, als wäre die Hausmeisterin in unerreichbarer Ferne. Pasewalk ist für mich weit weg.

Der Ordonnanzoffizier steigt auf meine drängende Bitte in den militäreigenen Wartburg. Nach einer Stunde kommt er mit der Hausmeisterin und einem dicken Schlüsselbund zurück. Wir öffnen das Tor, finden mühelos Einlaß in das Gebäude und staunen. Besser gesagt, wer staunt, bin ich alleine, beide Begleiter sind von stoischer Gelassenheit. Man stelle sich vor: Eine gediegene Eingangshalle, Kunststeinboden, eichengetäfelte Wände, intakte Aufzüge, ein breiter, teppichgedeckter, gepflegter Aufgang in die oberen Regionen. Im Gebäude findet sich eine gut ausgestattete Bibliothek mit schöngeistiger Literatur, anspruchsvollen Bildbänden aus der Region, kaum Marx und Engels. Eine ärztliche Abteilung und eine Bäderabteilung waren – erfahre ich beiläufig – noch bis Anfang des Jahres 1991 in Betrieb.

Ein Filmsaal erregt meine Aufmerksamkeit und Bewunderung: Die Säulen sind mit Marmor verkleidet, alles vom Feinsten. Das »Walter-Ulbricht-Heim« verfügt über tausend Plätze in soliden Doppelzimmern mit Bad/Dusche und WC, es gibt Fernseher und Stereoanlagen. Ich finde Suiten von sechzig Quadratmeter Größe, die für »normale« Urlauber aus der DDR wohl kaum erschwinglich waren. Wer mag dort seine Ferien verbracht haben? Der Oberst Schulz, Dr. und Diplom-Ingenieur, einer der Lehrer in den Militärfachschulen Prora, erklärt mir später: »Ich kenne jemanden, der hat in so einem Heim mit Frau und zwei heranwachsenden Kindern drei Wochen Urlaub gemacht, bei voller Verpflegung, ärztlicher Betreuung und allem Drum und Dran, und gekostet hat die ganze Chose hundertzwanzig Mark für alle.« Bei solchen Dumpingpreisen muß ein Staat ja zugrunde gehen, meinen nicht nur die Offiziere.

Wo ist das Personal geblieben? Die Verwaltungsangestellten, die Köche, Serviererinnen, Stubenmädchen, die Bibliothekarin, die Ärzte, die Bademeister usw.? »Die sind alle entlassen worden. Sie wohnen am Rande des Geländes in Mietskasernen und leben von der Arbeitslosenunterstützung.« Wie ich erfahre, würden die Leute gerne arbeiten, aber man läßt sie nicht. Meine Anstrengungen, das Heim zur Sommersaison geöffnet zu bekommen, dem Personal damit Arbeit und Brot zu verschaffen und über tausend Urlaubern, am besten kinderreichen Familien und alleinerziehenden Frauen – eine beachtlich große Gruppe in den neuen Ländern – eine schöne Sommererholung zu bieten, stoßen auf Verständnis, aber für die konkrete Umsetzung auf taube Ohren. Die Landesregierung sagt: »Uns gehören die Gebäude ja überhaupt nicht.« Das ist wohl richtig. Die Bundeswehr, vertreten durch die Standortverwaltung, zeigt sich wenig interessiert. Das kann man verstehen, weil einige Investitionen mindestens für die verfallene Außenfront wohl erforderlich wären. Und warum soll man Geld in Sachen stecken, die man ohnehin abstoßen will? Spätestens im Oktober wird die Bundesvermögensverwaltung – das Bundesfinanzministerium – die Anlage zu Eigentum übernehmen, das Militär wird ausziehen, aber was mit dem Heim wird, weiß niemand. Was ich nie für möglich gehalten hätte: Tatsächlich bleibt die ganzen Sommermonate das Walter-Ulbricht-Heim für die Nutzung geschlossen. Im benachbarten

Binz fehlen dagegen Hunderte von Übernachtungsplätzen. Viele Urlauber finden keine Unterkunft und kehren wieder nach Hause zurück. Es läßt sich kaum abschätzen, welcher Unmut gegen die Wessis dadurch produziert wird, die andererseits auf Deck sind, wenn es darum geht, rasch und problemlos in den neuen Bundesländern abzustauben. Sie haben es auch in Binz versucht. Wie man hinter vorgehaltener Hand erzählt, hat die dortige Bürgermeisterin einem Konsortium von Spekulanten baureife Grundstücke der Gemeinde veräußert, aber es versäumt, die Gemeindeväter um Zustimmung zu bitten. Ich frage die Bürgermeisterin: »Wie konnten Sie denn das Stadtparlament vergessen?« Und dann höre man sich die verblüffende Antwort an: »Ja, wenn ich doch keine Mehrheit dort habe, warum soll ich denn dahin gehen?« Aber dann fällt mir gerade noch rechtzeitig ein: Hat nicht seinerzeit ein Bildungsminister mit den Gewerkschaften gegen den Kanzler Schmidt im Bundestag die Berufsbildungsabgabe durchgepeitscht, als Zuchtmittel gegen Unternehmer, die nicht genügend Lehrlinge einstellen möchten? Und hat er nicht versäumt, den Bundesrat zu fragen? (In dem die damalige Bundesregierung keine Mehrheit hatte.) Und hat deshalb nicht das Bundesverfassungsgericht das ganze Gesetz für nichtig erklärt? Warum soll man da in der Gemeinde Binz strengere Maßstäbe anlegen? Wie sagte doch der Staatssekretär: »Die Ossis müssen noch eine ganze Menge lernen.« Von uns? Doch wohl manches besser nicht. Der Staatssekretär hatte wohl mehr an die Schriftsätze gedacht: »Westdeutsche Ministerialbürokratie hat da einen ganz anderen Stil, klar, deutlich und knallhart.« Auch bürgerfreundlich?

Auf einer Sitzung in Schwerin erklärte die Bürgermeisterin, daß die Gemeinde Binz ganz Prora von der Bundesregierung kaufen will. Fachleute schätzen den Wert der Gesamtanlage auf 400 bis 500 Millionen DM. Aber da wird schon die Oberfinanzdirektion ein Wörtchen mitzusprechen haben. Die Beamten dort haben erklärt: »Wir lassen ein Wertgutachten anfertigen. Mal sehen, was dabei herauskommt.« Nun muß man wissen, daß die Oberfinanzdirektion eine doppelte Aufgabe erfüllt: Sie vertritt das Finanzministerium in Schwerin und handelt gleichzeitig im Auftrag des Bundesfinanzministers. Der Präsident der Oberfinanzdirektion, ein liebenswerter Schöngeist, Kommentator juristischer Schriften und Teetrinker aus edlen chinesischen Tassen, lächelt verschmitzt: »Da mache ich doch glatt ein Insichgeschäft: Ich bin Käufer und gleichzeitig Verkäufer. Mal sehen, wie das funktioniert!« In der ganzen Oberfinanzdirektion gibt es außer ihm nicht einen einzigen Juristen, höre ich im Finanzministerium in Schwerin. Dabei geht es um Milliardenvermögen, die durch Verträge den Besitzer wechseln. Nun mögen Juristen sich allerhand anmaßen, aber eins kann man ihnen nicht bestreiten: Verträge machen können die Leute. Böse Zungen behaupten, daß ein Abteilungsleiter, jetzt Regierungsdirektor, im Westen sein Dasein als schlichter Sekretär fristen mußte. Der Einigungsvertrag macht's möglich.

Ich frage mich, wie die bankrotte Gemeinde Binz die Zig-Millionen auf den Tisch legen will.

Abstecher an die Mecklenburgische Seenplatte / Honeckers Urlaubsdomizil

»Hört sich gar nicht schlecht an«, sagt Direktor Franz vom Christlichen Jugenddorfwerk in Berlin, als ich ihm von Prora erzähle und von den Möglichkeiten für das Christliche Jugenddorfwerk, das Berufsbildungszentrum in Prora mit aufzubauen. Er hat gerade eine Abspeckungskur hinter sich, hat zwanzig Kilo Fett weniger auf den Rippen, kann wieder essen, soviel er will und so oft er will und vor allen Dingen, was ihm schmeckt. Wie er mir anvertraut, hat er in den letzten Wochen nur von Selterswasser und sauren Gurken gelebt. Dafür sieht er eigentlich noch recht stabil aus.

»Heute«, sagt Direktor Franz, »haben wir was Besonderes vor. Kommen Sie mal ruhig mit.« Berlin ist für mich die Zwischenstation zwischen Bonn und Rügen, ich gebe mir Mühe, dort einige solide Unternehmer zu finden, die mit mir zusammen in Prora den Arbeitslosen eine Chance geben. Es ist schon spät abends, als wir uns ins Auto setzen. Die Autobahn führt Richtung Rostock. In Höhe von Waren, mitten in der Mecklenburgischen Seenplatte, biegen wir ab. Die Gegend wird einsamer und immer menschenleerer. Dreimal überfahren wir einen kleinen schmalen Feldweg, der so versteckt liegt, daß der Fahrer Mühe hat, ihn wiederzufinden. Dabei war er schon oft hier. Nach hundert Metern beginnt dichter Wald, am Waldesrand ein großes, leerstehendes Gebäude. »Da saß früher die Stasi drin.« Warum, bleibt unklar, aber das ist ja eine Fahrt ins Blaue und eine Überraschung. Der Weg führt kilometerweit in den Wald. Er wird immer schmaler, hoffentlich haben wir keinen Gegenverkehr! Vom Scheinwerfer werden abwechselnd Rehe, Hasen, große Vögel, die im Dunkeln schwer auszumachen sind, erfaßt. Vor einem schmiedeeisernen Tor endet die Fahrt. Ein Pförtner öffnet, und ein üppiges, gepflegtes Areal zeigt sich dem Besucher: Das Ferienheim des Staatsratsvorsitzenden der DDR. Zum 70. Geburtstag von Erich Honecker hat sich Mielke etwas einfallen lassen.

Ehemals besaß der verstorbene Landwirtschaftsminister hier eine kleine, gut ausgestattete Datsche. Von hier aus ging es in den wildreichen Wäldern zur Jagd. Mielke nahm die Datsche in Augenschein, fand sie nicht groß und pompös genug und baute daneben ein luxuriöses, rietgedecktes Haus mit allen Schikanen, die sich der einfache Bürger in der DDR nicht leisten konnte. Die Baukosten in DM: zirka vier bis fünf Millionen. Außen und innen alles vom Feinsten, wenn auch vielleicht nicht vom letzten Geschmack. Mit Holz, einer Rarität in Honeckers Staat, ist nicht gegeizt worden: Böden, Paneele, Treppen, alles aus solider, fester Eiche. Ware von erster Qualität. Die Schwimmhalle, die gut für eine mittlere Kleinstadt reichen würde, öffnet sich nach Westen mit einer breiten Glasfront zum benachbarten See, der das Areal abschließt. Ich schätze den See so auf sechs Kilometer Länge und drei Kilometer Breite. Er durfte von niemandem befahren werden, außer vom Staatsratsvorsitzenden. Der See hat Trinkwasserqualität.

Der Schwimmhalle benachbart im Untergeschoß des Hauses liegt eine Anlegestelle für die Privatflotte von Erich Honecker. Das einzige Motorboot, das auf dem See zugelassen war, stand ihm zur Verfügung. Im Obergeschoß finden sich die beiden Appartements von Erich und Margot, getrennt wurde geschlafen, aber gemeinsam geduscht.

Die Konferenzsäle, Gesellschaftsräume, Clubzimmer, kurz die ganze Pracht wurde ständig von fünfzig Soldaten und einem Dutzend Offiziere bewacht.

Für die Nacht darf ich mir eine Suite aussuchen. Meine Wahl fällt auf die des Staatsratsvorsitzenden, vermutlich wegen des Roten Telefons. Ich versuche, Gorbi anzurufen, aber es klappt nicht. Die Leitung ist offenbar – wie bei fast allen Telefonen in der ehemaligen DDR – nicht intakt. Morgens weckt der Specht den Schläfer; wirklich ein Naturparadies, wie es selten zu finden ist. Aber ich bin ja nicht zum Vergnügen hier. Direktor Franz entwickelt seine Pläne: Das ganze Anliegen ist auf neunundneunzig Jahre von der Gemeinde in Erbpacht erworben, das Christliche Jugenddorfwerk wird kräftig investieren und ist mitten dabei, ein Schulungszentrum für Kommunalpolitiker und Kommunalbeamte aufzubauen. Kurse für Ökologie und Landschaftsschutz sollen dazu beitragen, das Bewußtsein für einen Tourismus zu wecken, der die Landschaft schont und erholsame Urlaube garantiert. Viel Wandern, viel Radfahren, viel frische, gesunde Luft und wenig Walt-Disney-Freizeitfreuden. Hier wird man auch darüber nachdenken, wie die verdorbenen Äcker wieder in Schuß gebracht werden können: Wir sind auf unserem Weg hierher Genossenschaften begegnet, die jahrelang auf einem Fleck Tausende von Schweinen und Tausende von Rindern gehalten haben. Die ganze Gülle ist kilometerweit über die Äcker geschüttet worden. Es stinkt infernalisch.

Weiterfahrt an die Küste / Joachim Ringelnatz und die Volksvertreter

Nach der erholsamen Zwischenstation auf dem ehemaligen Landsitz von Erich Honecker fahren wir weiter in Richtung Küste. Direktor Franz hat sich entschieden, mich zu begleiten. Er will sich in Prora umschauen. Die Möglichkeiten des Christlichen Jugenddorfwerkes, am Aufbau in Prora mitzuwirken, interessieren ihn mehr, als er zunächst angenommen hatte.

Die Fahrt mit dem Auto ist beschwerlich. Aber wir sagen uns: Vor den Erfolg haben die Götter den Schweiß gesetzt, vor Rügen haben die Menschen Stralsund (Betonung bitte auf der ersten Silbe) gebaut. Wer zur Sommerzeit mit dem Auto nach Rügen fährt, versteht den Vergleich.

Nach Stralsund zu kommen, ist für Autofahrer keine Kleinigkeit. Wegen des oft schlechten Straßenzustandes, der Verkehrsdichte und der rasanten Fahrweise der Einheimischen. Viele von ihnen haben den Trabbi mit einer PS-starken Rostlaube aus dem Westen vertauscht, für den die Fahrpraxis nicht reicht. Zumal dann nicht, wenn sie auf den ADAC hören, der keine Beschränkung der Geschwindigkeit gelten lassen will und fordert: »Freie Fahrt für freie Bürger!«

Wir überlegen, welche Strecke wir nach Stralsund nehmen wollen. Da gibt es eine direkte Verbindung, aber die geht mitten durchs Land, über die Dörfer. Das ist riskant, da wir den Straßenzustand nicht kennen.

Also bleiben zwei Routen übrig, die ich öfter benutzt habe. Beide sind unproblematisch:

Zunächst bietet sich die Autobahn nach Rostock an. Die ist in einem guten Zustand und meist ohne Stau. Dabei wird sie von den Touristen aus Berlin und Norddeutschland gern befahren. Man ist rasch in Rostock, aber durch die Stadt ist kein Durchkommen: Sie kann es zur Rush-hour an Verkehrsdichte mit Neapel aufnehmen. An den Wochenenden werden von der Polizei fünfzig bis sechzig Unfälle notiert. Hat der Tourist sich durch die Stadt gequält, gerät er leicht als Ortsunkundiger auf die Küstenstraße. Dort reiht sich eine Baustelle an die andere. Ist dann mal eine Teilstrecke frei, dann hat die Polizei gesperrt, weil es zwei Rasern nicht schnell genug gegangen ist. Die Einheimischen meiden deshalb die Küstenstraße, vor der der Verkehrsminister Krause mehrmals in Funk und Fernsehen wöchentlich warnt.

Diesen Weg wollen wir nicht nehmen. Die Schleichwege zur Umgehung der Küstenstraße setzen eine solide Ortskenntnis voraus.

Die andere Möglichkeit, Stralsund anzufahren, führt über Greifswald. Rechtzeitig fällt mir ein, daß ich dort noch einen Termin habe, der am besten heute erledigt werden kann. Ich rufe an, es klappt. Wir werden in Greifswald erwartet.

Es dunkelt schon, als wir uns aufmachen, um über Stralsund endlich Rügen zu erreichen. Da ereilt uns das Schicksal: Wir geraten – eigentlich ganz normal für diese Strecke – in einen soliden Stau. Ich habe Tage erlebt, an denen es ganze dreißig Kilometer nur im stop-and-go-Verfahren gegangen ist, vorangegangen kann man das ja wohl nicht nennen.

Ehrlicherweise muß man sagen: Das kommt meist nur in den Sommermonaten vor. Aber wer fährt schon im Winter nach Rügen?

Um zu entspannen und den Stau besser auszuhalten, schalten wir das Radio an. Es läuft eine Literatursendung. Den Hörern wird Joachim Ringelnatz präsentiert. Der Sprecher stellt den Gedichtband »Allerdings« vor. Erstmals erschienen im Jahr 1929. Wir hören zunächst Reime über die Familie des Poeten, ein wenig verschroben, von galligem Humor. Etwa »Meine Tante ist eine Blinde und obendrein geistesgestört, / was ich doch noch rüstig empfinde, / weil sie auf dem einen Ohr hört...« Oder: »Mein Bruder löst immer Probleme. / Mein Bruder verfolgt ein Ziel. / Mich nennt er eine bequeme / Schlawinernatur ohne Stil.« Wir erfahren: »Ich bin zwar ein saudummes Luder, / meine beiden Beine sind schief. / Im übrigen ist mein Bruder / gar nicht verwandt, sondern stief.« Das reicht eigentlich. Wir wollen gerade etwas flotte Musik suchen, da ist die Rede von einem Onkel aus Rügen, der in die Politik gegangen ist. Da hören wir interessiert zu. Und haben unseren Spaß.

Wollen Sie wissen warum? Ich habe das Gedicht nachgeschlagen. Es lautet:

Das Parlament

Im Parlament geht's zu.
Was die für Schnäbel haben, –
Da sind wir Waisenknaben
Dagegen, ich und du.

Mein Onkel Rolf aus Rügen,
Der ist einmal hineingewählt.
Wenn er recht voll ist und erzählt,
Dann merkt man, wie die lügen.

Ich habe selber zugeschaut,
Wie er das Volk vertrat.
Das geht auf keine Kuhhaut.
Man meint, die spielen Skat.

Nur manchmal, wenn der Präsident
Laut läutet, gibt es Ruhe.
Doch alles, was im Parlament
Geschieht, ist nur Getue.

Sie wollen sich in Wirklichkeit
Nur großtun und vertagen
Und freun sich auf die Ferienzeit,
Wo wir die Steuern tragen.

Mir geht das ganz daneben.
Ich bin selbst im Gesangverein.
Die wolln halt auch beisammen sein.
Und jeder Mensch will leben.

Direktor Franz kommentiert das Gehörte: »Was damals im Parlament los war, kann ich nicht beurteilen. Mag ja was dran gewesen sein, was dieser Ringelnatz da aufgeschrieben hat. Na ja, heute geht es doch gesitteter und sachlicher zu.« Er sinnt ein wenig nach: »Aber arbeiten unsere Volksvertreter auch effektiver?« Na, da kann der Herr Franz aber beruhigt sein: »Bedenken Sie doch die zahlreichen Gesetze. Eine unendliche Flut. Den Fleiß muß man doch loben. Die kommen bestimmt nicht dazu, Skat zu spielen. Nicht mal in der Freizeit.«

Der Herr Direktor kennt sich nicht in der Historie aus, aber dafür um so besser in der Tagespolitik. Darauf ist er auch stolz, und ich mache ihm die Freude und gebe ihm Gelegenheit, seine Kenntnisse vorzuzeigen. »Was meinen Sie, wer heute im Parlament sitzt für Rügen?« Ein Kinderspiel: »Im Bundestag ist das eine Ministerin, Mitglied des Kabinetts. Die muß mächtigen Einfluß haben.« Und im Landtag zu Schwerin? »Dort wird die Insel von einem Pastor vertreten.« Ein rühriger Mann, wie man erfährt. Er soll einen Verein für die Insel gegründet haben. Verdienstvoll, will ich meinen. Ob diese beiden Politiker uns helfen können, daß es endlich auch in Prora vorwärts geht?

Darauf kann ich antworten: »Den Pastor habe ich bisher nicht sprechen können. Es war kein Termin frei. Und trifft man sich auf Sitzungen, hat es der Abgeordnete stets eilig, zum nächsten Termin gerade noch rechtzeitig zu kommen.«

Später habe ich dann erfahren, daß der Pastor es bis zum Minister gebracht und eine andere wichtige Aufgabe gelöst hat: Er hat das Seveso-Gift aus Italien nicht auf Müllkippen im Lande Mecklenburg-Vorpommern finden können. Wo böse Gerüchte es vermuteten.

Auch die Ministerin ist stark beschäftigt. Ihr bleibt nicht einmal Zeit, den Vorsitz im 1991 gegründeten Verein zur Förderung der Berufsbildung in Prora wahrzunehmen. Sie läßt sich durch einen jungen, alerten Beamten vertreten, der die Mitglieder des Vereins – meist »unbedarfte« Ossis – durch juristische Detailkenntnisse verblüfft. Zur Problemlösung hat er nichts Brauchbares beitragen können. Wie sollte er auch. Hier war die Politik gefordert. Was sollte da ein in der Politik unerfahrener Jurist aus der Verwaltung ausrichten können.

Die Ministerin hatte auch später, im Jahr 1992, keine Zeit, als Abgeordnete aus der Region am Schriftstellerkongreß in Prora – sei es auch nur für ein paar Stunden – teilzunehmen. Ein gesamtdeutscher Kongreß, der unter dem Motto stand: »Chancen für eine menschliche Gesellschaft«. Gemeint waren die großen Chancen nach der Wende.

Der Direktor aus Berlin versteht das nicht. »Wo doch alle Welt von Prora redet. Und die Zeitungen voll sind.« Na vielleicht haben sich die Politiker schon für ein vernünftiges Konzept in Prora eingesetzt. Nur in aller Stille, ohne Aufsehen in der Öffentlichkeit. Und haben »keine Gesprächsbereitschaft gefunden«, wie man in Bonn diskret eine Abfuhr umschreibt.

Herr Franz glaubt, nicht unbedingt auf die Unterstützung der Politiker angewiesen zu sein. Schließlich will das Christliche Jugenddorfwerk in Prora investieren und Ausbildungsplätze schaffen. Man nimmt dort das vom Kabinett in Schwerin gebilligte Konzept ernst und ist entschlossen, in Prora den Auf- und Ausbau der Touristik, Gastronomie, Kur- und Heilberufe sowie sozialpflegerischer Berufe mit einer kräftigen Finanzspritze von immerhin zehn Millionen Mark zu fördern und damit die Entwicklung der Insel zu einem Kur-, Heil- und Fremdenverkehrszentrum voranzutreiben. Damit würden die Ziele des Strukturentwicklungsplanes des Kreises und die Ergebnisse der zweiten internationalen Wirtschaftskonferenz in Sellin in die Praxis umgesetzt.

Es wäre doch gelacht, wenn ein solcher Investor und Wohltäter nicht mit offenen Armen empfangen würde. Denkt Herr Franz. Heute scheint der richtige Tag zu sein, zwei Minister haben sich in Prora angesagt.

Einer von ihnen kommt direkt aus Bonn. Er stammt aus dem Osten. In seinem Ministerium zerbricht man sich alljährlich den Kopf wegen fehlender Ausbildungsplätze für Schulabgänger. Der zweite hohe Gast in Prora ist ein Landesminister. Er kennt die miese Lehrstellensituation im Lande zur Genüge. Im Augenblick bleiben über zehntausend junge Menschen ohne Chance hierzulande. Ich stelle mir vor, daß sich beide Politiker über die Vorschläge aus Berlin freuen werden.

Es sind da allerdings auch noch die Berufsschullehrer, auf Zeit in die Bundeswehr übernommene Offiziere der NVA, die gern ihren Status auf Prora erhalten hätten. Sie wollen ein Konzept für eine Militärschule vorstellen und erhoffen sich Unterstützung von den beiden Ministern.

Ich bin da eher skeptisch, ob die Offiziere mit ihrem Wunsch heute an der richtigen Adresse sind.

Zwei Minister tauchen in Prora auf / Darf die Region aufatmen?

Als wir in Prora ankommen, ist soeben der Minister aus Schwerin pünktlich, mit Gefolge, erschienen. Der Bundesminister läßt noch auf sich warten. Genau eine halbe Stunde. Dann brüllt der Posten: »Teilnehmer!!!« Teilnehmer ist der Minister aus Bonn. Er begrüßt die anwesenden Damen und Herren mit Handschlag und stellt sich vor. Dann läßt er sich von den Militärs ins Informationszentrum führen und hört ruhig, gelassen den Vortrag des Kommandeurs vor der großen Landkarte an. Die Soldaten versuchen zum zigsten Male ihren Plan an den Mann zu bringen: Sie wollen die Militärfachschulen und damit ihre Arbeitsplätze retten und mit der Militärschule in Aachen zusammenarbeiten. Das paßt der Landesregierung überhaupt nicht. Aber das wissen die Militärs noch nicht so genau. Sie denken, der Bundesminister wird's schon richten.

Dieser nickt am Ende des Vortrages bedächtig, führt die Kaffeetasse zum Mund, nickt noch mal und... schweigt. Als er – offenbar eine Zumutung – auf irgendwelche Zuschüsse für irgendwelche Projekte angesprochen wird, blickt er gequält auf und spricht mit leiser Stimme: »Da habe ich meine Akzente etwas anders gesetzt.« Die Offiziere machen einen etwas ratlosen Eindruck, sie verstehen die dezente Sprache des akademisch gebildeten Ministers nicht so richtig. Ist er nun mit ihrer Grundkonzeption einverstanden, ja oder nein? Die Frage bleibt nach diesem Besuch offen für die Soldaten. Mir ist klar: Der Bundesminister wird sich bedeckt halten. Geld wird er keines herausrücken. Und außerdem ist die Anlage im Besitz eines anderen Bundesministeriums. Sollen sie doch da fragen.

Der Bundesminister würde gern noch länger verweilen und gründlicher die gut eingerichteten Werkstätten und Werkhallen auf der anderen Seite der Straße besichtigen – aber die Zeit drängt, ein Blick zur Uhr, Achselzucken, Bedauern, da ist noch ein Termin in Rostock, und der ist wichtig.

Der Minister aus Schwerin hat etwas mehr Zeit mitgebracht, aber ein Teil ist schon beim Warten auf den Kollegen aus Bonn draufgegangen. Er zeigt sich immerhin etwas gesprächiger, macht aber keinerlei Zusagen, äußert sich auch nicht über das Berufsbildungszentrum, das er doch mit einer Vorlage durchs Kabinett gebracht hat, nickt zu den Vorstellungen von Direktor Franz. Offenbar findet er es nicht schlecht, das Walter-Ulbricht-Heim als Ausbildungsstätte für Gastronomie und Heilberufe zu nutzen und hier auch benachteiligten jungen Leuten eine Ausbildungschance zu geben, eine Aufgabe, die das Christliche Jugenddorfwerk in vielen anderen Bundesländern bereits mit Erfolg durchführt. Der Minister nickt noch einmal kurz, steigt ins Auto und fährt zurück nach Schwerin. Wir bleiben ratlos zurück. Und dabei täte eine Fachschule fürs Hotelgewerbe dringend not in Mecklenburg-Vorpommern.

Die Gastronomie in Mecklenburg-Vorpommern kann noch dazulernen

Eine Kostprobe von den herben Zuständen im Gaststättengewerbe erhalten wir am nächsten Tag in Stralsund. »Ich bin da selbst noch nicht gewesen, aber die Leute sagen, beim Italiener am Markt soll's ganz gut sein«, sagt der junge Mann an der Würstchenbude, der gerade die zweite Portion Pommes frites mit Mayo und dazu eine zweite Bratwurst bestellt. Überhaupt herrscht ein reges Treiben im Zentrum von Stralsund. Überall Imbißstände, reihenweise Buden mit Bekleidung.

Der Rathausplatz von Stralsund ist beeindruckend: Er wird gesäumt vom spätgotischen Backsteinbau des Rathauses und gut erhaltenen oder gut renovierten Patrizierhäusern auf den anderen drei Seiten. Sie beherbergen mehrere Cafés, darunter den gesuchten Italiener. Gerade letzte Woche eröffnet, der Inhaber kommt aus Sizilien. Innen sieht es proper aus, das Mobiliar ist neu, die Tische sind aus Marmor, das ganze Ambiente leicht kitschig, aber nicht unfreundlich. Das Lokal ist gut besetzt, die Theke ist mit Kuchen bestückt. Wir nehmen an einem der freien Tische Platz, der Kellner notiert zwei Kaffee und wird nicht mehr gesehen. Wir haben keine Langeweile, es ist ein Arbeitsessen, keiner sieht auf die Uhr, außer den Gästen am Nebentisch. Als die aufstehen – Vater, Mutter und ein heranwachsender

Sohn – kommt der italienische Geschäftsführer: »Sie wollen schon gehen? Sie haben doch noch gar nichts verzehrt.« Der Vater druckst ein wenig herum, offensichtlich ist es ihm peinlich, Rede und Antwort zu stehen. Der Geschäftsführer hilft nach: »Was haben Sie denn bestellt?« Der Gast gibt sich einen Ruck: »Zwei Kaffee für mich und die Frau und für den Jungen ein kleines Eis.« Der Geschäftsführer: »Das läßt sich doch sicherlich machen.« Der Gast: »Ja, aber wir warten schon fast eine Stunde, und der Junge wird allmählich unruhig.« Der Geschäftsführer: »Das werden wir gleich haben. Nehmen Sie ruhig wieder Platz.«

Er geht unaufmerksam an unserem Tisch vorbei, ich spreche ihn wegen der zwei Tassen Kaffee an. Der Italiener guckt zerstreut, offenbar sucht er den Kellner, der sich in der Tat seit gut einer Stunde nicht mehr hat blicken lassen. Plötzlich verfinstert sich sein Gesicht. Er fragt uns streng: »Haben Sie den großen Kaffeefleck auf die Tischdecke gemacht?« Wir verneinen. Der Geschäftsführer bleibt skeptisch: »Wie wollen Sie das denn beweisen?« »Wir haben überhaupt noch keinen Kaffee bekommen, weder zum Trinken noch zum auf die Decke Schütten.« Dieser Antwort zeigt er sich nicht gewachsen. Er verspricht, für die zwei Tassen Kaffee selbst zu sorgen.

Am Nachbartisch findet eine mittlere Familienfeier statt, oder soll wenigstens stattfinden. Opa, Oma, die Eltern, Onkel, Tante und eine Schar Kinder haben sich niedergelassen und die handgeschriebene Speisekarte studiert. Der Kellner – inzwischen wieder aufgetaucht – steht gespannt, die Bestellung aufzunehmen. Er hört aufmerksam, mit geneigtem Ohr zu, aber er notiert nichts. Sein Gedächtnis funktioniert offenbar vorzüglich. Beneidenswert! Der Vater sagt etwas besorgt: »Hoffentlich brauchen wir nicht zu lange auf das Essen zu warten.« Der Kellner beruhigend: »Sie brauchen überhaupt nicht zu warten, die Speisekarte gilt nämlich noch nicht. Sie müssen auf die erste Seite gucken, da ist ein kleines Kärtchen eingeschoben, darauf steht: Gemüsesuppe, Fischstäbchen, Pommes frites, Salat, und das war's schon.« Die Gäste sind sauer, aber zeigen sich beherrscht. Der Kellner kommt an unseren Tisch, blickt mißbilligend auf den Kaffee, in dem die Sahne geronnen ist, und erklärt sich widerstrebend bereit, nochmal zum Tressen zu gehen: »Nehmen Sie lieber etwas Kaltes, das geht schneller.« Frage: »Ihnen macht der Beruf wohl wenig Freude?« Antwort: »Da haben Sie schon recht, mein Herr, aber zuletzt, da war ich beim Militär, das war noch viel mieser.« Die Frage: »Sie sind wohl von hier, aus Stralsund?« erfreut ihn sichtlich. Er entgegnet mit einem mißbilligenden Blick auf den Sizilianer: »Das merkt man, nicht wahr?« Im Hinausgehen versuche ich ihn zu erschüttern: »In vierzehn Tagen kommen wir wieder, vielleicht sind Sie dann etwas geübter.« Der Kellner übertrumpft mich locker: »Das möchte wohl möglich sein, mein Herr!«

Als ich nach zwei Wochen wieder hereinschauen will, ist das Lokal geschlossen. Der Eingang zum kleinen, gemütlichen Café in der Rathauszeile wird durch zwei voluminöse Bedienerinnen mit weißen Schürzen und weißen Häubchen versperrt. »Sie brauchen hier gar nicht durchzugehen, heute ist geschlossene Gesellschaft.« Aber da haben wir ja noch ein drittes Café; man kann sogar draußen sitzen. Auf der Schiefertafel steht mit Kreide angeschrieben: »Heute frischen Pflaumenkuchen mit Sahne.« Die Bedienung kommt zügig, knickst liebenswürdig: »Natürlich, ein Kännchen Kaffee kann jeder von Ihnen haben. Aber der Kuchen ist seit drei Stunden aus.« Doch wir könnten beruhigt sein, ein reichliches Angebot an Torten sei vorhanden. »Ich würde mir gerne mal Ihre Torten ansehen und dann auswählen.« Antwort: »Das können Sie nicht, mein Herr, die Torten liegen in der Tiefkühltruhe im Keller.« Wir lehnen dankend ab, schlürfen unseren Kaffee und hören ein unterdrücktes Stöhnen vom Nachbartisch. Der Gast ist aus der Tiefkühltruhe bedient worden.

Die Altstadt von Stralsund wäre sehenswert, wäre sie besser erhalten. Sie wirkt abgewrackt, verschlissen, gleichsam wie von einem Erdbeben ruiniert. An manchen Gebäuden verkünden Schilder, daß hier restauriert wird. Hoffentlich bald, sonst ist es zu spät.

Auf der Fährstraße finde ich auf einem Stein des Bürgersteiges die Inschrift »von Schill« und dann das Datum seines Todestages. Hier ist die Stelle, an der die Franzosen ihm und seinem Freicorps den Garaus gemacht haben. Im Heimatmuseum gibt es dazu weitere Angaben: Die Offiziere wurden erschossen, dem Anführer der Kopf abgeschlagen, und die 543 Soldaten endeten als Galeerensklaven. In meinem Geschichtsbuch sind nur die elf Offiziere und der Major von Schill vorgekommen. Solche Geschichtsschreibung hat Tradition, in den Königsdramen von Shakespeare findet man auch kein Volk, die feine Gesellschaft bleibt unter sich.

Die Menschen hier sprechen ein sonderbares Deutsch. Das merke ich im Kaufladen am Rathaus. Freundlich fragt die Verkäuferin: Was darf's denn sein, der Herr? Kann ich helfen?« Sie hat beobachtet, wie ich ratlos vor den Regalen stehe. »Ich hätte gern ein paar Flaschen Bier mitgenommen.« Die Verkäuferin macht ein trauriges Gesicht: »Ja, mein Herr, wenn Sie morgen gekommen wären, da hätten Sie wohl Bier kriegen können.« Meine Begleitung, ein Deutschlehrer aus Westdeutschland, ist verblüfft. Ich kontere: »Das möchte schon sein, daß ich morgen hätte kommen können.« Die Verkäuferin strahlt: »Da hätten Sie wohl Glück haben können, morgen.« Die Verkäuferin und ich haben uns gut verstanden: Es ist heute kein Bier vorrätig, morgen wird was da sein. Alles klar.

Fisch, den ich gerne mitgenommen hätte – frischer Fisch sollte wohl in einer Hafenstadt nicht so schwer zu kriegen sein – gibt es nicht zu kaufen. Früher, höre ich, war Fisch subventioniert, kostete nur Pfennige. Heute ist er so teuer wie Fleisch, da kaufen die Leute lieber Fleisch und verzichten auf Fisch. Auch am Hafen ist kein Fisch aufzutreiben.

Zwischenstation in Berlin: Ein Besuch bei Günter Grass / Die Blechtrommel und der Jugendschutz

In Berlin, der Zwischenstation auf dem Weg von Bonn nach Rügen und zurück, kann man sich auf die angegebenen Flugzeiten selten verlassen. Verspätungen, oft um mehrere Stunden sind nicht ungewöhnlich. Manchmal wird die Verspätung angekündigt. Dann bleibt Zeit für einen kurzen Abstecher in die Stadt.

So gelingt mir unverhofft ein Besuch bei Günter Grass. Den hätte ich mir schon immer gern gegönnt, hatte aber nie Zeit und Gelegenheit dazu gefunden.

Ich habe Glück, Günter Grass ist gerade nicht auf Wahlreise, nicht auf Tournee, schreibt auch nicht an einem neuen Buch. Er ist zu Hause und sprechbereit: »Womit kann ich Ihnen helfen?«

Anstelle einer Visitenkarte erzähle ich ihm eine Geschichte. Günter Grass, der Geschichtenerzähler, hört aufmerksam zu.

»Anfang der sechziger Jahre mußte ich mich als Berufsanfänger in einem Ministerium in Düsseldorf mit dem literarischen Jugendschutz herumschlagen. Zwei Kollegen von mir hatten schon das Handtuch geworfen. Ein echter Schleudersitz. Der vom Erzbischof in Köln eingesetzte Volkswartbund durchforstete die literarische Landschaft. Was ihm dabei aufstieß – zunächst die Krimis von Mickey Spillane aus den Leihbuchhandlungen – wanderte ins Ministerium. Das Ziel war, die Bücher zu prüfen und in Bonn der Bundesprüfstelle vorzulegen, um sie dem freien Zugriff von Jugendlichen zu entziehen. Das bedeutete für die Bücher meist das völlige Aus, da der Vertrieb eingeschränkt und die Werbung verboten wurden. Als nächstes kamen die Illustrierten mit ihren bikinibekleideten Covergirls dran. Kurze Zeit später griff man nach Henry Miller, Nabokow, der Mutzenbacher und was sonst noch vom Ausland an unerwünschten Freizügigkeiten auf den deutschen Markt geworfen wurde. Ich hatte die Aufgabe gerade übernommen – der Staatssekretär gönnerhaft: ›Suchen Sie sich einen schönen Titel aus. Ich hab mich im Landtag erkundigt, ich darf das ohne Gesetzgeber machen.‹ Mein Vorschlag: ›Landesschmutzwart‹ kam nicht gut an – da brach es schon über mich herein.

Auftakt war ein Empfang in der Zentralstelle für politische Bildung in Düsseldorf. Ich weiß nicht, wie ich dahin gekommen bin. Jedenfalls traf man lauter Prominenz, Leute, die ich schon häufig in Illustrierten, mindestens aber im Landtag gesehen hatte. Offenbar, so dachte ich mir, bist du mit jemandem verwechselt worden. Aber ich brauchte nicht lange zu warten, da nahte schon ein biederer, unauffälliger Gast, gekleidet nach der vorletzten Mode. Der legte gleich los, ohne lange Vorrede: ›Jau, das ist ja wohl 'ne Freude, daß Sie gekommen sind. Auf Sie habe ich's heute abgesehen. Also, da habe ich so einen dicken Schmöker in die Hand bekommen. Ich guck da rein, eine Sauerei nach der anderen, und dann unsere heilige Mutter, die Kirche, oh Herr, oh Herr. Wird einfach mit reingezogen. Der Schmierfink, der den Schmöker verfaßt hat, läßt an allem, was einem heilig und teuer ist, kein heiles Haar.

Sowas muß vom Markt weg. Da haben wir als Eltern doch eine echte Verpflichtung. Oder was meinen Sie dazu?‹ Der Mann mochte ja Recht haben, aber ein paar nähere Angaben wären schon ganz nützlich. Meine Frage nach dem Autor wurde kurz und bündig beantwortet: ›Irgendsowas mit Grün oder Wiese.‹ Den Arbeiterdichter von der Grün wird er wohl nicht gemeint haben, jedenfalls hatte ich in dessen Büchern keine Sauereien feststellen können. ›Hieß der Mann vielleicht Benno von Wiese? Ich habe mit dem Sohn dieses Literaturpapstes die Schulbank gedrückt, in Münster in Westfalen.‹ Mein Gesprächspartner überlegte, zuckte die Schultern und sagte: ›Jedenfalls mit Wiese war es schon, aber wie genau, was der Mann für einen Vornamen hatte, da habe ich nicht drauf geachtet.‹

Da war nun guter Rat teuer. Mir kam eine Erleuchtung: ›Hat das Buch denn auch einen Umschlag gehabt?‹ Mein Gesprächspartner überlegte und zog die Stirn in Falten. Dann erinnerte er sich: ›Ich glaube, da war so eine Trommel drauf und so ein Zwerg, irgend so ein Gnom oder so eine Mißgestalt. Jetzt fällt mir sein Name ein: Matzerath heißt der Bruder. Entsetzlich!‹ Nicht zu fassen, er meinte Günter Grass mit seiner ›Blechtrommel‹. ›Wenn solch ein Drecksbuch in die Finger von unseren Kindern kommt, dann sind Zucht und Ordnung zum Teufel! Ich habe sechs Kinder zu Hause und weiß, wovon ich spreche.‹

Ich dachte, da bist du an einen richtigen Gimpel geraten, und ging voll auf seinen Ton ein. Die gut gekleideten, wohldressierten jungen Leute, die zunächst interessiert zuhörten, entfernten sich mit betretenen Gesichtern. Wir blieben ganz alleine und hatten miteinander unseren Spaß. ›Euer Staatssekretär ist ganz meiner Meinung. Den habe ich nachts aus dem Bett geholt. Mitternacht wär's bald, sagt er, was denn so spät noch los wäre? Ich habe ihm dann von diesem Schmöker, von diesem – wie hieß der Kerl noch? – erzählt. Da sagt der Staatssekretär zu mir, er hätte einen Beamten, noch ziemlich jung, aber auch vom rechten Glauben, an den könnte ich mich ruhig wenden, der brächte das alles schon ins Lot. Und jetzt ist die Stunde da, das ist mir eine richtige Freude!‹

Am nächsten Tag behandelte mich ein hoher Beamter mit ungewöhnlichem Respekt. Ob der mich wohl verwechselte? Des Rätsels Lösung war ganz einfach: ›Ich habe Sie gestern in angeregter Unterhaltung beim Empfang mit einem Landrat aus dem Westfälischen, einem sehr einflußreichen Politiker, stehen sehen. Als Ausschußvorsitzender ist der einer der mächtigsten Leute im Landtag. Kennen Sie den vielleicht persönlich und näher?‹

Die nächsten Tage wurden hart, der Verlag stellte sich meinen Recherchen quer. Mit Günter Grass' ›Katz und Maus‹ hatte er schon seine üblen Erfahrungen gemacht und mit Mühe einen Indizierungsantrag des Landes Hessen unterlaufen. Und jetzt noch die ›Blechtrommel‹, die gerade in den USA als das ›Buch des Jahres‹ in zweihunderttausend Taschenbüchern erschienen war.«

Günter Grass lächelt freundlich und unterbricht: »Na, genau genommen waren es zwanzigtausend, aber das war ja auch schon ganz schön für die damalige Zeit!«

Ich fahre fort: »So eine Null, hinten angehängt natürlich, kann schon nützlich sein, besonders wenn man es mit Leuten zu tun hat, die man leichter mit Zahlen als mit Sachargumenten beeindrucken kann. Außerdem hatte ich damals einen ganz schön schweren Stand: Eine eifrige Beamtin in der Landesregierung Düsseldorf, die später noch zu hohen Ehren und Ämtern kommen sollte, hatte die ›Blechtrommel‹ begutachtet und ein vernichtendes Urteil abgegeben. Das Buch sei schwerstens jugendgefährdend. Von Kunst könne nicht die Rede sein. Deshalb verdiene es keinen Schutz durch den Kunstvorbehalt des Grundgesetzes, der Kunstwerke staatlichem Zugriff entzieht.

Da stand ich als Berufsanfänger mit meiner anderen Meinung sozusagen auf verlorenem Posten.«

»Und wie ist das Ganze ausgegangen?«, fragt der Autor interessiert.

»Glimpflich. Der schroffe Verriß hat die hohen Beamten und den Minister schon sehr beeindruckt. Aber entschieden haben sie sich nicht gegen, sondern für das Buch. Die Scharfmacher konnten sich nicht durchsetzen. Eine Sternstunde für die junge deutsche Gegenwartsliteratur!«

»Und wie haben Sie das geschafft?«, fragt Günter Grass.

»Ich habe den Leuten gesagt, sie machten sich unsterblich lächerlich, wenn sie dieses Buch verbieten ließen. Außerdem sei es massenweise auf dem nationalen und dem internationalen Markt. Nicht nur in Deutschland und den USA: Wer könne denn da überhaupt noch geschützt werden?«

Günter Grass signiert. Sagt dann mehr zu sich selbst: »Leute, die sich auch über meine anderen Bücher das Maul zerrissen haben, würden mich am liebsten heute noch verbieten lassen. Wenn sie könnten.« Er ist aufgeräumt und zeigt sich großzügig, spendierfreudig. Mit bibliophilen Kostbarkeiten beschenkt, verlasse ich die Niedstraße. Das ausgezeichnete Berliner Verkehrsnetz mit seinen U- und S-Bahnen und den Bussen auf allen größeren Straßen macht's möglich, daß ich schnell den Flughafen erreiche.

Nur wenig Zeit ist vergangen, da stehe ich wieder an der Abfertigung des Flughafens Schönefeld. Kaum zu glauben: Die Beamten warten immer noch auf das verspätete Flugzeug, die Stimmung ist gereizt und niedergedrückt.

Ich stelle fest, daß nicht eingecheckt werden kann. Die Computer sind ausgefallen. Freundliche Stewardessen bitten um Nachsicht. Vergeblich. Schließlich kommen die ungeduldigen Beamten doch noch zu ihrem Recht: Die erste Maschine wird beladen, doch achtzehn Fahrgäste finden keinen Platz mehr. Als zweite Maschine wird ein Jumbo-Jet eingesetzt. Ganze achtzehn Beamte sind übrig geblieben und verstreuen sich über die Maschine. Ich frage den Kapitän: »Man hätte doch locker alle Passagiere in diesem Jumbo-Jet unterbringen können. Eine Maschine wäre dann eingespart und Benzin nicht unnötig verpulvert worden.« Der Kapitän zuckt die Schultern. »Das ist so angeordnet, was soll ich da machen!«

Ein Abenteuer besonderer Art ist das Ausladen des Gepäcks im Flughafen Köln/Bonn. Heute geht es besonders fix, offenbar als Schmerzensgeld für das lange Warten in Berlin/Schönefeld. Zum Schluß bleiben drei Beamte übrig, ich bin dabei. Wir drei haben unsere Koffer nicht bekommen. Einer sieht ein Gepäckstück, das auf dem Laufband stehen geblieben ist, ergreift es und sagt: »Wer meinen Koffer mitgenommen hat, wird sich schon melden. Dann tauscht er eben aus.« Wie ich später erfahre, ist die Rechnung glatt aufgegangen.

Der andere Kollege und ich finden nichts zu tauschen. Wir melden uns am Schalter. Dort sitzt ein Gefreiter, freundlich, aber ratlos. »Was soll ich denn da machen?« Ich entwickle meine eigenwilligen Vorstellungen: »Vielleicht könnten Sie eine Verlustmeldung ausfüllen.« Der Gefreite: »Das habe ich noch nie gemacht.« Und dann mit Triumph in der Stimme: »Außerdem haben wir keine Formulare dafür.« Wir einigen uns, auf seinen Vorgesetzten zu warten, der »irgendwo auf dem Flughafen sein müßte«. Die Zeit vergeht, der Zubringerbus will nicht länger warten und fährt ab. Mal sehen, wie es weitergeht. Taxis sind hier nicht vorhanden, und andere öffentliche Verkehrsmittel gibt es nur im Zivilflughafen, der mehrere Kilometer entfernt liegt. Da kommt schon der Vorgesetzte, mindestens Oberfeldwebel. Der Gefreite schildert den Sachverhalt. Der Oberfeldwebel besserwisserisch: »Neben Ihnen liegen doch die Formulare.« Wir machen unsere Angaben, haben, Gott sei dank, den Beleg für das Gepäckstück nicht verloren. Schon freue ich mich auf den Durchschlag der Schadensmeldung, aber den kriege ich nicht. Der Vorgesetzte erklärt: »Durchschläge darf ich nur mit Genehmigung meines Vorgesetzten abgeben, und der ist in Urlaub.« Nimmt die beiden Durchschläge, reißt sie ab, zerknüllt sie und schmeißt sie in den Papierkorb. Immerhin sind die Soldaten bereit, als besondere Serviceleistung die Telefonnummer der Interflug-Gesellschaft in Schönefeld festzustellen und an uns weiterzugeben: »Anrufen können Sie natürlich hier nicht. Das sind hier Diensttelefone.« Als ob wir hier privat wären.

Samstag und Sonntag sind ausgefüllt mit Telefonaten nach Schönefeld. Die Stewardessen und Hostessen dort sind so freundlich, wie ich es mir eigentlich von den Soldaten gewünscht hätte. Durch Computer werden Suchmeldungen aufgegeben, und am Sonntagabend ist es soweit. Anruf aus Schönefeld: »Wir haben eine Nachricht für Sie, eine gute und eine schlechte. Welche möchten Sie zuerst?« Die gute. »Na also, wir haben Ihren Koffer gefunden!« Und jetzt die schlechte: »Die Gepäcknummern differieren um eine Ziffer.«

Um es kurz zu machen. Sonntags spät nachts kommt die Meldung aus der Türkei, der Koffer ist glücklich in Ankara angekommen. »Sollen wir ihn zum Militärflughafen nach Köln/Bonn schicken?« »Bloß nicht. Am nächsten Wochenende hol' ich mir den in Schönefeld ab.« Die Türken haben alles ordentlich verplombt. Der Inhalt ist unangetastet. Ich beschließe, den nächsten Urlaub in der Türkei zu verbringen. Aus Dankbarkeit.

In Prora: Kein Vor und kein Zurück

In Prora hat sich nichts geändert. Doch die Weiterbildungsträger waren rührig: Das Christliche Jugenddorfwerk aus Berlin hat durch einen Architekten detailliert ermitteln lassen, was an Baukosten erforderlich ist, um das vom Land beschlossene Berufsbildungszentrum winterfest zu machen, die Heizkosten zu senken und die notwendigen sanitären Maßnahmen durchzuführen: 40 bis 50 Millionen DM. Dabei muß man wissen, daß die Heizwärme aus dem fünf Kilometer entfernten Binz kommt. Sie wird – wie überall in der ehemaligen DDR – durch oberirdische kilometerlange Rohrleitungen herangebracht.

Der Architekt aus Berlin schlägt die Hände über dem Kopf zusammen: »Bei Temperaturen unter Null muß man damit rechnen, daß achtzig bis neunzig Prozent der Wärme verpuffen.« Kein Wunder, daß die Heizkosten mit zehn Millionen DM veranschlagt werden müssen. So richtig hat das bisher überhaupt noch keiner nachgerechnet. Unterlagen darüber sind beim Kraftwerk kaum zu beschaffen.

Ich stelle mir vor, daß die Landesregierung an diesem Gutachten sehr interessiert ist, hat sie doch kein Geld, selbst ein eigenes in Auftrag zu geben, und schicke es zum Sozialministerium nach Schwerin. Entweder ist es dort nicht angekommen, oder es hat niemanden gefallen. Jedenfalls höre ich nichts mehr davon, auch nach mehrmaliger Nachfrage weiß keiner etwas Näheres. Statt dessen erreicht mich eine Kabinettsvorlage, in der die Kosten auf seltsame und unerklärliche Weise um ein Mehrfaches auf einhundertsiebzig Millionen gestiegen sind. Belege werden keine angeführt. Ich fahre nach Schwerin zum Staatssekretär und halte dort Vortrag. Der fragt: »Was soll das denn für ein Gutachten sein?« Der zuständige Abteilungsleiter weiß von nichts. Er holt Herrn Kahlstedt. »In Rügen wollen sie ein Baugutachten beschafft und hierhin geschickt haben. Habe ich nie gesehen. Kennen Sie das?« Herr Kahlstedt weiß widerwillig Bescheid. Fragt der Staatssekretär: »Wo ist denn, zum Teufel noch mal, das Gutachten geblieben?« Herr Kahlstedt: »In meinem Dienstzimmer.« Er holt es, legt es dem Staatssekretär auf den Tisch, der liest. »Stimmt ja alles, was man mir erzählt hat. Warum haben Sie denn das Gutachten in der Vorlage nicht verwertet?« Herr Kahlstedt überlegt lange, dann sagt er: »Da gab es noch diese und jene Überlegungen, und außerdem waren die Zahlen im Gutachten nicht opportun.«

Der Staatssekretär sinnt nach, blickt zu mir auf und sagt: »Ja, mein Lieber, wenn das nicht opportun ist. Dafür müssen Sie doch Verständnis haben.« Letztes Rückzugsgefecht. Ich frage. »Man hätte mir als Landesbevollmächtigten für Prora doch die Vorlage mal zeigen können, bevor sie ins Kabinett ging. Oder?« Der Staatssekretär ist erstaunt: »Sie haben die gar nicht gesehen?« Er denkt einen Augenblick nach, sein Gesicht erhellt sich: »Sicher ein bloßes Büroversehen. Können Sie damit leben?«

Wie ich später erfahre, hat sich der Finanzminister über die hohen Kosten sehr geärgert. So ein teures Berufsbildungszentrum will und kann er offenbar nicht bezahlen. Da bleibt doch schließlich nur noch der freie Markt. Mal sehen, was der hergibt.

Zunächst bekommen erstmal die westdeutschen Unternehmer, die inzwischen einige hundert arbeitslose Umschüler auf das Erwerbsleben vorbereiten, keine längeren Verträge. Die Konzeptionen der gemeinnützigen Träger: Christliches Jugenddorfwerk Deutschland e.V. (CJD) und Christlicher Verein Junger Menschen – Gesamtverband in Deutschland e.V. (CVJM), die schwerpunktmäßig darauf gerichtet sind, benachteiligte Gruppen beruflich zu qualifizieren und Erholungsmaßnahmen für einkommensschwache Jugendliche, Alleinerziehende, Familien und Senioren durchzuführen, können nicht verwirklicht werden. Das Walter-Ulbricht-Heim, das die besten Voraussetzungen für die geplanten Erholungsmaßnahmen des CVJM bietet, bleibt weiter geschlossen. Das Christliche Jugenddorfwerk soll, wenn überhaupt, mit einem Mietvertrag abgespeist werden, zunächst für drei bis vier Monate. Dann geht – vielleicht – die Anlage auf das Land über. Das ziert sich seinerseits, zum Aufbau der so dringend benötigten Gastronomie-Schule und der Ausbildungsstätte für Heilberufe die rechtlichen Voraussetzungen zu schaffen.

Die Oberfinanzdirektion, mit den Verhandlungen beauftragt, steckt in argen Schwierigkeiten. Außer dem Präsidenten, gibt es dort keinen Juristen. Also hat der Sachbearbeiter einen Anwalt in Kiel oder Hamburg gefragt, und der kennt keinen Erbbaurechtsvertrag. Das Gesetz gibt es zwar schon seit 70 Jahren, und es wird täglich praktiziert, aber offenbar ist die Kunde davon noch nicht bis in die Anwaltskanzlei gedrungen. Folgerichtig sagt der Sachbearbeiter in Rostock: »Wir verstoßen doch nicht gegen das Bürgerliche Gesetzbuch. Da steht von solchen Verträgen überhaupt nichts drin.«

Der Mann hat ja recht, gerade weil dort davon nichts drinsteht, hat man ein eigenes Gesetz gemacht und das schon vor Jahrzehnten. Das CJD weist darauf hin, daß man mit der Gemeinde in Waren im Wege des Erbbaurechtsvertrages auf neunundneunzig Jahre das Anwesen von Honecker gepachtet habe und dort ein Ökonomiezentrum einrichte. Antwort: »Dann kennen die dort eben die richtigen Gesetze nicht.«

Der Präsident wundert sich: »Wieso ist die Sache denn an mir vorbeigelaufen? Von einem Haus, das Erich Honecker gehört haben soll, weiß ich rein gar nichts.« Wir können ihn beruhigen, das Land hat mit der Sache nichts zu tun, die Rechtsnachfolge hat die Gemeinde Waren angetreten. »Wenn die dort unten meinen, man könne sowas machen, dann soll mir das schließlich auch egal sein«, beruhigt sich der Präsident.

Er hat noch ein ganz besonderes Bonbon in der Tasche: »Wenn zwischen der Bundesregierung und dem Land Mecklenburg-Vorpommern Verträge über ehemalige militärische Liegenschaften geschlossen werden müssen, dann mache ich das hier ganz alleine. Da brauch ich niemanden aus Bonn dazu.« Und dann fügt er pfiffig hinzu: »Sie wissen das vielleicht überhaupt nicht. Aber für das Land kann ich direkt im Auftrage des Finanzministers in Schwerin handeln, und für den Bund handle ich im Wege der Auftragsverwaltung. Ich brauch mich da nur noch an die andere Seite des Schreibtisches zu setzen und bin dann mein eigener Verhandlungspartner.«

Ich denke mir, das kann ja lustig werden!

In Schwerin beim Finanzministerium sind Erbbaurechtsverträge bekannt. »Na klar«, sagt der zuständige Abteilungsleiter, »davon habe ich schon einige gesehen. Der Witz ist, Grund und Boden gehören weiterhin dem Land, und der Pächter kann beleihen und kräftig investieren. Was haben die denn in Rostock dagegen?« Wie soll ich das wissen. Jedenfalls gibt es, wie man so hört, Querverbindungen zwischen dem Sozialministerium und der Rostocker Finanzbehörde. Und die Herrschaften im Sozialministerium haben offenbar etwas gegen die Absichten der beiden Verbände.

Der zuständige Abteilungsleiter im Finanzministerium des Landes entschließt sich endlich, im Dezember 1991, kurz vor dem Ende meiner Arbeit als »Leihbeamter«, den Verbänden gegenüber eine »Absichtserklärung« abzugeben. Hiernach erklärt sich dieses Ministerium bereit, die Bedingungen für eine langfristige, gemeinsame Nutzung durch beide Verbände zu schaffen. Ein Erbbaurechtsvertrag wird in Aussicht gestellt. Sogar von einem möglichen Kaufvertrag ist die Rede. Das Ministerium betont, daß durch die beiden Verbände etwa zweihundert Arbeitsplätze in der Gemeinde Binz, zu der auch Prora gehört, geschaffen werden.

Dieser Abteilungsleiter im Finanzministerium in Schwerin ist ein »Ossi«. Für mich war es der einzige Verantwortliche in der Landesregierung, der ein offenes Ohr und eine hilfreiche Hand für Prora hatte. Als ich wenige Monate später in Schwerin anrief, kannte ihn dort angeblich keiner mehr. Der »Quotenossi« war irgendwo anders gelandet. Offenbar dort, wo er keinem mehr in die Quere kommen konnte.

Nach Monaten hat man in Rostock ein Wertgutachten über die Militäranlage in Prora erstellt: 150 Millionen DM. Hinter vorgehaltener Hand hört man, daß die Anlage gut und gern auf dem freien Markt eine halbe Milliarde kosten darf. Aber die Behörde hat, ganz korrekt, den desolaten Zustand der Gebäude, das unaufgeräumte Gelände und sicher auch die Tatsache berücksichtigt, daß mitten im Naturschutzgebiet noch einige alte russische T-34-Panzer stehen, mit denen die Soldaten von der Nationalen Volksarmee Panzerschlacht geübt haben.

Das Land mauert. Der Staatssekretär sagt: »Mal sehen, wer die besseren Nerven hat.«

In Rostock macht man sich daran, das Wertgutachten zu überarbeiten. Die Anstrengungen sind erfolgreich: Auf 92 Millionen DM sind die Kosten geschrumpft.

»Von dem Betrag ziehen wir mal fünfundsiebzig Prozent runter«, sagt ein hoher Beamter aus Schwerin in einer Sitzung in Prora, »dann bleiben gut und gern zweiundzwanzig Millionen über. Die können wir in einigen Monaten zusammenbringen.« Die Vertreter der Bundesvermögensverwaltung verlassen, weiß vor Wut im Gesicht, die Sitzung. Ich gehe ihnen nach, treffe sie auf dem Flur. »Was ist denn bloß los?« Antwort: »Wir lassen uns hier doch nicht verarschen und uns mit einer so lächerlich niedrigen Summe abspeisen!«

Inzwischen ist die Zahl der Umschüler auf siebenhundert gestiegen. Über ein Dutzend Unternehmer führen die Kurse durch, der miese Zustand der Räume kann nicht geändert werden, wer will denn unter diesen Umständen investieren?

Keiner versteht den Staatssekretär, der verkündet: »Bald brauchen wir niemanden mehr vor Ort in Prora. Da machen wir alles von Schwerin aus. Alleine.« Der Ministerpräsident, durch Gerüchte aufgeschreckt, läßt sich vom Sozialministerium berichten. Die fragen erst gar nicht in Prora nach. Erkundigen sich nicht nach dem Sachstand, wollen offenbar überhaupt keine Details wissen. Man fragt sich, was die wohl dem Ministerpräsidenten erzählt haben?

Inzwischen ist die Räumung der Anlage durch das Militär fast zu Ende, die Soldaten haben alle Einrichtungsgegenstände, Tische, Schränke, Stühle aus den Fenstern geworfen, die Trümmer werden in Container geladen und verschwinden auf Nimmerwiedersehen. Der Kommandeur staunt: »Stellen Sie sich mal vor, was wir in der alten Offiziershochschule gefunden haben: Einen ganzen Schuppen voll Kanonen mit scharfer Munition. Mal sehen, wie wir das Zeug von hier wegschaffen.«
Nun könnte einer sagen, nun gut, in Prora sieht es übel aus, aber sonst wird schon alles in Ordnung sein in Mecklenburg-Vorpommern.

Dienstreise nach Usedom / Was die Raketenbauer der Insel hinterlassen haben

Aus Schwerin erreicht mich die Botschaft: »Fahren Sie doch mal gelegentlich nach Usedom. Dort gibt es ein altes Kraftwerk, das 300.000 DM Miese im Jahr einfährt. Natürlich mußten wir den Laden dichtmachen. Nun will der alte Direktor dort ein Raumfahrt-Museum errichten. Er hat den Ministerpräsidenten um zwei bis drei Millionen DM Anschubfinanzierung gebeten. Gucken Sie mal nach, ob wir das machen können!«

Ich erinnere mich: In Peenemünde hat Wernher von Braun seinerzeit die »Vergeltungswaffen« V 1 und V 2 entwickelt. Sie wurden dort erprobt und anschließend nach Rotterdam geschafft. Von dort wurden die Raketen über den Kanal auf London abgeschossen. Zeitzeugen sprechen von etwa fünfzigtausend Toten. In London.

Ich steige in den Wartburg. Das Ziel ist Peenemünde auf Usedom. Dort ist der Direktor des stillgelegten Kraftwerkes guter Dinge. Das Westgeld kommt angerollt. Mal sehen, was er so zu bieten hat.

Im Dienstzimmer steht auf dem wackligen Sperrholzschrank eine Büste von Wilhelm Pieck: »Unser erster Präsident!«, sagt der Direktor mit Stolz in der Stimme. Wieso eigentlich »unser«, denke ich. Meiner war das schon mal nicht. Dafür kennt der Hausherr Spitzenpolitiker aus der alten Bundesrepublik nur sehr unvollständig. Ich hole aus der Geldbörse ein paar Zweimarkstücke und frage nach den Köpfen auf den Rückseiten. Theodor Heuss? Unbekannt. Adenauer? Den hat er sich gemerkt. Hingegen Ludwig Erhard, der Vater des Wirtschaftswunders? Fehlanzeige. Franz-Josef Strauß, der als Bayrischer Ministerpräsident der DDR einen Milliardenkredit gewährt hat, und Kurt Schumacher, der Oppositionsführer unter Adenauer, der um nur eine Stimme die Kanzlerschaft verfehlt hat. Das sind für ihn alles Unbekannte.

Na ja, irgendwie werden wir schon zusammenwachsen.

Hinter Kohlehalden ist in einem kleineren Gebäude eine Gedenkstätte für die Raketenforscher um Wernher von Braun eingerichtet worden. In Vitrinen gibt es Zeitungsartikel, alte Postkarten, Fotografien und vergilbte Broschüren zu sehen. Das Schärfste: Auf einer großflächigen Platte ist maßstabsgerecht das Raketenversuchsgelände aus dem letzten Weltkrieg aufgebaut, mit Truppenunterkünften und allem Drum und Dran. Ich schlage vor, in gebührender Entfernung – der Saal ist dazu groß genug – naturgetreu die Innenstadt von London aufzubauen. Man könnte dann durch aufflackernde rote Lämpchen die jeweiligen Raketeneinschläge maßstabsgerecht und naturgetreu markieren. Wenn man schon die jüngste Geschichte bemüht, sollte man nicht in Halbheiten steckenbleiben. Meine Anregung löst Unsicherheit aus. Soweit haben die hier noch nicht gedacht. Der Direktor will sich das mal überlegen. Sagt er.

Die Hauptattraktionen des künftigen »Reichskriegsmuseums« wird es aber im stillgelegten Kraftwerk zu besichtigen geben. Wir klettern einige stählerne Leitern hoch, durchqueren einige Werkhallen mit stillgelegten Maschinen und sonstigem Gerümpel – die passende Staffage für einen zünftigen, abendfüllenden Krimi – und erreichen einen großen, weiß gekalkten, leeren Raum. »Alles echter Regips«, sagt der Direktor stolz. »Na, was sagen Sie dazu?«. Meine Phantasie reicht nicht aus, mir vorzustellen, was hier an Kriegserinnerungen konserviert werden soll. Aber irgendwie werde ich mich schon äußern müssen. »Alles gut und schön, aber der Krempel in der Ecke dahinten, den sollte mal ein Schrottunternehmer abfahren. Dann könnte man an die nähere Einrichtung gehen.«

Der Chef des Hauses ist verunsichert: »Wieso Krempel?« Und dann, zwischen Entrüstung und Stolz: »Das sind die Exponate!«

Bei näherem Hinsehen handelt es sich um größere Raketensplitter, ausgediente Flugzeugmotoren, offenbar von abgeschossenen Fliegern, und sonstiges Gerümpel, das der Laie schwer identifizieren kann. Alles ist durch eine Anzeigenkampagne in den Lokalzeitungen zum Nulltarif besorgt worden. Heimatbewußte Inselbewohner haben die Sümpfe durchforstet, die Wälder durchsucht und sind fündig geworden. Der Hausherr hat sich inzwischen gefangen: »Wissen Sie, das Prunkstück können wir Ihnen leider noch nicht zeigen. Gucken Sie mal da durch das große Fenster. Da drüben. Wo die Störche nisten, sehen Sie ein großes Gewässer. Und mitten in dem Gewässer, was denken Sie, was es da gibt?«

Na, er wird's mir sicher sagen. Und schon höre ich: »Eine ganze, gut erhaltene Lancaster-Maschine. Das Flugzeug ist seinerzeit abgeschossen worden und liegt mit der ganzen Besatzung und aller Munition im Sumpf. Bei Niedrigwasser kann man das Rumpfende mit Höhen- und Seitenruder gut erkennen. Die Bergung ist riskant und wird einiges kosten. Aber das lohnt sich. So eine alte Lancaster aus dem Krieg, damit kann uns keiner Konkurrenz machen!«

Man stelle sich bloß vor, die Landesregierung gibt die Millionen Zuschuß für eine solche Veranstaltung, und irgendsoein Spaßverderber im Bundestag fragt die Bundesregierung, wo denn die Millionen geblieben sind, die der Steuerzahler in den Osten gepumpt hat. Und dabei könnte man mit wenig Aufwand die reizvolle Landschaft dem sanften Tourismus öffnen und damit Tausenden von Besuchern Entspannung und Erholung und den Einwohnern Beschäftigung und Wohlstand bringen.

Auch die Geschichte kommt nicht zu kurz: Unweit des Sumpfes, wo die Lancaster ruht, steht eine alte Kapelle. Dort landete im Dreißigjährigen Krieg der schwedische König Gustav Adolf, um den deutschen Protestanten im Kampf gegen Rom beizustehen.

Im benachbarten Kriegshafen liegen Landungsschiffe und Minenräumer vor Anker und auf Halde. Sie sind günstig zum Schrottpreis zu erwerben. Aber: »Da muß man ziemlich viel für die Entrostung bezahlen, ich kann den Ankauf kaum empfehlen«, warnt der Inspektor, der mich auf dem Hafenrundgang begleitet. »In Karlshagen, nicht weit von hier, auf dem Gelände des ehemaligen Kriegsflugplatzes, stehen einige tausend nagelneue russische Lastkraftwagen. Die will auch keiner haben. Jeden Morgen kommt der Kommandeur und guckt, ob ein paar geklaut sind. Aber vergebens. Niemand will sie haben.«

Der Grund für die Abneigung gegen die Lastkraftwagen ist ganz einfach: Sie verbrauchen zuviel Sprit, auf hundert Kilometer hundert Liter. Bei dem niedrigen Anschaffungspreis zum Nulltarif eigentlich gar kein schlechtes Geschäft. »Und wie ist es mit Ersatzteilen?«

Sagt der Inspektor: »Das ist ja gerade das Problem. Ersatzteile gibt es überhaupt keine.« Ich schlage vor: »Dann nimmt man eben mehrere LKW mit und stellt sich ein paar in Reserve zum Ausweiden.« Der Inspektor überlegt. Daran hat er bisher nicht gedacht. »Mal sehen, was sich machen läßt.« Außerdem ist er für den Verkauf oder für's Verschenken gar nicht zuständig.

Vierzehn Tage später kriege ich den letzten Platz im Flugzeug neben zwei Generälen. Einer hat zwei goldene Sterne, der andere sogar drei. Die Beamten sind scheu um die hohen Tiere herum geschlichen. Ich hole mein Buch aus der Tasche, fange an zu lesen. Aber das wird heute nichts. Die Generäle unterhalten sich laut und deutlich. Vermutlich denken sie, sie sind auf dem Exerzierplatz. Vielleicht ist auch einer schwerhörig. Ich höre notgedrungen mit. Das läßt sich bei allem Hang zur Diskretion nicht vermeiden. Sagt der General mit den zwei Sternen: »Nichts als Ärger habe ich auf Usedom. Stellen Sie sich mal vor, Herr Kamerad, Tausende russische Lastwagen muß man dahin schaffen, und das über die einzige Straße, die vom Festland nach Karlshagen führt. Und noch dazu im Sommer, wo die Straßen von Touristen verstopft sind.« Der Kamerad nickt bedächtig. Denkt nach und sagt: »Eigentlich eine unerhörte Verschwendung von volkswirtschaftlichem Vermögen.« Der General mit den Transportschwierigkeiten sagt ungerührt: »Das geht mich nichts an, dafür bin ich nicht zuständig. Ich habe nur für den Transport zu sorgen und sonst für gar nichts.«

Sowas hab ich schon mal in anderem Zusammenhang gehört. Aber da ging es nicht um russische Lastkraftwagen.

Usedom hatte noch andere Überraschungen für mich bereit. Diese erlebte ich, als mich kurz nach der ersten Dienstreise die Standortverwaltung Stralsund einlud, an einem Routineflug mit dem Hubschrauber über Rügen und Usedom teilzunehmen. Für die ausgedehnte, lang hingestreckte Anlage in Prora mit den vorgelagerten fünfzig Treppenhäusern hätte man ein Weitwinkelobjektiv gebraucht. Aber das hatte keiner dabei.

Nach kurzer Zeit überflogen wir Usedom. Am breiten Sandstrand, inmitten eines großen Areals mit reichem Baumbestand, entdeckten wir Hunderte von Hütten. Was damit los war, wußte niemand zu sagen. Einer meinte: »Vielleicht wohnen dort heute Asylanten.«

Daran erinnere ich mich jetzt auf Usedom und frage einen Diplom-Ingenieur und ehemaligen Oberst der NVA danach. »Kann ich Ihnen gerne zeigen, wenn Sie das interessiert.« Wir setzen uns in den Wagen, fahren eine kurze Strecke, steigen aus und betreten eine Ferienanlage der Nationalen Volksarmee. Hunderte von Schwedenhütten sind mit je zwei Betten, Spinden und Heizung ausgerüstet. Insgesamt können achthundert junge Leute hier einen schönen Sommerurlaub verbringen.

Die Anlage ist stillgelegt. Wenn keiner in die Hände spuckt und den Laden in Schuß hält, wird bald alles verrottet sein. Auch die Wirtschaftsräume: Eine Großküche, die Sanitätsstation, großzügig angelegte und eingerichtete Gesellschaftsräume, das alles ist dem Verfall preisgegeben.

Der alte Oberst sagt: »Sie sehen hier mein Lebenswerk. Wenn da noch einmal der Winter drüber geht, kann man alles abreißen und auf den Schutt werfen. Jetzt ist das noch Konkursmasse, billig zu haben, aber ein Käufer findet sich nicht.«

Der kilometerlange breite Sandstrand ist menschenleer, mitten im Sommer bei strahlendem Sonnenschein. Dem ehemaligen Obersten stehen die Tränen in den Augen.

Wie sagte der junge Hauptmann in Prora: »Wir haben eben den Krieg verloren.« Der Oberst ist noch gut weggekommen. Er hat eine – wenn auch bescheidene – Zukunft: Mit seiner Schwiegertochter eröffnet er demnächst auf der Insel eine Würstchenbude.

Weiter am Strand steht auf einem verwitterten Schild: »Bernstein sammeln verboten!« »Gibt es denn hier wirklich Bernstein?« Die Begleitung druckst etwas herum. Und dann verhalten: »Das, was hier rumliegt und wie Bernstein aussieht, ist in Wirklichkeit keiner. Damals, in den Jahren 1944 und 1945, haben die Engländer versucht, in mehreren Angriffswellen die Abschußrampen der V I und V 2 zu zerstören. Ohne Erfolg. Die ersten Bomben fielen ins Wasser. Die zweite Welle erreichte gerade mit den Bomben den Strand, und die dritte Welle hat die Wohnhäuser getroffen. Am Strand sind die Phosphorbomben niedergegangen, und das Zeug liegt heute noch im Wasser, ist verklumpt, wird an den Strand geschwemmt und sieht aus wie Bernstein. Besonders Kinder haben die Phosphorklümpchen gesammelt.

Da hat es schwere Verbrennungen gegeben. Aber man hat die ganze Sache vertuscht.« Ich frage: »Warum wird dann nicht das ganze Gelände abgezäunt und der Strand entsorgt?« Schweigen. Wahrscheinlich ist hier wieder keiner zuständig.

Vielleicht kommen auch finanzkräftige Investoren, reißen das ganze Ferienlager ab und bauen etwas Solides, für Leute, die echt viel Geld haben und das auch mitbringen.

Vor kurzem berichtete eine Illustrierte von einer Insel in der Nähe von Usedom, auf der kein Mensch wohnt und wo seltene Vogelarten nisten. Den Umweltschützern mißfällt die Entwicklung: Ein internationaler Konzern hat die ganze Insel gekauft, parzelliert und betuchten Interessenten als Grabstätten angeboten. Die Grabstätte für 50.000 bis 70.000 DM. Nachdem die Toten so auf anständige, wenn auch nicht auf ganz billige Weise versorgt sind, könnte man in Usedom ja auch mal etwas für betuchte Mitbürger tun, die mitten im Naturschutzpark lieber leben als begraben sein möchten.

Deprimiert werfen wir noch einen Blick auf die unterirdische Kommandozentrale für den Seekrieg, der uns Gott sei Dank erspart geblieben ist.

Die Insel Usedom hat aber noch eine andere, eine erfreulichere Seite. Das ist der Ostteil mit den Bädern, die zum Verweilen einladen. Von herausragender Schönheit ist Heringsdorf: Gepflegte Villen, gärtnerisch gestaltete, großzügige Anlagen – auch die Sommerresidenz des letzten Kaisers, Wilhelm II., kann sich sehen lassen. Hier hatten Mielke und Genossen die Nachfolge des Adels der Kaiserzeit und der Industriellen der nachfolgenden Jahrzehnte angetreten – wie man sieht, mit Erfolg. Auch das obligatorische Stasigebäude fehlt nicht. Es hat, wie alle Häuser der Prominenz, eine gute Lage zum Strand.

Mitten im Villenviertel laufen Schweine rum, gakkern Hühner; es empfiehlt sich, die Vorgärten zu schützen und die Tore geschlossen zu halten. Der Herr von der Kreisverwaltung in Wolgast, der uns bei dieser Gelegenheit das Jugendzentrum zeigt, zuckt die Achseln: Da oben hinter den Bäumen steht eine Baracke, da drin wohnt ein Kaschube, der es gut mit den Russen konnte. Er hat sich hier immer aufgeführt wie zu Hause, in der kalten Heimat. Umgedacht hat er bisher noch nicht. Die Stadtverwaltung ist sozusagen machtlos.

Das Jugendzentrum steht zum Verkauf, eine total verwohnte, aber äußerlich reputierliche Villa aus der Zeit der Jahrhundertwende. Das Areal schätze ich auf zwei- bis dreitausend Quadratmeter. »Die Eigentumsverhältnisse sind klar. Das Anwesen gehört einem ehemaligen jüdischen Mitbürger, der über achtzig sein müßte und in New York sitzt. Wenn Sie einen Interessenten wissen, da habe ich für Sie eine Adresse.« Es ist die Anschrift eines Anwalts in München, der für einen Neffen oder eine Nichte, so genau ist das nicht auszumachen, das Anwesen vermarkten soll.

Was das denn kosten soll? »Nach der miesen wirtschaftlichen Situation in Usedom, keiner will hier hin, höchstens 160.000 DM bar auf die Hand.« Wie ich später rauskriege, haben sich die Erben ein Vielfaches vorgestellt. »Sonst ziehen wir da selber rein.« Inzwischen verkommt die Villa, in der bis auf die Außenwände aber auch alles erneuert werden müßte. Die Kosten dafür gehen in die Hunderttausende.

Im benachbarten Ahlbeck sieht es erbärmlich aus. Jedes zweite Haus steht leer. So ähnlich müssen die Goldgräbercamps in den Rocky Mountains ausgesehen haben, nachdem die Digger fort waren. Ein kräftiger Sturm, und den ganzen Ort hat es gegeben.

Vor kurzem hat hier – direkt an der polnischen Grenze – der Bundespräsident Einkehr gehalten und Mut und Zuversicht ausgestrahlt. Im Fernsehen hat er gesagt, man brauche nur etwas Geduld. Die besseren Zeiten ständen schon vor der Tür. Er hat das natürlich schöner ausgedrückt, viel staatsmännischer.

Wir fahren zurück nach Rügen und finden auf Prora alles so vor, wie wir es verlassen haben. In der militärischen Sprache heißt das: Keine besonderen Vorkommnisse. Aber gerade die wären hier dringend nötig.

Ganze Baukolonnen fänden mühelos Brot und Arbeit, statt dessen sitzen die Leute unbeschäftigt zu Hause und leben von ihrer Arbeitslosenunterstützung.

»In der Offiziershochschule laufen einem die Ratten nur so über den Weg«, sagt der Kommandeur resignierend. »Von anderem Ungeziefer ganz zu schweigen.«

Vor dem »Haus der Armee« fahren täglich Lastwagen mit Containern vor. Dort werden Küchen, Gaststätten, Büros, Versammlungs- und Tagungsräume ausgeplündert. Tausende von Biergläsern werden zerdeppert, die Kücheneinrichtung herausgerissen und die Paneele von den Wänden geschlagen und auf den Müll geworfen.

Ich kann von niemandem erfahren, wer die Arbeiter beauftragt hat, hier alles kurz und klein zu schlagen.

Aber mir geht es ja noch vergleichsweise gut. Ich kann jedes Wochenende nach Hause fahren, eintausend Kilometer hin, eintausend Kilometer zurück, und mich von den Strapazen im »Wilden Osten« erholen.

Die Zwischenbilanz eines »Leihbeamten«

Mag sein, daß Sie es mir nicht abnehmen – ich hätte für Ihre Skepsis Verständnis –, aber ich sage einfach mal, daß ich mit Wagemut und Enthusiasmus in den Osten gekommen und an die Aufbauarbeit gegangen bin. »Aber Sie kannten doch aus vielen Dienstjahren die Verwaltung und die ehrgeizigen Spitzenpolitiker. Was haben Sie denn erwartet?« höre ich fragen.

Gewiß, auch ich habe meine Erfahrungen gemacht mit Kollegen, deren Arbeitsfreude durch übellaunige, karrieresüchtige Vorgesetzte auf bloßen »Dienst nach Vorschrift« reduziert wurde. Und wieder andere habe ich erlebt, denen der Schneid abgekauft worden ist durch schmähliches Übergehen bei Beförderungen, etwa, um anderen einen raschen Aufstieg, eine Parteikarriere zu ermöglichen (im Jargon: Die Stelle hat sich der Minister vorbehalten). Auch verderben besonders in Ministerien, wo sich das Gerangel um die bisher noch reichlich vorhandenen, gut dotierten Planstellen richtig lohnt, raffiniert eingefädelte Intrigen, Rufmord und Schikanen das Arbeitsklima, bei empfindlichen Gemütern bis hin zum Herzinfarkt. Und so einem armen Hund wird dann noch am Grabe bescheinigt, wie ich es in einem gewissen Ministerium erleben mußte: »Er war wohl seiner Aufgabe nicht gewachsen.«

Da wird es ein ganz anderer Typ von Staatsdiener sein, der sich in den Osten aufmacht, dachte ich damals. Aktive, ideenreiche und tatkräftige Entdecker mit Elan und Pioniergeist, das ist der Stoff, aus dem die »Leihbeamten« gemacht sind. Das wäre wohl schön gewesen. Aber ich habe es anders erfahren.

Ganz konkret. Wen habe ich angetroffen? Sehen Sie sich den Herrn Kahlstedt an: ein müder Laufbahnbeamter, der auf der Leiter ganz unten stehen geblieben ist – im Westen. Und der nun im Osten die nächsten Sprossen sucht und erklimmen will. Was seine Aufgabe anbelangt, mir beim Aufbau von Prora zur Hand zu gehen, da hat er gleich die Flinte ins Korn geworfen und ist abgetaucht.

Ein bedauerlicher Einzelfall, höre ich jemanden sagen. Ein Einzelfall? Nehmen Sie zum Beispiel den Staatssekretär, den ich nur einmal höchst interessiert gesehen habe, als diskutiert wurde, wie lange sich wohl die brüchige Koalition halten werde.

Verständlich, daß er seinen angenehmen Posten recht lange behalten möchte, der ihn unter Umgehung lästiger Zwischenstationen und der zeitaufreibenden »Ochsentour« vom Ministerialrat gleich zum Behördenchef und Ministervertreter emporgehoben hat. Meinen Sie etwa, der hätte sich mit mir nur einmal sachlich und inhaltlich über die mit einem Expertenteam erarbeitete Konzeption für Prora unterhalten, Alternativen diskutiert, Investoren befragt, zumindest angehört, ihnen einen Termin im Ministerium gegeben? Keine Rede davon. Dem ging es nur darum, »alles rasch und ruckzuck über die Bühne zu bringen«. Ich höre noch seine Stimme: »Sehen Sie bloß zu, daß Sie die Vorlage flink ins Kabinett bringen, ohne damit anzuecken. Und wenn die Minister zugestimmt haben, dann nichts wie raus nach Prora.«

Oder sein alerter, zungenflinker Abteilungsleiter, der bösen Gerüchten, der Anzug im Osten sei für ihn mindestens vier Nummern zu groß geschneidert, mit feinsinniger stilistischer Bearbeitung von Schriftsätzen seiner Mitarbeiter entgegentritt. Wenn es hoch kommt, übt er seine Leitungsfunktion aus, indem er ganze Absätze von einer Seite auf die andere Aktenseite verschiebt. »Liest sich besser«, erläutert er selbstzufrieden. Dem hat die Wende eine vergleichbare steile Karriere wie seinem Chef, dem Herrn Staatssekretär, beschert.

Verschönert der eine die Schriftsätze der »ungelenken Ossis«, sorgt der andere dafür, daß in der großen Politik nichts schiefgeht. Wenn der Staatssekretär sich mal in Prora sehen läßt, treibt ihn unverkennbar die Sorge, den Kaufpreis zu drücken oder aufzupassen, daß im Förderkreis kein Unheil geschieht.

Im »Förderkreis für Prora« treffen sich die Honoratioren aus der Umgebung: Die Präsidenten der Industrie- und Handelskammer und der Handwerkskammer, der Landtagsabgeordnete, der Landrat, westdeutsche Unternehmer und einige ehemalige Offiziere der NVA, die früher die Ausbildung der Soldaten geleitet haben. Wenn es nach dem Staatssekretär geht, soll der Beauftragte des Ministerpräsidenten auch in dieser Arbeitsgruppe tätig werden. Der Ministerpräsident hat die Schirmherrschaft über Prora übernommen und läßt sich durch einen Offizier aus Westdeutschland vertreten, der ihm laufend über die Entwicklung in Prora berichten soll. Besonderen Kontakt soll diese Vertrauensperson auch zu den Ausbildern der NVA halten, die auf Zeit in die Bundeswehr übernommen sind und in Prora gern in Kooperation mit einer Ausbildungsstätte für die Soldaten in Westdeutschland weiterarbeiten möchten. Ob das Militär überhaupt in Prora bleibt oder ob es insgesamt abgewickelt wird, ist wohl in Bonn noch nicht entschieden. Bleibt das Militär, ist der Verkauf der Anlage erheblich erschwert. Die Anleger möchten natürlich eine völlig geräumte Immobilie erwerben, mit der sie frei schalten und walten können.

Bei dieser Konzeption, hinter der auch der Staatssekretär steht, stört ihn verständlicherweise der Beauftragte des Ministerpräsidenten, den er als lästigen Aufpasser empfindet. Er reagiert verärgert und sagt zu mir: »Sehen Sie mal zu, daß dieser Mann im Förderkreis eine nützliche Beschäftigung erhält. Meinetwegen als Schriftführer. Einladungen wird er ja wohl schreiben können. Und Protokolle verfassen, das kann jeder lernen. Dann hat er zu tun und kommt mir nicht in die Quere.«

Der Staatssekretär läßt sich im Förderkreis durch seinen smarten Abteilungsleiter vertreten, den großen Stilisten. Man wundert sich, daß der Mann gelernter Jurist sein soll. Er wäre besser Redner geworden. Wenn der aalglatt vom Leder zieht und sich brüstet, denkt jeder unwillkürlich: Gleich geht es los in Prora. Mit voller Kraft. Und alles verdanken wir dem Ministerium des Landes in Schwerin. Ich fürchte, die Leute, selbst die kritischen, fallen auf diesen Mann, den ich für total skrupellos halte, voll herein.

Aber es kommt noch schlimmer:

Der Förderkreis sucht einen Vorsitzenden, der den ständigen Kontakt zur Landesregierung, Bundesregierung und anderen, für die Entwicklung in Prora wichtigen Stellen hält. Die Wahl fällt auf mich, nachdem man meinen Bericht über die konkrete Umsetzung des Kabinettbeschlusses über den Ausbau der Anlage zu einem Heil-, Kur-, Ausbildungs- und Sportzentrum und seine Finanzierung angehört und ihm zugestimmt hat.

Der anwesende Abteilungsleiter ist total überrascht. Damit hat er nicht gerechnet. Er holt sich telefonischen Rat beim Staatssekretär. Der führt zur Intervention im Förderkreis: »Die Landesregierung wünscht sich einen Politiker als Vorsitzenden. Das ist bei weitem effizienter, als wenn ein Beamter die Geschäfte führt.« Die Honoratioren wollen nicht mit der Landesregierung streiten und wählen mich zum Stellvertreter des Politikers. Der Abteilungsleiter sagt zunächst nichts dazu und holt sich später Rat in Schwerin. Zur nächsten Sitzung des Förderkreises kommt der Staatssekretär selbst angereist. Er erklärt den Mitgliedern des Förderkreises schlankweg, ohne vorherige Diskussion mit mir, dem Betroffenen, den er selbst überall als »meinen Bevollmächtigten in Prora« vorstellt: »Das Land will sich in Prora nicht so stark engagieren. Herr Boeger stellt sein Ehrenamt deshalb zur Verfügung.« Sie haben richtig vernommen: Das Land, das heimlich um die Millionen schachert, die das Objekt kosten darf, will sich öffentlich »nicht so stark engagieren«. Und ich sitze dabei, wo solches glattzüngig verkündet wird, und muß den Mund halten aus lauter Loyalität als »Leihbeamter« gegenüber der Landesregierung.

Von mir will man im Ministerium nur Zahlen hören, sonst interessiert rein gar nichts. Alle naselang werde ich gelöchert: »Wieviel Unternehmer haben Sie jetzt aus dem Westen hergeholt? Wieviel Kurse laufen? Wieviel Umschüler sind in den Kursen?« Ich versuche, zusätzlich an den Mann zu bringen, was die Umschüler lernen, wie aussichtsreich die Teilnahme ist.

Vergeblich. Das will in Schwerin keiner wissen.

Wie ich später gelegentlich erfahre, bereiten sie im Ministerium einen Bericht für den Landtag vor, den sie später wohl auch in Bonn präsentieren wollen. Dem Kanzleramt, wenn es um die Millionen aus der »Aufbauhilfe Ost« geht, die man in Schwerin zum Kauf von Prora braucht, trotz großzügiger Rabatte des Finanzministers. Und die Politiker und Bundesminister sind wohl am besten durch Zahlen zu beeindrucken. Wie man in Schwerin im Ministerium mit Zahlen umgeht, davon habe ich ja schon eine Kostprobe bekommen. Was ich nicht verstehen kann: Warum brauchen die in Schwerin überhaupt meine Zahlen? Die machen sich diese doch sonst selbst, »wenn es opportun ist«.

Wahrscheinlich wirkt es beruhigend, wenn sie wenigstens korrekte Akten im Schrank haben. Die allerdings kein anderer zu sehen kriegt, ob er nun im Landtag sitzt oder irgendwo in einem Ministerium, das über Prora zu entscheiden hat.

Solche Gedanken kommen mir während der langen Hin- und Rückfahrten, dem allwöchentlichen Pendeln zwischen Bonn und Rügen. Die Zwischenbilanz ist verdrießlich. Wenig Pioniergeist, kein Interesse an der Arbeit, abgeschottete Bürokratie wie im Westen – so erlebe ich im Osten die importierten Helfer, die hier Karriere machen. Man hört auch vom Absahnen, aber das ist mir zu unsicher, um darauf näher einzugehen.

Warum soll ich eigentlich nach Rügen zurückfliegen? Warum mich abplagen und gegen Betonwände laufen? Michael Kohlhaas hieß der Mann, dem das Spaß gemacht haben soll. Also, der ist mein Vorbild schon mal nicht.

Verdrossen stelle ich den Fernseher an, daheim und zu Hause.

Und wer erscheint auf dem Bildschirm und feiert seinen runden Geburtstag? Der Landesvater.

Schlagartig fällt mir meine Arbeit in der Landesregierung in den sechziger Jahren ein. Die Scherereien mit der Kunsthochschule, wo der Joseph Beuys den Hofnarren und Clown gespielt hat. Wie empfindlich und gekränkt die Beamten und Politiker auf jeden noch so harmlosen Scherz und Ulk reagiert haben, wie sie jede »Unbotmäßigkeit« des exzentrischen, in der in- und ausländischen Fachwelt hochgeschätzten Künstlers ihm persönlich krumm genommen haben und wie der Landesvater auf die humorlosen Banausen im Ministerium hereingefallen ist – Pardon – gehört hat.

Ich stelle mir vor, wie unsere in den Osten exportierten Beamten erst mal erbost gewesen wären, jedenfalls die mit der gleichen Mentalität, wie ich sie in Schwerin angetroffen habe.

Der Herr Professor Beuys wird zum Ärgernis für den Minister

Den Landesvater von Nordrhein-Westfalen würden viele Bürger gern als Bundespräsidenten sehen. Er strahlt Zufriedenheit aus. Bei allen Sorgen: Im Ruhrgebiet geht es wieder aufwärts. Zwar langsam und nicht überall gleichzeitig, aber stetig. Man möchte es ihm ja gerne glauben.

Der Reporter fragt: »Und nun, Herr Ministerpräsident, eine sehr persönliche Frage, wenn Sie gestatten. Was war ihr schmerzlichstes Erlebnis in der langen Regierungszeit in Düsseldorf, wenn es ein solches überhaupt gegeben hat?«

Der Landesvater runzelt die Stirn, denkt nach und sagt dann ganz spontan: »Zweifellos die Entlassung von Joseph Beuys, ich meine seinen Rausschmiß aus der Kunstakademie in Düsseldorf. Das war eine harte Sache. Hat mich lange Zeit sehr bedrückt.« Längere Pause: »Aber das mußte wohl so sein.« Der Landesvater hat sich wieder gefaßt und lächelt zuversichtlich in die Fernsehkameras.

Alles wieder im Lot!

Damals war der Kunstprofessor das »enfant terrible« der Akademie, Hauptgesprächsthema der Kulturpolitiker und ihrer Spitzenbeamten. Schon sein Äußeres verärgerte. Das kann doch kein Professor sein, nicht einmal einer von den Künstlern, der in abgewetzten Klamotten herumläuft und obendrein Tag und Nacht einen schäbigen Filzhut auf dem Kopf hat.

Selbst bei den feierlichsten Gelegenheiten bleibt der Filz oben.

Ich kann mir vorstellen, daß solch extravagante Gewandung dem zuständigen Minister, von Haus gelernter Herrenschneider, mißfällt. Dem passen auch die Umgangsformen des Kunstprofessors nicht. Er hat in der Akademie Schreckliches erlebt.

Getreu der Etikette festlich angezogen, die Bügelfalte tadellos, machte der Herr Minister der Akademie als Freund und Förderer der schönen Künste seine Aufwartung. Und wie empfingen Beuys und seine Jünger den hohen Besuch? In Trainingsanzügen. Aber es kam noch schlimmer. Nach der Rede, die der Minister in schönem Pestalozzi-Deutsch gehalten hatte, sah man den Gastgeber hinter das Pult treten, er setzte an und ... beantwortete die Ministerworte mit lautem Bellen, Jaulen, Hahnengeschrei. Den Kommentar mag sich jeder denken.

Der gefoppte Minister verließ mit steinernem Gesicht die Akademie. Er hat sie nie wieder betreten.

Er hatte da einen ganz anderen Geschmack. Was ihm gefiel, hörten wir von ihm auf einer vorweihnachtlichen Feier in der Kantine. Dort erfuhren wir von Begebenheiten auf seiner Amerikareise: »Als ich früher einmal auf Kosten einer Großstadt, ich war damals Beigeordneter, nach Amerika fahren durfte – natürlich in der ersten Klasse – kamen wir zunächst nach Manhattan und besichtigten das dortige Seefahrtsmuseum. Dort gab es ein erbeutetes deutsches U-Boot aus dem letzten Weltkrieg zu sehen, wohlerhalten und sozusagen gefechtsbereit. Die Besatzung lebte natürlich nicht mehr, aber man hatte die Uniformen in Schuß gebracht und Strohpuppen damit angezogen. Bei der mäßigen Beleuchtung sah alles ganz echt aus. Der Kapitän spielte mit dem 1. Offizier Schach.

Leider konnte ich mir die Partie nicht genauer ansehen. Wir mußten rasch weitergehen. Ein großes Programm war zu absolvieren. Ja, in Amerika geht eben alles Hoppgalopp.«

An diese Episode aus der Festrede des Ministers zur Weihnachtszeit erinnere ich mich deshalb so gut, weil mir die britische Lancastermaschine im Sumpf bei Peenemünde durch den Kopf geht. Auch sie soll ins Museum. Der Kultusminister wird bestimmt zur Besichtigung kommen. »Mal sehen, wie Maschine und Besatzung Absturz und Sumpf überstanden haben.«

Es wundert in Düsseldorf niemanden, daß Minister und Künstler einander nicht verstehen. Da liegen Welten dazwischen.

Beuys vergrault auch hohe Beamte im Ministerium

Der Kunstprofessor legt sich nicht nur mit den Politikern an, er bringt auch die Kultusbeamten gegen sich auf.

Der erste, den der Schock trifft, ist ein einflußreicher Abteilungsleiter im Ministerium.

Bei einer Dienstbesprechung am frühen Morgen wirkt er zerstreut, gähnt gelegentlich, ein ungewohnter Anblick: »Also meine Herren, ich hatte gestern ein unangenehmes Erlebnis in der Akademie. Jemand aus meiner Verwandtschaft will unbedingt in die Klasse von diesem Herrn Beuys aufgenommen werden. Als Schüler.

Ich bin sonntags extra hingefahren, um den Jungen von seinem verrückten Vorhaben abzubringen. Aber vergeblich. Der war total verbohrt. Ist auf diesen Unruhestifter Beuys hereingefallen. Ich möchte wissen, wie der die Jugend herumkriegt.

Na, sollen die jungen Leute ruhig ihre Erfahrungen machen.«

Der hohe Beamte durchlebt noch einmal die erlittenen Schrecknisse: »Ich habe dem Minister gesagt, daß ich morgens aus privaten Gründen in der Kunstakademie bin. Der Mann ist ganz blaß geworden vor Schreck und hat mir dringend abgeraten. Ich habe ihm hoch und heilig versichert, daß ich gern einen Haufen der miesesten Akten durchforsten würde, wenn mir der Gang zur Kunstakademie erspart bliebe. Das hat den Minister einigermaßen getröstet. Aber hören Sie zu, wie es in der Akademie zuging: Kaum erblickt mich der Pförtner, kommt er aus seinem Verschlag heraus, hält mich fest und fragt, was ich hier zu suchen hätte. ›Ich möchte zu Professor Beuys.‹ Er guckt mich erstaunt an. ›Der Joseph kommt doch morgens immer etwas später. Setzen Sie sich mal auf den Stuhl. Wenn es soweit ist, sage ich Ihnen schon

Bescheid.‹ Ich nehme folgsam Platz, greife mir eine Akte aus der Tasche und lese. Darüber vergeht Zeit. Professoren kommen und gehen. Studenten kommen und gehen, aber kein Beuys in Sicht. Nach zwei Stunden taucht ein schäbig gekleideter Mensch auf. Nicht möglich, wie vertraulich der mit dem Pförtner spricht und dann ohne weiteres durchgelassen wird. Der braucht noch nicht mal einen Ausweis zu zeigen. Und von mir hat der Pförtner einen Dienstausweis verlangt. Verkehrte Welt!

Jetzt habe ich endlich gesagt, wer ich bin und daß ich was dagegen habe, daß solche Penner wie der da eben in unsere staatlichen Hochschulen gelassen werden. Der Pförtner gibt sich erstaunt: ›Wieso Penner. Das war doch der Joseph. Ach richtig, Sie warten ja immer noch. Nehmen Sie mal Ihre Beine in die Hand, dann werden Sie ihn noch gerade erwischen. Im zweiten Stock liegt seine Klasse.‹ Ich klettere also rauf.

In der Beuys-Klasse geht es hoch her. Wahrscheinlich feiern die ein Fest. Der Boden ist voller Farbkleckse. Mittendrin auf dem Tisch steht eine Blechdose. Die sollen die Studenten abmalen. Aber keiner kümmert sich um die Büchse. Jeder malt, was er will. Und ein Lärm im Raum! Nicht zum Aushalten!« Längere Pause. Empörung und Schrecken sitzen dem Akademiebesucher immer noch in den Knochen. Der Minister wußte schon, warum er ihm vom Gang in die Akademie abgeraten hatte.

Jemand von den Zuhörern wirft ein: »Ein berühmter Maler in Amerika hat auch Fleischbüchsen gemalt und ist damit steinreich geworden. Andy Warhol hieß der Mann, glaube ich.«

Das kann den Abteilungsleiter nicht trösten. »Die ganze Welt ist verrückt geworden«, sagte er leise, mehr zu sich selbst. Aber die Begegnung mit der Kunstakademie war noch lange nicht zu Ende. »Wie ich hinterher erfuhr, malen sie in der Klasse für Fortgeschrittene einen Fleischwolf ab.« Und dann voller Häme: »Die Meisterschüler bringen es sicher fertig, ganze Kücheneinrichtungen auf die Leinwand zu schmieren.« Das hält der Mann für witzig! Die Zuhörer lächeln höflich. Er fährt fort: »Allmählich haben sich meine Augen an den dichten Zigarettenqualm gewöhnt. Ich kann in einer Ecke die Hochschullehrer ausmachen. Mitten unter ihnen: Joseph Beuys. Die sitzen alle auf ausgedienten Autoreifen. Ich gehe zu ihnen und sage, was ich auf dem Herzen habe. ›Dann setz dich erst mal zu uns‹, sagt Beuys ganz freundlich und reicht mir ein Glas Wasser. ›Das ruckzuck ex trinken‹, sagt Joseph. ›Das mußt du schon bringen.‹

Ich habe zwar keinen Durst, habe gut gefrühstückt. Aber was soll ich mich lange zieren. Ich gieße das Wasser in einem Zug herunter und bekomme einen fürchterlichen Husten. Die haben mich hereingelegt. Das war hochprozentiger Schnaps. Doch ich habe weiter tapfer mitgehalten. Am späten Nachmittag haben sie mich ins Taxi verfrachtet und dem Fahrer meine Adresse genannt. Stellen Sie sich mal vor, ich wäre in diesem Zustand im Ministerium gelandet. Da hätte ich glatt meinen Hut nehmen können.«

Der Abteilungschef zieht den Schlußstrich unter das leidige Kapitel: »Wir sollten sehen, daß wir den Kerl bald loswerden. Ein Schandfleck für die ganze Republik.«

Joseph Beuys sieht das anders. Einige Tage später schreibt er dem Kultusminister einen Brief. Ich traue meinen Augen nicht: Joseph Beuys will gern Beamter werden. Minister und Beamte fühlen sich verhöhnt und reagieren gereizt: »Der fliegt jetzt endgültig. Das Maß ist voll.« Zum Rausschmiß kommt es aber diesmal noch nicht, die Akten sind verschwunden. Irgendein pflichtvergessener Beamter, ein Sympathisant wahrscheinlich, hat sie an sich genommen und versteckt. Wird im Ministerium vermutet. Sie bleiben zunächst unauffindbar. Ohne Akten kann hierzulande nichts passieren. Da wird keiner eingestellt, aber auch keiner gefeuert.

Kunst darf auch Spaß machen, aber wer versteht schon Spaß?

Ein Kollege Beuys' an der Akademie vertraut mir an: »Mit den Exponaten dieses Künstlers könnte man in einer Millionenstadt, etwa New York, mindestens drei Ausstellungen bestücken. Die Besucher würden sich über Jahre die Klinke in die Hand geben.« Das mag stimmen. Aber in der Landesregierung in Düsseldorf ist davon nichts bekannt. Und kommt mal ein Kulturfunktionär aus dieser Gegend nach New York, besucht er ausgerechnet das Seefahrtsmuseum.

Der Professor spielt darauf an, daß Beuys gerade einen schrottreifen VW-Bus und einige ausgediente Rodelschlitten einem Kunstliebhaber in New York besorgt hat. Den Schrott hat er selbst zum Käufer nach New York geschafft und dort daraus ein Gesamtkunstwerk gefertigt: »Ein alter Schlitten«. Der Kunstfreund hat dafür 150.000 Dollar hingelegt. Ein stolzer Preis. Originelle Ideen kosten eben. Bei den Bürokraten in Deutschland bisweilen Kopf und Kragen.

Hierzulande geht man bisweilen mit Gegenständen der Kunst, die anderswo geschätzt werden, recht nachlässig um. In einer Ausstellung war eine Badewanne zu besichtigen. Ein Hinweis klärte die Besucher auf: In dieser Wanne wurde Joseph Beuys als Kind gebadet. Ein Spaßvogel und Kunstbanause hatte mit Bleistift dazugekritzelt: Offenbar zu heiß. Aber das Schärfste kommt noch:

Die Genossen vom SPD-Ortsverein haben nach einer Sitzung an einem schwülen Sommerabend diese Wanne geholt und darin ihr Bier gekühlt. Das ist sie teuer zu stehen gekommen. Ohne einen blassen Schimmer, das Exponat eines angesehenen zeitgenössischen Künstlers vor sich zu haben, hatten die durstigen Parteifreunde einige lästige Klebestreifen von der Wanne abgemacht. Was keiner auch nur ahnte: Diese Plastikstreifen, von der Hand des Künstlers angebracht, machten erst aus der simplen Badewanne einen Kunstgegenstand. Die Aussteller zogen vor Gericht und einigten sich mit den Genossen auf eine Entschädigung in Höhe des Marktpreises. Das waren weit mehr als 50.000 DM. Das Angebot, den Schaden zu begrenzen und ähnliche Klebestreifen an die Wanne zu kleben, wurde abgelehnt. Das hätte ja bedeutet, daß jeder Bürger fähig ist, Kunst herzustellen. Aber das hatte Beuys doch immer wieder gesagt. Oder sollte ich da irren?

Kunsttheorien und Kunstmarkt sind eben doch zwei Paar Schuhe.

Hoffentlich hat denen in Leverkusen wenigstens das Bier geschmeckt.

Der Frühpensionär, eine Stimme aus der Akademie

An der Akademie hat der Professor Beuys nicht nur Sympathisanten. Das wird mir anschaulich durch einen Besucher vermittelt, der mich anschreit, kaum daß er mein Dienstzimmer betreten hat: »Ich will mich hier beschweren!« Ich rate ihm, lieber das Bauministerium aufzusuchen. Verblüfft fragt der Besucher: »Warum sollte ich?«

Ich zeige auf seinen Anzug: »Alles voll Mörtel. Sie kommen sicher gerade von der Baustelle. Vielleicht haben Sie Krach mit dem Polier. Da sind Sie bei mir an der falschen Adresse. Sie wenden sich besser an Fachleute.« Der Besucher stutzt: »Wieso Polier, ich bin Professor an der Kunstakademie. Bildhauer. Ich muß mir die Studenten mit Herrn Beuys teilen. Da bin ich schlecht weggekommen. Bei mir sind noch fünf in der Klasse. Der Rest von hundertfünfzig läuft hinter Beuys her. Das kann doch wohl nicht mit rechten Dingen zugehen. Da wird man ja verrückt.«

Ehe ich dem Mann erklären kann, daß er sich die Schüler schon selbst besorgen muß, fängt er laut an zu schreien und trommelt mit seinen Fäusten auf meinen Schreibtisch herum.

In solchen Momenten bedauert man, allein im Zimmer zu sitzen. Ein Zeuge wäre da schon ganz gut. Solche Auftritte glaubt einem doch kein Mensch.

Der Professor will tatsächlich mit vierzig Jahren schon den Dienst quittieren und für den Rest des Lebens Ruhegeld beziehen. Seine Nerven halten den Betrieb an der Kunsthochschule nicht mehr durch. Sie sind total zerrüttet, sagt er. Das kann kein Doktor mehr hinkriegen, meint er.

Als das Gebrüll nachläßt, rate ich ihm: »Wir haben da in der Anstalt Grafenberg den Professor Kuhlenkampf, den Bruder vom Entertainer aus dem Fernsehen. Der ist Psychiater und kann Sie fachmännisch untersuchen. Schreibt der Professor Ihnen auf, daß Sie eine Macke haben und für die Kunstakademie nicht mehr taugen, können wir über die Pensionierung sprechen!« Fragt der Gast vorsichtig: »Haben Sie eine Ahnung, was für mich so im Monat dann dabei rauskommt?« Ich hole den Inspektor vom Besoldungsreferat. Der freut sich, daß seine Fachkenntnisse gebraucht werden, ruft ein paar Daten ab, gibt sie in den Taschenrechner. Oh, jeh. Das Ergebnis ist mies. Kein Wunder, wenn einer schon mit vierzig den Staatsdienst quittieren möchte. Die Zahlen stimmen den Herrn Professor bedenklich. Er bedankt sich und geht fort. Er wirkt gekräftigt, wie nach schwerer Krankheit auskuriert und genesen.

Was die Jugend in der Düsseldorfer Kunstakademie auch lernen kann

Der Herr Grüner, ein einflußreicher Beamter im Ministerium, hat auch schlechte Erfahrungen mit Beuys gemacht. Er wohnt bei einer älteren Dame in Düsseldorf-Oberkassel zur Untermiete. Dort hat sich Unerhörtes begeben. Aber hören wir Herrn Grüner selbst: »Meine Frau ist verstorben. Meine Tochter hat geheiratet und ist fortgezogen. Jetzt stehe ich wieder genauso allein da wie damals als Student. Die Dame, die mir das möblierte Zimmer vermietet, ist kultiviert und sehr freundlich, da kann man nicht klagen. Ihr ganzes Trachten gilt dem einzigen Sohn, der das Gymnasium besucht. Der soll es einmal besser haben als ihr verstorbener Mann. Der Junge geht mehrmals die Woche zu Joseph Beuys in die Kunstakademie. Die Frau hat mich gefragt, ob das was taugt oder ob sie diese Besuche unterbinden müßte. Wie ich mich erinnere, habe ich mit Ihnen darüber gesprochen. Sie haben mir geantwortet: ›Das ist immer noch besser, als in die Altstadt zu gehen, Bier zu trinken, Hasch zu rauchen und Appetit auf noch schärfere Drogen zu bekommen.‹ Und jetzt hat die Frau ihren Geburtstag gefeiert. Sie können sich nicht vorstellen wie gräßlich es da zugegangen ist.«

Was war geschehen?

Der junge Mann hatte zum Geburtstagskaffee mit Spitzendeckchen und Napfkuchen ein Geschenk beigesteuert, das die Stimmung verdorben hatte. Originalton Grüner: »Sie kennen doch die alten Volksempfänger. Kunststoffgehäuse aus Bakelit, klein und handlich, paßten überall hin. So ein Gerät bringt der Junge aus der Kunstakademie mit. Hatte es aber zunächst mit einem weißen Tuch zugehängt. Damit die Überraschung größer wurde. Wir drei singen ›Happy birthday to you‹, der Bengel lüftet das Tuch, und was sehen wir da? Der Volksempfänger besteht nur noch aus einer leeren Hülse, die Vorderfront ist abgetrennt. So wird der Blick freigegeben auf eine Plastik, die – da gibt es überhaupt keinen Zweifel – einem menschlichen Hintern täuschend ähnlich sieht. Umfang, Farbe, alles stimmt. Daneben liegt eine Quaste, die mit dem Hintern verbunden ist. Die Mutter hat sich von ihrem Schrecken noch nicht erholt, da drückt der Bengel die Quaste, und aus dem Hintern kommt ein Schwall Puder. Ich frage: ›Was soll der ganze Unsinn?‹ Sagt der junge Mann, leicht gekränkt: ›Das ist mein Beitrag zur Gegenwartskunst. Der Herr Professor Beuys war ganz angetan davon. Er hat gesagt, aus mir könnte mal was werden. Ich hätte die Aufgabe meisterhaft gelöst.‹ Wir fragen uns, was mag das wohl für eine Aufgabe gewesen sein? Wir erfahren: ›Die Aufgabe hieß, den Satz bildhaft auszudrücken ›Die Kunst ist im Arsch‹‹«.

Herr Grüner schweigt, von verdrießlichen Erinnerungen heimgesucht.

Dem Minister wird es zu bunt, er läßt die Akademie schließen

Nach aufregenden Nachrichten über das Treiben des Kunstprofessors hat der Minister die Akademie geschlossen. Ihm ist berichtet worden, daß Joseph Beuys eine »Freie Kunsthochschule« gegründet hat. Aus ganz Europa sollen Chaoten nach Düsseldorf geströmt sein. Ein vernünftiger Unterrichtsbetrieb sei an der Kunstakademie nicht mehr möglich.

Vom Grünen Tisch aus kann man das schlecht beurteilen. In der Mittagspause fahre ich deshalb in die Stadt und sehe mir die Sache aus der Nähe an.

Vor der Kunstakademie ein Menschenauflauf. Man hat ein Schilderhäuschen aufgetrieben, es mit Gips bekleckert und vor dem ministeriell geschlossenen Eingang aufgestellt. Darin hält ein Student Wache. Andere haben eine spärlich bekleidete junge Frau auf einen Sockel gestellt. Einer bepudert sie von oben bis unten, andere legen ihr Sauerkraut auf den Kopf. Die Frau hält still. Ehe ich fragen kann, was das bedeuten soll, wird es laut. Beuys und einige seiner Schüler klopfen rhythmisch mit leeren Fischdosen an das verschlossene Tor. Natürlich öffnet keiner. Das ganze hat wohl nur symbolischen Charakter.

Ein herbeigeholter Polizeioffizier erkundigt sich freundlich: »Wer ist hier der Herr Professor Joseph Beuys?« Der meldet sich. »Ich hätte da eine Bitte, Herr Professor. Wir haben jetzt halb zwei, da ist Mittagszeit. Einige Anwohner fühlen sich durch den Krach belästigt. Können Sie bitte die Trommelei einstellen?« Beuys sieht auf die Uhr, nickt: »Aber sicher, Herr Kommissar.« Die Bürger sollen ihren Mittagsschlaf haben. Und das mitten in der Altstadt, wo man auch ohne Krach an der Akademie vor lauter Verkehrslärm sein eigenes Wort nicht verstehen kann.

Ich kann an der ganz friedlich verlaufenden Demonstration nichts Schlimmes finden. Auch sagt man mir, nur der Joseph Beuys halte keinen üblichen Unterricht ab. Die anderen Hochschullehrer seien mit ihren Studenten erschienen und möchten gern unterrichten. Professor Beuys mit seinen Anhängern störe sie dabei so gut wie gar nicht.

Ich erinnere mich: In den Gängen der Akademie hatten die Störenfriede Kartoffeln verteilt und eine »Kartoffeloper« angekündigt. Was immer damit gemeint sein mochte.

Mit diesen Kenntnissen und Eindrücken fahre ich ins Ministerium zurück, um Bericht zu erstatten. Dort finde ich eine Notiz vor: Der Herr Staatssekretär läßt bitten. Das trifft sich gut: Vielleicht kann ich meinen Bericht gleich loswerden. Mündlich. Ohne lange bürokratische Schreiberei.

In der Leitungsetage läuft der Staatssekretär in Hemdsärmeln umher und fragt jeden, den er erwischen kann, nach einer Flasche Bier. »Bei dieser Hitze heute. Das hält ja kein Mensch aus!« Ehe ich ihm raten kann, sich von seinem Bürochef ein oder zwei Flaschen aus der Kantine holen zu lassen, klingelt das Telefon. »Wer geht ran?« Keiner möchte gern. Sagt der Staatssekretär zu mir: »Gucken Sie mal nach, wer da ist.« Ich hebe den Hörer ab und höre: »Hier die dpa. Das Verwaltungsgericht hat heute entschieden, daß die Kunstakademie wieder aufgemacht werden muß. Der Lehrbetrieb wird nicht durch Herrn Beuys gestört, sagen die Verwaltungsrichter. Nun unsere Frage: Soll der Laden trotzdem zu bleiben? Legt die Landesregierung Berufung ein beim Oberverwaltungsgericht in Münster?«

Ich decke den Hörer ab, sage, um was es geht. Der Staatssekretär erkundigt sich rasch nach meiner Einschätzung vor Ort und trifft die Entscheidung: »Wir respektieren den Richterspruch. Die Akademie wird wieder aufgemacht.« Die Journalisten bedanken sich für die Auskunft. Sie sind zufrieden, will mir scheinen.

Am nächsten Morgen begegnet mir auf dem Flur der Justitiar des Hauses. Sichtlich übernächtigt. Der muß ja kräftig gefeiert haben. »Ist gestern nacht sicher etwas spät geworden?« Der Beamte guckt mich aus rot geränderten Augen an: »Die ganze Nacht habe ich mit zwei Top-Juristen aus dem Haus zusammengesessen. Wir haben eine erstklassige Berufungsschrift verfaßt. Die geht an das Oberverwaltungsgericht. Daß die Akademie geschlossen bleibt, haben wir gefordert. Wie das der Herr

Minister gewünscht hat. Es kann doch nicht geduldet werden, daß ein einziger Mann eine ganze Akademie lahmlegt.« Der hat wahrscheinlich gar nicht erst lange nachgefragt, sondern sich gläubig an die Fersen seines Ministers geheftet. Den Nachwuchsjuristen wird immer eingebleut: Erst genau die Tatsachen erkunden. Dann erst werten. Solche Weisheiten vergißt man eben im Laufe eines längeren Berufslebens. Aber jetzt hat er den Salat: »Und was muß ich in der Zeitung heute morgen lesen? Mir hat der Kaffee nicht mehr geschmeckt. Kaum zu glauben: Das Ministerium legt gar keine Berufung ein. Es achtet den Richterspruch und öffnet die Akademie wieder dem Lehrbetrieb. Wer sich wohl so einen Unfug ausgedacht hat. Bestimmt kein Jurist.«

So ist es. Der Staatssekretär ist gelernter Lehrer. Aber muß man denn unbedingt Jurist sein, um eine politisch vernünftige Entscheidung zu treffen?

Der Justitiar tut mir leid. Da läßt man den Mann die ganze Nacht durcharbeiten und mit ihm zwei ausgefuchste Kollegen, unter enormen Termindruck: Bei Rechtsmitteln sind kurze Fristen angesagt. Und dann ist alles für die Katz.

»Das werde ich mir merken.« Mit diesen Worten geht der Beamte in sein Dienstzimmer.

Ein Meisterschüler soll Lehrer werden

Nicht nur der Kunstprofessor selbst, nein, auch seine Schüler beschäftigen das Ministerium.

Mit einem von ihnen, einem Meisterschüler, hatte ich eine eindrucksvolle Begegnung.

Damals im Ministerium, als die Kunstakademie fast täglich Schlagzeilen machte, spricht mich an der Pforte der Assistent des Herrn Grüner, ein sehr adretter und penibler Philologe, an. Er macht einen besorgten Eindruck. Vielleicht sucht er eine Akte und denkt, die läge bei mir im Zimmer. Falsch geraten. Ich höre:

»Ich möchte Sie warnen. Ein Indianer war gerade hier und hat sich erkundigt. Wonach, habe ich leider nicht mitgekriegt. Bei der merkwürdigen Kundschaft, die ich bei Ihnen bisweilen antreffe, hat er es bestimmt auf Sie abgesehen.«

Na, das werden wir schon überstehen.

Kaum habe ich mein Dienstzimmer betreten, klopft jemand an der Tür, kommt herein, und ich finde, der Kollege hat nicht übertrieben. Seine langen, bis zur Hüfte reichenden schwarzen Haare sind offenbar schon seit längerer Zeit naturbelassen. Seife, Rasierzeug und Nagelbürste – sozusagen die heutige Grundausstattung – sind allerdings in der Prärie unbekannt, wie man sehen kann.

Der Militärmantel schleift über den Boden und stammt mindestens aus dem zweiten Weltkrieg, ein Ausstellungsstück vom Landesmuseum für Spätheimkehrer.

Vorsichtig frage ich den Besucher:

»Sie sind ganz sicher, daß Sie zu mir wollen?«

Die Antwort habe ich nicht erwartet:

»Ich bin ein Meisterschüler von Herrn Professor Beuys. Meine Frau schickt mich. Ich soll mich bei Ihnen um eine Anstellung bemühen.«

Habe ich richtig gehört, eine Anstellung? Der will uns doch wohl nicht im Ministerium bei der Arbeit zugucken? Aber gemach, die Sache klärt sich.

Ich erinnere mich. Da hatte mir einige Zeit vorher eine Realschullehrerin am Telefon angedeutet, sie habe Eheprobleme. Nun habe ich zwar ein recht bürgernahes und auch bürgerfreundliches Telefon, aber für Eheprobleme gibt es Fachleute mit einer speziellen Ausbildung. Dies habe ich der Anruferin gesagt. Vielleicht könne sie bei denen mal nachfragen. Aber sie ließ nicht locker. Ihr Mann leide seit Monaten unter einer lang andauernden schöpferischen Pause. Er habe bei Beuys studiert und es bei diesem sogar zum Meisterschüler gebracht, er tauge bestimmt als Aushilfslehrer für Kunst und Zeichnen, mit Kindern könne er übrigens gut umgehen.

Und dieser steht nun vor mir. Da ist guter Rat teuer. So wie der aussieht, mag er an der Akademie nicht auffallen. Aber ich kann mir kein Lehrerkollegium, nicht mal an einer noch so liberalen Gesamtschule, vorstellen, dem ich den Meisterschüler in diesem Aufzug zur Mitarbeit präsentieren könnte. Da käme es glatt zum Lehrerstreik.

Außerdem: Wie steht es bei ihm mit der Rechtschreibung? Gibt es da Defizite, regen sich die Lehrer auf, und der Mann hat keine Chance. Obwohl ich nie verstanden habe, warum ein tüchtiger Maler die Finessen deutscher Rechtschreibung beherrschen muß.

Ich schlage vor:

»Zum Kennenlernen notieren Sie mir doch bitte Ihren Lebenslauf, nur das Wesentliche.«

Wenn das hier eine Bewerbung für den Schuldienst ist, verlange ich doch nichts Unbilliges.

Der Besucher schreibt die Daten flüssig und fix auf, und ich lese:

»Ich wurde als Sohn des Majors ... geboren.«

Da haben wir wohl – ohne Freud zu bemühen – die Lösung für die üppige Haartracht. Vermutlich ist der Herr Major zu oft zum Frisör gegangen. Man kennt ja noch den knappen Haarschnitt der preußischen Offiziere. Kürzlich erst hat sich unser Gesundheitsminister so einen zugelegt.

Also, mein Besucher hatte wohl damit ein Problem. Seine Abscheu vor der Zunft der Barbiere ist plausibel. Aber als Lehrer, wenn auch nur zeitweise und als Aushilfe, kann er so ungepflegt nicht herumlaufen. Da läßt ihn schon der Hausmeister nicht mal auf den Schulhof, geschweige denn ins Gebäude. Also, das muß gesagt werden:

»Ich kann Sie nur vermitteln, wenn Sie Ihr Äußeres etwas unauffälliger gestalten. Haben wir keinen Erfolg an Deutschlands Schulen, dann können Sie sich ja wieder so herrichten, wie es Ihnen gefällt.«

Der Maler nickt ergeben, bedankt sich artig und geht von dannen. Von dem werde ich wohl nie wieder etwas hören. Irrtum.

Kurze Zeit später ruft die Frau des Meisterschülers an: »Ich möchte mich herzlich bedanken. Was haben Sie nur mit meinem Mann gemacht? Er war beim Friseur, der Mantel ist beim Schneider, und jetzt sitzt er in der Badewanne und schrubbt sich. Dabei pfeift er sich eins und macht rundherum einen vergnügten Eindruck. Das habe ich in zehn Ehejahren nicht fertiggebracht.«

Ich bleibe skeptisch und bitte die Anruferin, auf ihren Mann einzuwirken, sich in nächster Zeit mit öffentlichen Happenings zurückzuhalten. Sonst sei für ihn die Realschule gestorben.

Noch ehe zwei Wochen vergangen sind, kommt es zum Eklat. Eines Morgens erscheint in meinem Zimmer der Herr Grüner mit zornrotem Gesicht. Sie erinnern sich: der alleinstehende hohe Beamte, der dem Sohn seiner Untermieterin durch seinen Rat dazu verholfen hatte, seine künstlerischen Fähigkeiten an der Akademie zu entwickeln. Trotz der mißlungenen Geburtstagsfeier hatte er eingewilligt, auch dem Meisterschüler eine Chance zu geben, und sich auf die Suche nach einer geeigneten Schule gemacht. Warum ist der nur so wütend ? Er knallt mir die Zeitung auf den Schreibtisch:

»Lesen Sie mal. Jetzt haben wir den Salat. Der unweise Kerl hat Hakenkreuze irgendwo an eine Kunsthalle geschmiert, aus Protest gegen das ›Faschistoide‹

in der Kunst.« Herr Grüner hat recht. Eine solche Erklärung können wir keinem Schulleiter vermitteln. Der hat meist schon seinen Ärger mit Mauersprayern und anderen, die ihm unerwünscht die Wände bemalen. Nein, danke.
Der Meisterschüler wird freischaffender Künstler. Seine Bilder sind heute gesucht und teuer. Er ist eine Berühmtheit geworden. Das hätte ihm – weiß Gott – die Realschule nie geboten.
Sie möchten gern den Namen wissen? Der ist eigentlich kein Geheimnis. Aber, verstehen Sie bitte. Der Mensch ist so reizbar, und was soll ich mir Ärger machen mit einer Geschichte, die schon dreißig Jahre zurückliegt.

Das Aus für Professor Beuys / Eine (Gretchen-) Frage an den Landesvater

Im Herbst 1970 breche ich meine Zelte in Düsseldorf ab. Ein Bonner Ministerium hat mir das Angebot gemacht, in der gemeinsamen Arbeit von Bund und Ländern für den Bereich Innovationen in der Lehrerbildung Aufgaben zu übernehmen. Die Vorgängerin, eine berufserfahrene Schulrätin, hat gerade den Sessel geräumt. Sie sucht mich nach ein paar Monaten auf:

»Daß Sie daran Gefallen finden. Hier muß man sich ja die Akten selber erfinden. Da bleibe ich lieber bei meinen Leisten: rechts die Eingänge, links die Ausgänge, und am Abend ist der Schreibtisch abgeräumt.«

Nun ja, jeder nach seiner Fasson.

In Düsseldorf hat unterdessen das Unglück seinen Lauf genommen. Die verlegt, verloren geglaubten Akten von Joseph Beuys haben sich wieder angefunden. Meine Nachfolgerin, die alle Kunst nach Dürer für Kunstgewerbe oder Kleckserei hält – glaubt man Gerüchten –, macht folgsam die Entlassungspapiere für den unbotmäßigen Kunstprofessor fertig, wie es der Minister befahl. Die hohen Beamten im Ministerium zeichnen mit, und der Landesvater stimmt zu. Das wäre es dann gewesen.

Da muß doch eine Frage erlaubt sein: »Wie hältst Du es mit der Kunst, Johannes?«

In Prora: Kein Aufschwung in Sicht

In Prora wird von einem westdeutschen Unternehmer gemunkelt, der ausgerechnet in der Badebucht eine Werft bauen wolle. Es hätten sich schon Landschaftsschützer gemeldet und bei der Landesregierung gegen diese Pläne protestiert.

Ich vermute, daß an solchen Gerüchten nichts Handfestes ist, vielleicht sollen Investoren abgeschreckt werden. Wer mag daran wohl Interesse haben?

Mir kommt der Beamte aus Hamburg in den Sinn, der eigentlich mit mir zusammenarbeiten sollte, wie mir der Staatssekretär versichert hatte:

»In dem haben Sie einen guten Mitstreiter.«

Diese Voraussage hat sich nicht bewahrheitet. Er ließ sich nur gelegentlich blicken und machte wohl den Kurier zwischen Prora und einigen höheren Beamten in der Landesregierung. Damit in Prora nichts auf längere Zeit verfestigt würde. Wie hatte der Herr aus Hamburg doch schon bei der ersten Begegnung gesagt:

»Geben Sie sich bloß nicht soviel Mühe mit den Weiterbildungsträgern. Ich habe einen großen holländischen Konzern an der Hand, der die ganze Anlage kauft und sie privatwirtschaftlich vermarktet...«

Ich habe das damals auf die leichte Schulter genommen. Das war wahrscheinlich ein Fehler.

Allmählich werde ich mißtrauisch. Mir fällt auf, daß meine Berichte an das Ministerium in Schwerin unbeachtet bleiben. Oder gar unerwünscht sind?

Ein Beispiel: Wie ich höre, ist am Landesarbeitsamt in Rostock eine Tagung. Auf ihr soll berichtet werden, welche Erfahrungen Werber der Arbeitsverwaltung bei der Industrie und dem Handwerk mit einer neuen Idee gemacht haben: Es soll ein kräftiges Handgeld gezahlt werden, wenn zusätzliche Ausbildungsplätze für Lehrlinge bereitgestellt werden. Das Ergebnis ist mager. Ein Teilnehmer faßt dies in Worte:

»Die Handwerker in Mecklenburg-Vorpommern sind ganz solide Leute. Die bilden nicht mehr Lehrlinge aus, als sie auch nach abgeschlossener Lehre einstellen können.«

Mich interessiert, wieviel Lehrstellen in Mecklenburg-Vorpommern fehlen. Die Leute von der Arbeitsverwaltung drucksen herum, das wären politische Zahlen. Niemand möchte sich in die Nesseln setzen.

Zum Schluß, mit etwas Nachhilfe, kriege ich heraus: »Mindestens zehntausend.« Darin sind aber noch nicht die fehlenden Ausbildungsplätze des Jahres 1991 berücksichtigt. Die werden erst demnächst ermittelt.

Ich berichte dem Minister in Schwerin über die Konferenz. Wir wollen doch in Prora auch Ausbildungsplätze schaffen. Jetzt wissen wir aus erster Hand, wie groß der Bedarf ist.

Aus Schwerin kommt keine Reaktion. Nanu, ist der Bericht vielleicht beim schwierigen »Aufbau Ost« unter die Räder geraten? Der Staatssekretär klärt mich gesprächsweise auf:

»Was haben Sie denn da dem Minister aufgeschrieben? Wissen Sie nicht, daß der Herr Ministerpräsident im Landtag erklärt hat, hier im Lande kann jeder Schulabgänger, der das möchte, eine Lehre absolvieren. Und jetzt sollen wir den Regierungschef Lügen strafen? Sie kommen ja nur selten in den Landtag, sonst wüßten Sie besser, was gespielt wird.«

Da habe ich ja noch einmal Glück gehabt. Beim nächsten Mal kann ich aber nicht mehr mit »mildernden Umständen« rechnen.

Ich habe überhaupt bisweilen das Gefühl, ich hätte für das Ministerium des Gastlandes meine Aufgaben erfüllt. Das Konzept für Prora ist vom Kabinett verabschiedet, auch der Förderkreis mit seinen honorigen Mitgliedern ist einverstanden.

Warum hapert es eigentlich mit der Umsetzung?

Ich habe gerade einen weltbekannten Hotelkonzern an der Hand, der ganzjährig einen Hotel- und womöglich auch Kurbetrieb in Prora aufmachen möchte, mit ganz erheblichen Investitionen. Als ich das in Schwerin berichte, werde ich angeguckt, als käme ich vom Mond. Wenn sie auf meine Arbeit vor Ort keinen Wert legen, sollen sie mir das offen sagen. Dann kehre ich an meinen sicheren Arbeitsplatz nach Bonn zurück, wo ich gebraucht werde.

Sonst der übliche Ärger mit dem Ministerium, das an allen Ecken und Enden in Prora spart. Was heißt spart, die rücken in Schwerin überhaupt keinen Pfennig heraus. Eine Beschäftigungs-GmbH, die das Land gegründet hat, dient nur dem Zweck, besser an ABM-Mittel aus Nürnberg heranzukommen. Der General a.D. Freimuth aus Hamburg ist auf den Trick hereingefallen. Er nimmt als treuer und redlicher Soldat alles ernst, was die Oberen ihm erzählen. Deshalb kommt er voller Tatfreude als Geschäftsführer der GmbH nach Prora. Er hat einen schönen Vertrag gekriegt, aber Geld für die GmbH bekommt er nicht. Er fragt sich, wo die Bundesmittel wohl geblieben sind? Da gibt es schöne Broschüren in Schwerin über den Aufschwung in Mecklenburg-Vorpommern, von Millionen DM Bundeszuschüssen ist die Rede. Aber für Prora ist wohl nichts vorgesehen. Der General fährt mehrmals nach Schwerin zum Minister, alles vergeblich. Nach drei Monaten wirft er das Handtuch: Er quittiert den Dienst. Dann wird er lästig: Aus persönlichen Gründen erscheint er nochmals im Ministerium.

»Wie, Gehalt wollen Sie auch noch von uns?«

Herr Freimuth zeigt seinen Vertrag mit dem Ministerium vor: Monatlich eine feste Pauschale, dazu bare Unkosten. Die Ministeriellen aus dem Westen sind damit nicht zu beeindrucken.

»Sie kriegen keine müde Mark von uns. Da haben Sie eben Pech gehabt. Der Vertrag taugt nämlich nichts. Was heißt hier: Aber der Abteilungsleiter hat doch selbst unterschrieben? Der hat den Haushalt vorher nicht gefragt.«

Hätte das dem General irgendetwas nützen können? Vermutlich nicht. Hören wir den gelackmeierten Bundeswehroffizier selbst:

»Nicht einmal die Spritkosten haben sie mir gegeben. Dabei bin ich jede Woche einmal von Hamburg und zurück mit meinem Privatwagen gefahren. Und dann die vielen Dienstfahrten.«

Was der General bisher nicht wußte, haben sie ihm in Schwerin haarklein erzählt. Leider zu spät. »Für mich gibt es keine Haushaltsstelle, haben die dort gewußt«, sagt der General verbittert.

Fünftausend Starfighter-Flüge hat er hinter sich, aber in der Landesregierung haben ihm Schneid und Lebenserfahrung nichts genutzt.

Ein neuer Geschäftsführer ist schon in Sicht. Er kommt aus Hamburg. Die aus dem Westen kommen überhaupt alle aus Hamburg oder am besten aus Kiel.

In der Zwischenzeit springt gelegentlich Herr Kahlstedt vom Ministerium ein. Er kümmert sich zunächst einmal um den Bau einer Kläranlage in Saßnitz. So erfährt man ganz nebenbei, daß die DDR-Urlauber im Badeort Binz bisher in den ungeklärten Abwässern von Saßnitz Erholung gesucht haben. Eine ganz schöne Schweinerei. Aber Herr Kahlstedt aus dem Westen wird's richten. Fragt sich nur, woher er das Geld nehmen will?

Das Arbeitsamt ziert sich erst einmal, die nötigen Gelder für die Umschulung von Arbeitslosen bereitzustellen. Die beiden Chefs, der eine ein tätowierter SED-Mann, der andere ein pensionierter Verwaltungsfachmann aus dem Westen, sind sich einig:

»Was Sie da für die Lehrer haben wollen, daraus wird nichts. Die paar Leute interessieren doch keinen.«

Ja, lesen die denn hier überhaupt keine Zeitung? Es steht fast täglich zu lesen, daß Zehntausende von Lehrern entlassen werden und nicht wissen, wohin. Ich sage den beiden Beamten in Stralsund:

»Im Westen hat die Bundesregierung mit der Industrie zusammen Programme erarbeitet und neue Arbeitsplätze in der Wirtschaft geschaffen.«

Die beiden Chefs sind jedoch nicht zu überzeugen. Sie haben sich in den Kopf gesetzt: Für Lehrer tun wir nichts.

Ich denke, das ist die späte Rache für schlechte Schulnoten.

Die Kurse in Prora für arbeitslose Arbeiter und Handwerker, mit Schwung und Energie in Gang gesetzt, stagnieren. Das Land gibt keine vernünftigen Verträge, auf die man Investitionen langfristig gründen kann. Ergebnis: Solide, finanzkräftige Firmen ziehen sich zurück und suchen einen anderen Standort oder bleiben ganz im Westen.

Das Erholungsheim »Walter Ulbricht« bleibt trotz aller Anstrengungen geschlossen. Ich denke mir, daß auch im nächsten Sommer kein Bett für Urlauber zur Verfügung steht. Der verständliche Unmut der Ossis ist spürbar, aber er artikuliert sich noch nicht deutlich. Die Leute sind noch zu sehr eingeschüchtert. Die Wende hat sie geschafft. Dafür schachern die Behörden um den Kaufpreis und vergessen dabei die Bevölkerung. Auch die Versorgung der noch genutzten Räume in der Anlage wird vernachlässigt.

Ich finde mein Arbeitszimmer genauso kühl vor wie den Schlafraum, und das schon den zweiten Tag. Es ist bitterkalt geworden. Ich suche den Kommandeur auf:

»Herr Oberst, mein Zimmer ist ungeheizt.«

Sagt der Mann ungerührt: »Meins auch.« Dazu fällt mir nur noch ein:

»Herr Oberst, Sie sind ein Held. Sie laufen bei Wind und Wetter mit hochgekrempelten Hemdsärmeln im Freien herum. Ich aber bin ein einfacher Mensch und sitze gern im Warmen.«

Der Oberst lächelt jovial: »Dann stellen wir eben die Heizung wieder an!«

Ich marschiere die fünf Kilometer bei Nieselregen zurück in meine Unterkunft.

Ein sympathischer Glücksritter aus Düsseldorf

Im Walter-Ulbricht-Heim klingelt das Telefon. Es meldet sich Rainer Maria Schlitter aus Düsseldorf. Architekt, Ästhet, Lebensretter und Glücksritter. Den haben sie hier gerade noch gebraucht! Aber was höre ich, er will gar nicht nach Prora kommen. Rainer Maria möchte mal eben sechs Millionen DM über den Tisch gereicht bekommen. Als Darlehen, mit vernünftigen Zinsen, versteht sich. Die will er auch gar nicht aus dem Osten, sondern von einer großen Bank in Düsseldorf. »Du kennst doch da den Chef. Kannst Du mir nicht einen Termin machen? Die lassen mich im Vorzimmer ständig abblitzen.«

Ich habe Rainer Maria Schlitter vor Jahren im SPD-Ortsverein in Düsseldorf-Lohausen kennengelernt. Er trägt Monokel, fährt einen Silver-Shadow, hat untadlige Manieren: Kurzum, jeder Zoll ein Herrenreiter. An so einem Mann, noch dazu aus guter Familie, hätte der smarte Björn Engholm seine rechte Freude. Die Lebensart von Rainer Maria setzte mich schon damals in Erstaunen. Und so verlief meine erste Begegnung mit ihm in seinem Domizil:

Herr Schlitter sitzt in seinem Nobelheim in Wittlaer bei Düsseldorf am fünf Meter langen Rittertisch aus dem 13. Jahrhundert: »Die zwölf Stühle habe ich natürlich nachbauen lassen müssen. Solche Sachen gehen mit der Zeit kaputt. Aber der Tisch ist echt und erzsolide. Der hält noch die nächsten tausend Jahre.« Er zählt seine Barschaft durch. »Weißt Du«, sagt er zu mir, »ich habe immer sieben fette und dann wieder sieben magere Jahre. Zur Zeit bin ich bei den mageren angelangt.« Und dann, nachdenklich: »Die dauern überhaupt schon ziemlich lange.«

Wie er berichtet, sind ihm aus der letzten Pleite 150.000 DM bar verblieben, seine Frau hat sich schon gefreut: »Da gehen wir am Samstag bei Aldi mal tüchtig einkaufen.« Doch daraus wird nichts. Der Notgroschen ist gut angelegt worden: »Was heiß hier, bei Aldi einkaufen? Ich habe uns eine Burg gekauft, und Du bist ab heute Burgherrin. Schon heute residieren wir im Schloß.« Frau Schlitter versteht nicht, warum sie die beiden Schlafsäcke mitnehmen muß. Der Ehemann sagt ausweichend: »Da sind noch einige bauliche Änderungen nötig. Aber das werden wir schon hinkriegen.«

Burg »Wohlbrück« in der Nähe von Bad Neuenahr war einst ein stattliches Renaissanceschloß. Das hat sich gründlich geändert. Von der Autobahn – Abfahrt Niederzissen – sieht man mitten in einem weiten Tal einen Bergkegel, der von einer Ruine gekrönt wird. Karge Reste von Burgmauern und der Torso eines Burgturmes lassen einstige Größe nur noch erahnen. Heute nisten in den Ruinen Penner und Tippelbrüder. Wenn man Ansprüche hat, nimmt man sich am besten zur Nacht einen Schlafsack mit. Die künftige Schloßherrin ist hingegen unersättlich: Sie hätte am liebsten für die Nacht ein richtiges Bett gehabt. Sie fühlt sich genasführt. Ohne Übernachtung fährt sie zurück nach Düsseldorf und nimmt ihr Leben selbst in die Hand: Schloß »Wohlbrück« hat das Faß zum Überlaufen gebracht.

Rainer Maria hat dagegen große Pläne: »Ich baue das alte Renaissanceschloß wieder auf, mit allen Schikanen. Einhundertsechzig Appartements für Bundestagsabgeordnete habe ich schon vorgesehen. Mein Bruder, der Doktor, macht die ärztliche Betreuung. Und dann haben wir noch eine hochmoderne Bäderabteilung geplant. Alles vom Feinsten! Die Baugenehmigung werde ich schon kriegen. Wenn die Interessenten erstmal mein Modell im Atelier in Düsseldorf gesehen haben, wie das später alles chic und proper in der Landschaft steht, werden sie beim nächsten Mal schon das nötige Kleingeld in der Tasche haben.«

Zunächst stehen aber im Grundbuch Schulden von etwa einer Million DM oder Dollar – das ist nicht so genau herauszukriegen –, die der Vorbesitzer hinterlassen hat. Die 150.000 DM aus der Pleite waren nur ein Handgeld.

Rainer Maria hat die Rechnung ohne die Baubehörde gemacht. Die läßt sich Zeit. Die Gemeindeväter fürchten um die Unschuld ihrer Töchter: »Wenn erstmal die feinen Herren aus Bonn hier sind, dann geht es rund. Das muß ja nicht sein.«

Ich schaue mir die Ruine an. Da fällt mir ein, ich brauche am Wochenende noch ein Brot. Am Fuße der Burg habe ich im Ort einen Bäcker gesehen, jedoch Fehlanzeige. Die Bäckersfrau: »Ja, da müssen Sie vorher bestellen. Wir haben heute nur sechs Brote gebacken, und die gehen alle weg. Vielleicht das nächste Mal, wenn Sie wiederkommen. Wo kommen Sie überhaupt her?« Die Bäckersfrau beäugt mißtrauisch das unbekannte Nummernschild: SU. »Werden wohl Russen sein. Dafür sehen die noch ganz manierlich aus«, mag sie denken.

Ich habe den Eindruck: Die Leute aus dem Dreihundert-Seelen-Dorf hier sind mit dem Renaissanceschloß des monokeltragenden Architekten im Rolls Royce aus Düsseldorf völlig überfordert. Aber der scheint das überhaupt nicht zu merken.

Mit dem Streit um die Baugenehmigung vergehen einige Jahre, und die Schulden verdoppeln sich, ohne daß bisher ein Handwerker Hand angelegt hat.

Endlich ist die Baugenehmigung erstritten, da sind die Geldtöpfe versiegt. Die Gläubiger pfänden die Villa bei Düsseldorf samt Inventar weg: »Das war eine schwere Enttäuschung für mich. Stell Dir vor, da sind zum Termin nur ›Freunde‹ aus dem Verein erschienen.« Ich denke an die Inschrift auf dem Balken über der Haustür mit der Parole aus der französischen Revolution: »Liberté, égalité, fraternité«. »Meinen schönen Schrank haben die Brüder auch unter den Hammer gebracht und dann für einen Spottpreis mit nach Hause genommen.«

Rainer Maria hat mir mal die Story erzählt, wie er an diesen Schrank – ein Sammlerstück von großer Seltenheit – gekommen ist:

»Eines schönen Sommerabends gehe ich so am Rhein spazieren, noch etwas frische Luft schnappen. Hatte vorher in der Altstadt ein paar Bierchen gekippt. Auf der Oberkasseler Brücke steht eine Menge Menschen und guckt neugierig ins Wasser. Dort kämpft ein junger Mann mit den Wellen. Wohl nicht mehr lange, wie es aussieht. Daß die Leute sich nicht schämen, da rumzustehen und nur zu glotzen. Ich nix wie rein und den jungen Mann rausgeholt, ins nächste Taxi verfrachtet und dann heim zu seiner Mutter. ›Der arme Junge‹, sagt sie zu mir, ›lauter Liebeskummer, was macht man da bloß?‹ Das weiß ich auch nicht, gehe erst mal ins Badezimmer und ziehe die nassen Sachen aus. Von den Anzügen ihres verstorbenen Mannes passen mir fast alle. Ich wähle, ohne näher hinzusehen, einen aus, muntere den jungen Mann auf, der inzwischen wieder ganz lebenslustig aussieht, und will mich gerade verabschieden. Da läßt mich die Dame des Hauses nicht laufen und sagt: ›Geld möchte ich Ihnen nun gerade nicht anbieten, aber suchen Sie sich ein schönes Möbelstück aus. Wenn ich Sie richtig einschätze, sind Sie ein Ästhet und wissen die Gaben des Lebens zu schätzen.‹ Mein Blick fällt auf drei antike Schränke. ›Die können Sie alle haben‹, sagt die dankbare Mutter. Ich nehme mir einen davon, der genügt mir völlig, und verabschiede mich.

Ein Freund hat mir das Möbel später abgeschätzt. Auf Versteigerungen bringen solche Sachen bis zu 150.000 DM. Der Schreiner ist ganz berühmt, hat jedes Brett mit seinem Namen gezeichnet. Und alle alten Bretter sind noch drin! Jetzt ist die Villa samt Schrank und Rittertisch nebst Stühlen dahin.«

»Und wo ist der Uhu geblieben, der am Kamin im Käfig hauste?« will ich wissen. »Weiß der Kuckuck«, sagt Rainer Maria zerstreut.

Und nun sollen sechs Millionen her. Die sieben fetten Jahre sind in greifbare Nähe gerückt. Es können auch gern ein paar mehr werden, Rainer Maria hätte nichts dagegen.

Ich überlege eine Weile, wie man an den Banker herankommt. Da fällt mir ein, er kommt aus Schilda im »Kohlenpott«, Juso-Chef, jüngster Landtagsabgeordneter seinerzeit. Sein erfolgreicher Wahlhelfer ist der Bademeister im Städtischen Schwimmbad. Die beiden sind ein unzertrennliches Gespann: »Für den Heinrich tu ich alles, egal, was kommt«, hat der Bademeister mir anvertraut. Nun, dieser hat es heute nicht mehr nötig, der hat's zu was gebracht. Soll der Bademeister sich also um Rainer Maria kümmern.

»Wieso der Bademeister?« fragt dieser erstaunt. Er kennt die Zusammenhänge nicht und fühlt sich verspottet. »Ich rufe später mal wieder an«, sagt er gekränkt, »wenn Dir was Besseres eingefallen ist. Die Luft in Prora scheint Dir nicht zu bekommen.« Klick, der Hörer wird eingehängt.

Nach vierzehn Tagen, ich habe die Sache längst vergessen, kommt wieder ein Anruf aus Düsseldorf: »Stell Dir mal vor, ich war beim Chef der großen Bank, ganz ohne Komplikationen. Ich habe dem Bademeister Deinen Namen genannt. Der wohnt überhaupt ganz schön feudal. Da hat er mich umgehend nach Düsseldorf zur Bank geschickt. Und wer sitzt da im Vorzimmer? Der Sohn des Bademeisters: ›Wenn Sie von meinem Vater kommen, ist doch alles in Ordnung.‹ Er macht die Tür auf und ruft ›Heinrich, Kundschaft‹«.

In Schilda wollen sich die Bürger ein neues Rathaus bauen und geraten in arge Bedrängnis

Der zum Großbanker aufgestiegene Landtagsabgeordnete und der Bademeister haben lange Zeit als erfolgreiches Team in der Kommunalpolitik gemeinsam die Fäden gezogen. Ich habe die beiden kennengelernt, als ich in den sechziger Jahren den Landesdienst quittierte und als Justitiar in den Dienst der Stadt Schilda trat.

Wie ich vom Hörensagen wußte, ist die Kommunalverwaltung dem Bürger am nächsten. Da reizte es mich, dem grünen Tisch der eher bürgerfernen Spitzenverwaltung in Düsseldorf den Rücken zu kehren und im Rathaus die Tagesprobleme der Bürger hautnah mitzukriegen und – womöglich – dem Bürger zur Hand zu gehen, auch gegen die übermächtige Bürokratie, der der »kleine Mann« sich oft hilflos ausgeliefert fühlt.

Mit guten Vorsätzen, nicht darauf gefaßt, was mich erwartete, betrat ich eines Morgens, frisch zum Leiter des Rechtsamts gewählt, das alte Gymnasium, in dem die Stadtverwaltung residiert. Das ist ein schönes Gebäude, so etwa Mitte der zwanziger Jahre erbaut. In einem Seitenflügel finde ich über dem Standesamt mein Büro. Ich mache die Runde und begrüße die Mitarbeiter. Nebenan sitzt der Inspektor Ctwrtecka: »Meine Vorfahren sind Tschechen. Ctwerta, das heißt Viertel, und Ctwrtecka ist die Verkleinerungsform: ein Viertelchen.«

Sein Vater war Bergmann in Duisburg. Der hat dem Sohn das erste Fahrrad geschenkt, zum vierzehnten Geburtstag. An eine Lampe hat jedoch keiner gedacht. Schließlich soll der Junge ja, wenn es dunkel ist, nicht mehr draußen sein. Was braucht er da eine Lampe am Fahrrad? Das kann nicht lange gutgehen. Prompt erwischt ihn am zweiten Tag in der Dunkelheit ein Polizist: »Junge, Du hast ja keine Lampe am Rad. Das geht doch nicht. Wie heißt Du überhaupt?« Der Sheriff zückt seinen Bleistift. Der Junge sagt Ctwrtecka und buchstabiert ganz flink C-t-w-r-t-e-c-k-a. Der Polizist läßt resigniert den Bleistift fallen: »Hau bloß ab und laß Dich nicht wieder erwischen, Junge.«

Heute ist der Herr Ctwrtecka sehr beschäftigt. Er versinkt in Papieren und Akten. Ich bereue meinen Entschluß, nach Schilda gegangen zu sein. Zum Schuften hätte ich auch in Düsseldorf bleiben können und hätte dazu noch einen kürzeren Weg gehabt.

Ich frage den Mitarbeiter:

»Sagen Sie mal, Herr Ctwrtecka, warum liegt hier bloß so viel Zeug herum? Wo kommen nur die ganzen Akten her?«

Der Inspektor blickt überrascht auf:

»Ja wissen Sie denn nicht, wir bauen ein neues Rathaus. Und ich berate die Bauabteilung, damit alles von Anfang an seine Ordnung hat. Für Sie habe ich auch schon ein schönes Zimmer ausgesucht, im fünfzehnten Stock. Heute sind die Tapetenmuster angekommen. Wollen Sie die mal sehen?« Ich will und vertiefe mich in die Pläne. Das sieht wirklich ganz proper aus, schön, groß und geräumig, ein helles Zimmer mit schicken Büromöbeln. Alles nur auf dem Papier. »Noch im Planungsstadium«, erfahre ich so nebenbei. Das Grundstück steht auch noch nicht fest. Aber sicher wird sich ein geeignetes Plätzchen finden.

»Und wo kommt das ganze Papier her?« Der Inspektor guckt mich verdutzt an: »Ja richtig, das können Sie noch nicht wissen. Sie sind ja neu hier. Die Pakete kriegen wir fast täglich aus Schweden, direkt aus Stockholm. Da sitzt eine große Baufirma. Die bauen in ganz Europa Rathäuser. Nichts als Rathäuser. Denen haben wir einen Brief geschrieben. Die sollten uns mal ein Angebot machen. Preiswert: unverbindlich und kostenlos. Und damit hat die ganze Bescherung ihren Anfang genommen.«

Der größte Steuerzahler in Schilda ist der Kohle- und Stahlkonzern. Die ganze Stadt lebt von ihm. Da wäre es doch das mindeste, wenn man sich von diesen Leuten auch das Rathaus bauen ließe. Wo die doch auf Hochbauten spezialisiert sind. Im Stadtrat sitzen sowieso nur Leute, die dort beschäftigt sind oder die dort früher mal tätig waren und inzwischen in Rente gegangen sind. Auch der Bürgermeister kommt aus einem Pütt in Schilda, der zum Konzern gehört. Wieso holen die Beamten denn bei dieser klaren Sachlage Angebote aus dem fernen Schweden ein? Das riecht direkt nach Verschwörung.

»Ja wissen Sie, wir müssen mindestens einen zweiten Anbieter haben. Sonst sieht das nach Begünstigung aus. Und dann gibt es noch die Bauordnung.« Wenn das man gut geht. Ich habe da so meine Bedenken.

Schon in der nächsten Sitzung des Stadtrates platzt die Bombe. Der Stadtdirektor sagt es geradeheraus: »Wir kriegen da jeden Tag Post aus Schweden. Gestern habe ich mal ein Paket aufgemacht. Da waren Muster von Teppichböden und Tapeten drin. Die Leute haben doch von uns noch überhaupt keinen Auftrag gekriegt. Da wird es Zeit, mal zu reagieren. Sonst sitzen wir voll im Schadenersatz drin.« Der Stadtdirektor ist gelernter Jurist. Der muß es ja wissen. Die Stadtverordneten zeigen sich beeindruckt.

Nach kurzer Diskussion trifft der Stadtrat den Beschluß: Die Schweden kriegen ein Schreiben von der Stadt. Sie brauchen weiter nichts mehr zu schicken. Die Stadtväter danken für das kostenlose und unverbindliche Angebot. Sie bedauern, davon keinen Gebrauch machen zu können.

Den Brief schreibt das Rechtsamt.

Die Antwort aus Stockholm läßt nicht lange auf sich warten: Die Schweden beehren sich, für ihre bisherigen Bemühungen der Stadt 120.000 DM in Rechnung zu stellen. Das sei noch recht preiswert. In Stockholm habe ein firmeneigener Planungsstab nur für das Rathaus in Schilda gearbeitet. Die Stadt habe sich nie gerührt. Da dachten die Schweden, sie hätten den Auftrag in der Tasche. Jetzt wollen sie die nackten Selbstkosten. Das Konto wurde gleich mit angegeben.

Die Stadtväter sind verärgert. Ganz schön hinterhältig, diese Schweden.

Die beiden Geschäftsführer aus Stockholm werden ins Rathaus nach Schilda eingeladen, zu Kaffee und Kuchen. Vielleicht gibt es auch ein Schnäpschen. Die Leute müssen doch zu besänftigen sein.

Die Männer aus Stockholm reisen mit firmeneigenem Flugzeug an. Sie landen auf dem Flugplatz, steigen ins Taxi und klopfen beim Stadtdirektor an. Sie sind erbost, trinken den angebotenen Kaffee nicht, versagen sich auch dem Streuselkuchen. Selbst der Doppelkorn kann die Situation nicht retten. Statt dessen streiten sie sich zwei Stunden mit der Verwaltung und dem Bürgermeister. Ergebnis: Die Gerichte sollen das letzte Wort haben, das Rechtsamt den Prozeß führen.

Mir wird angst und bange. Den Prozeß wird die Stadt glatt verlieren. Ein schöner Einstand für den neuen Justitiar. Da holt man sich extra einen Schlaukopf aus Düsseldorf von der Landesregierung, und dann diese Pleite. Am besten sehe ich mich morgen woanders nach einer Arbeit um. Hier komme ich doch auf keinen grünen Zweig.

Die Schweden bereiten gerade ihren Abgang vor. Unverbindlich, aber nicht kostenlos. Dafür mit großer Distanz. Da kommt mir im letzten Moment ein Gedanke. Mal sehen. »Meine Herren, wir werden uns ja in nächster Zeit häufiger bei Gericht sehen. Ich schlage vor, wir führen einen richtigen Musterprozeß, damit andere Gemeinden nicht in einen solchen Schlamassel geraten.« Die Gäste aus Stockholm nicken bedächtig, aber zustimmend. Der Anschlag scheint zu gelingen. »Dann holen wir uns die Fachpresse dazu. Die kann dann Stück für Stück die Prozeßberichte schreiben. Schließlich haben wir hierzulande Pressefreiheit.« Die beiden Schweden nicken wieder zustimmend. Und jetzt, der Hammer: »Ich kann mir kaum vorstellen, daß Sie aus Deutschland dann nochmal eine Anfrage kriegen: Schicken Sie uns bitte ein Angebot kostenlos und unverbindlich! Der Markt dürfte für Sie gestorben sein. Aber daran hat doch niemand Interesse. Erst recht nicht die Stadt Schilda, der Sie so uneigennützig geholfen haben.«

Die Schweden begreifen schnell. Was nützt ihnen der Sieg vor Gericht, wenn anschließend der Baumarkt für sie tot ist?

Sie nehmen wieder Platz. Was soll die ganze Streiterei? Der Kaffee wird frisch aufgebrüht. Diesmal verschmähen sie auch den angebotenen Doppelkorn nicht. Es wird noch recht gemütlich am Nachmittag. Das mit den 120.000 DM war natürlich nicht ganz ernst gemeint. Aber man kann ja mal auf den Busch klopfen. Der Stadtdirektor und die Beigeordneten sind erleichtert, der Bürgermeister aber ist am meisten froh. Das kann man gut verstehen. Die Idee, die Schweden um ein kostenloses und unverbindliches Angebot zu bitten, kam nämlich aus seinem Zimmer.

In der nächsten Sitzung des Gemeinderates trumpft der Bürgermeister auf: »Die Schweden waren hier. Die unser Rathaus bauen oder 120.000 DM kassieren wollten. Denen habe ich mal die Leviten gelesen. Ich habe gesagt: ›Ihr könnt ruhig vor die Gerichte ziehen. Da habt ihr nicht den Hauch einer Chance.‹ Das hat ihnen glatt die Sprache verschlagen. Die haben sich gleich ins Flugzeug gesetzt, Richtung Schweden. Da gebe ich Brief und Siegel drauf, die Leute sehen wir nie wieder.« Die Fraktionen applaudieren. Sie sind sich einig: So einen Bürgermeister kriegen wir nie wieder. Das Herz auf dem rechten Fleck. Und dazu pfiffig. Da können die Studierten was von lernen. Die Leute im Stadtrat haben Takt und Anstand. Sonst würden sie sicher fragen: »Wozu brauchen wir bei so einem Bürgermeister überhaupt einen Justitiar?«

Wie die Bauwirtschaft alles fürsorglich regelt und ein Ratsherr ins Stolpern gerät

Auch sonst ist in der Stadt Schilda alles zum Besten geregelt. So klappt es in der Bauwirtschaft wie am Schnürchen. Und das ist für eine Stadt wichtig, deren Einwohnerzahl in kurzer Zeit sprunghaft angestiegen ist und in der deshalb stark gebaut wird. Damit nichts schief läuft, sind die Posten klug verteilt:

Der Vorsitzende des größten Bauunternehmens am Ort hat sich in den Stadtrat wählen lassen und sorgt als Vorsitzender des Bauausschusses dafür, daß im Stadtparlament auch alles klappt. Sein Vertreter im Verein, der zweite Vorsitzende, wacht als Technischer Beigeordneter im Rathaus darüber, daß alle vernünftigen Bauanträge nicht auf die lange Bank geschoben werden. Sind die Anträge seines Vereins verbesserungsbedürftig, schlüpft er in die Rolle des gelernten Architekten und greift zum Zeichenstift. Diese unkonventionelle und ganz unbürokratische Arbeitsweise entspricht vielleicht nicht ganz den Gesetzen, sie ist aber äußerst effektiv. Und darauf kommt es der Gemeinde an, die schließlich keine Beschwerden an den Hals kriegen will. Das Verfahren hat in Schilda Tradition.

Auch schon der pensionierte Vertreter des Stadtdirektors hatte sein Schäfchen ins Trockene gebracht. Ein Pensionär aus der Verwaltung erinnerte sich und hat mir berichtet: Stellte jemand eine Voranfrage, weil er bauen wollte, war der Beamte hilfreich: »Wie ich an Ihrem Antrag sehe, haben Sie ja noch gar keinen Architekten für den Neubau. Das ist aber sehr riskant. Man sollte sich schon von Fachleuten beraten lassen. Ich habe da eine gute Adresse. Der Mann heißt genau wie ich. Ist zufällig mein Sohn.« Der Beamte lächelt verschmitzt. »Wenn Sie dahin gehen und vom Vater einen schönen Gruß bestellen, macht er Ihnen einen Bauantrag, der es in sich hat. Solche Leute haben noch nie Schwierigkeiten mit der Genehmigung gekriegt. Wenn Sie wollen, nehme ich Ihren Antrag in die Hand und gehe gleich zum Baudezernenten. Damit ja keine Zeit verloren geht.« Größere Pause. »Sie können natürlich auch einen auswärtigen Architekten nehmen. Sind ganz gute Leute dabei. Aber die örtlichen Verhältnisse, die kennt nur mein Sohn genau.« Niemand hatte erlebt, daß jemand, der so gut beraten worden sei, einen solchen Geheimtip in den Wind geschlagen hatte, erzählte der Pensionär.

Aber auch bei körperlichen Gebrechen wußte der Beamte Rat. Hatte jemand in der Verwaltung Zahnschmerzen und benötigte gar einen Doktor, dann konnte ihm direkt aus der Chefetage im Rathaus weitergeholfen werden: »Zahnschmerzen sind eine ganz üble Sache. Ich weiß, wovon ich rede. Ich mußte mir erst im letzten Jahr ein Gebiß machen lassen. Aber das sitzt. Da kann sich jeder Zahnarzt ein Beispiel dran nehmen.« Der Beamte macht eine kurze Pause, wirkt nachdenklich. »Ich kann das natürlich nicht anordnen. Würde mich auch sehr hüten. Aber ich gebe Ihnen mal eine Adresse, hier in Schilda. Wenn Sie sich dahin wenden und einen schönen Gruß von mir bestellen, sind Sie in besten Händen.« Er nimmt einen kleinen Zettel, beschriftet ihn mit einer Adresse und reicht ihn über den Tisch. Wer hätte das gedacht: Der empfohlene Zahnarzt ist auch ein Sohn des hohen Kommunalbeamten. Und dazu hat er die Praxis ganz in der Nähe.

Da kann man lange suchen, bis man eine Gemeinde findet, die sich so fürsorglich um das Wohl und Wehe ihrer Bürger kümmert.

Der Stadtdirektor ist aus anderem Holz geschnitzt. Er gehört keiner Partei an: »Das habe ich ganz früher einmal gemacht. Noch unter Adolf. Der Ärger, den ich deshalb hatte, reicht mir für mein ganzes Leben.«

Die Parteien haben sich auf ihn geeinigt, weil keine ihren eigenen Wunschkandidaten durchbringen konnte. Jetzt ist die erste Wahlperiode vorbei. Der Stadtdirektor bangt, ob er wohl wiedergewählt wird. Wie man hört, sind seine Aussichten nicht sonderlich gut. Wir sprechen über die Chancen. Der Stadtdirektor resigniert. Und dann sagt er triumphierend: »Wissen Sie, sollen die Brüder mich doch nicht wiederwählen, ist mir auch ganz egal. Eins kann ich Ihnen jedenfalls verraten.« Die Stimme wird leise. Der Stadtdirektor tuschelt, daß ich meine Ohren schon sehr spitzen muß: »Bitte nicht weitersagen. Ich habe die ganzen Jahre nicht einen Handschlag hier getan.« Ich staune. Da hat der Mann also die ganzen Jahre damit gerechnet, daß er nicht wiedergewählt wird. Und auf Verdacht schon mal keine Hand gerührt. Ganz schön clever. Ich kann ihn beruhigen: »Warum reden Sie denn so leise, Herr Stadtdirektor? Daß Sie hier nichts getan haben, weiß doch jeder. Das kann man ganz laut sagen.« Der hohe Beamte erbleicht. Damit hatte er wohl nicht gerechnet. Aber zwölf Jahre nur rumfaulenzen, bleibt selbst dem jüngsten Amtsboten nicht verborgen.

Als die Wiederwahl des Stadtdirektors ansteht, sind die Politiker ganz unruhig, weil sie keinen Spielraum haben: Der Baulöwe Ronitz mischt mit. Sein besonderes Interesse erregen die Stellenanzeigen für hohe Kommunalbeamte in der Region um Schilda, in der schließlich sein Hauptarbeitsgebiet liegt. Und wer möchte schon das Risiko eingehen, daß unerwünschte Kommunalbeamte einem die Geschäfte verderben!

Also bespricht sich der Baulöwe mit dem Landtagsabgeordneten, den er fördert und unterstützt und der auch im Stadtrat von Schilda großen Einfluß hat. Wie ich beobachten kann, geht es in der Mehrheitsfraktion im Rathaus immer nach seiner Mütze, jedenfalls dann, wenn wichtige Entscheidungen zu treffen sind. Und eine solche Entscheidung ist die Wahl des Stadtdirektors, dessen Amtszeit immerhin zwölf Jahre beträgt. Also eine Festlegung auf lange Zeit.

Da der Posten in Schilda gut bezahlt wird, bewerben sich zahlreiche erfahrene Praktiker. Die meisten haben eine einflußreiche Lobby. Der Landtagsabgeordnete, der viele, noch dazu widerstreitende Interessen unter einen Hut bringen und nicht nur den Bauunternehmer bedienen muß, klügelt ein raffiniertes Auswahlverfahren aus, läßt es aber zunächst einmal darauf ankommen. Die Auswahl und damit die Vorentscheidung für den späteren Ratsbeschluß trifft die Mehrheitsfraktion unter sich. Das ist ganz legal. Aber selbst ein ausgeklügeltes, auf den Günstling des Baulöwen zugeschnittenes Wahlverfahren kann nicht verhindern, daß die Stadtverordneten der Mehrheitsfraktion, offenbar nur an der fachlichen Qualifikation des Bewerbers orientiert, sich für einen »falschen« Bewerber entscheidet. Und das mit einer großen Mehrheit.

Da ist für die Mauschler im Hintergrund guter Rat teuer.

Sie überlassen die weitere Entwicklung nicht mehr dem Zufall. Das Auswahlverfahren wird mit fadenscheinigen Gründen wiederholt. Und diesmal war die Vorbereitung gründlicher und damit auch erfolgreicher: Es hat geklappt. Unternehmer und Abgeordnete reiben sich die Hände: In Schilda kann es so weitergehen wie bisher. Niemand stört künftig die Kungelei im Rathaus.

Böse Zungen behaupten, der Abgeordnete sei vom Unternehmer entschädigt worden.

Auf nicht so prominenter Ebene ist einiges – hinter vorgehaltener Hand natürlich – später bekannt geworden.

Diese Geschichte hat Klaus Goliath, ein einflußreicher Stadtverordneter der Mehrheitspartei im Rathaus erzählt: »Beim zweiten Mal habe ich den Günstling der beiden Bosse gewählt. Schließlich sitzt mir das Hemd näher auf dem Leib als der Rock. Wie jeder in Schilda weiß, habe ich die städtische Kantine gemietet und die wirft ganz schön was ab. Um die Zeit der Wahl des Stadtdirektors war die Pachtzeit gerade abgelaufen. Ich mußte um Verlängerung bitten. Auf die war ich angewiesen, bei meinen vier kleinen Kindern. Dazu drückten die Zinsen vom Neubau, mit dem ich mich ganz schön übernommen hatte. Und in meinen alten Beruf wollte ich auch nicht mehr zurück.« Das ist verständlich. Der Stadtverordnete hat dem Vernehmen nach keine qualifizierte Berufsausbildung. Seine Frau macht die Kantine. Er selbst hat früher wohl – wie man sagt – als Handlanger auf dem Bau gearbeitet. Jetzt fährt er Essen für einen Wohlfahrtsverband aus und versorgt damit bedürftige Bürger. Weihnachten gibt es ein willkommenes Zubrot: Wer in Schilda auf sich hält, kauft seinen Baum bei Klaus Goliath. Wie man sieht, die wirtschaftliche Lage dieser Familie ist nicht sehr stabil. Und über die Verlängerung des Pachtvertrages entscheidet der Stadtrat. Vielleicht auch die Verwaltung. Aber was macht das in Schilda schon groß für einen Unterschied?

Hierzu der Betroffene: »Da mußte ich wohl den Kandidaten wählen, den der Heinrich haben wollte.« Der Heinrich ist der Landtagsabgeordnete, der dem Bauunternehmer zugeneigt ist. Wen wundert es, daß die Mehrheit für den Favoriten der Prominenz in Schilda beeindruckend ist. Die Mehrheitsfraktion hatte der rechtzeitig im Sack.

Der neue Stadtdirektor ist immer noch fest im Sattel, als der Baunternehmer Pleite macht und schon bald in Vergessenheit gerät.

Jahre später höre ich von einem Klaus Goliath, der Direktor einer Baufirma sein soll und der eine Hochseejacht in Holland besitzt. Das kann doch wohl nicht derselbe sein? Aber hören Sie selbst:

Eines Abends ruft mich die Frau des Küsters von Lohausen an: »Sie sind doch Jurist. Und wie ich hörte, waren Sie auch mal bei der Stadtverwaltung im Rechtsamt tätig. Vielleicht können Sie mir einen Tip geben. Wir sind in so großer Verlegenheit. Denken Sie sich nur, unsere ganzen Ersparnisse, wofür wir jahrelang geschuftet haben, alles ist weg.«

Die Frau kann vor Schluchzen nicht weitersprechen. Ich schlage ihr vor, sie kommt einfach mal zu mir her und erzählt mir alles bei einer Tasse Kaffee in Ruhe. Das hat sie dann gemacht. »Sie wissen ja, wir haben keine eigenen Kinder. Und für unsere Pflegetochter tun wir alles, was in unserer Macht steht. Wir haben nun unser Geld zusammengekratzt und ihr ein schönes Grundstück etwas weit raus in Richtung Duisburg gekauft. Da kommt man noch einigermaßen preiswert an Grundstücke ran. Jetzt hat die Baufirma eine saftige Anzahlung kassiert und nichts mehr von sich hören lassen. Unser Anwalt hat schon mehrmals die Leute angeschrieben, daß wir wenigstens eine Vormerkung ins Grundbuch kriegen. Aber absolute Funkstille. Was sollen wir bloß machen?«

Ich höre mit mäßigem Interesse zu. Die Leute haben einen eigenen Anwalt. Soll der doch was für sein Geld tun. Wieso fragen die mich eigentlich? Doch die Frau versteht es, meine Aufmerksamkeit zu wecken: »Die Baufirma heißt Goliath GmbH & Co. KG. Der Anwalt hat gesagt, so eine Firma haftet im Grunde für gar nichts. Deshalb diese komische Bezeichnung. Ich selbst habe von so etwas keine Ahnung. Aber das Geld ist futsch.« Mit rasch steigendem Interesse erkundige ich mich nach der Anschrift dieser dubiosen Firma. Auch die Telefonnummer ist zur Hand. Ich verspreche der Frau zu helfen.

Am nächsten Morgen meldet sich unter der Telefonnummer eine weibliche Stimme: »Hier Bauunternehmen Klaus Goliath GmbH & Co. KG. Kann ich was für Sie tun?« Sie kann. »Geben Sie mir doch bitte mal den

Firmenchef!« Die Frau ziert sich. Der Firmenchef sei sehr beschäftigt und nicht für jedermann zu sprechen. Ich kontere: »Hier spricht nicht jedermann. Hier spricht ein wahrer Freund.« Die Sekretärin ist gerührt. Offenbar hat der Mann wenig wahre Freunde. Sie zögert nicht länger und stellt durch.

Klaus Goliath ist beeindruckt: »Das ist ja eine Freude. Wie geht's denn so?« Er selber kann über nichts klagen. Er ist rundum zufrieden. Die Hypotheken sind abgezahlt. Die Kinder wachsen und gedeihen. Von einer Kantine in Schilda weiß er gar nichts mehr. Überhaupt hat sein Erinnerungsvermögen stark gelitten. Die Firma? Ja, die Firma gehört dem Herrn Ronitz. Ein erstklassiger Mann, sagt Klaus Goliath. Zu dem kann man volles Vertrauen haben. Übrigens, das mit der Hochseejacht stimmt tatsächlich. »Können Sie sich gern mal ansehen, wenn Sie zufällig in Holland sind. Wenn wir einen Termin machen, Zeit habe ich genug, fahren wir mal auf die See raus.«

Mir ist heute nicht nach Seefahrt. Statt dessen erzähle ich von enttäuschten Bauherren, kassierter Anzahlung und vergessener Grundbucheintragung. Vielleicht interessiert das den Staatsanwalt, gebe ich zu bedenken. Klaus Goliath schnappt ein: »Alles bloße Gerüchte. Das mit dem Grundbuch geht in Ordnung. Können Sie der Frau vom Küster in Lohausen erzählen.« Er legt auf. Keine Grüße, kein Abschied, rein gar nichts. Soll mir egal sein, Hauptsache, die Frau kommt ins Grundbuch.

Wochen später sagt diese zu mir: »Wissen Sie, die Sache, mit der ich Sie damals belästigt habe, hat sich längst geklärt. Ich hätte nicht so voreilig sein sollen. Ein paar Tage später, nachdem ich mit Ihnen gesprochen hatte, kam die Grundbucheintragung. Aber trotzdem schönen Dank, daß Sie mich so teilnahmsvoll angehört haben. Ich war ja so aufgeregt. Gott sei Dank zu Unrecht. Herr Goliath ist doch ein feiner Kerl!«

Es dauert nicht allzu lange, da geht Herr Ronitz pleite. Die Firma Goliath GmbH & Co. KG wird liquidiert. Aus der Traum vom großen Glück. Armer Klaus!

Der Herr Bundesminister Karl Sauber mag keine Geschichten aus seinem Wahlkreis hören

Der frühere Minister Karl Sauber, der seinen Wahlkreis in Schilda hatte, sprach mich während seiner Amtszeit in Bonn auf die Wahl des Stadtdirektors an. Bei einer Geburtstagsrunde klopfte der Minister vorsichtig bei mir auf den Busch: »Sie waren doch mal Justitiar in Schilda. Dann wissen Sie sicher doch auch, wer damals den ganzen Rummel bei der Wahl des Stadtdirektors verursacht hat? Wie ist der Mann eigentlich gewählt worden? Wer hat den dazu gemacht?«

Ich erinnere mich gut daran. Eine miese Geschichte war das. »Den Stadtdirektor hat der Herr Ronitz damals bestellt. Sie wissen doch, Ronitz, der Baulöwe. Millionär und Rennstallbesitzer.« Der Minister verblüfft: »Das wissen Sie?« Ja sicher, das und viel mehr.

Ronitz stand auf gutem Fuße mit den heimischen Politikern, machte seinen Schnitt und anschließend Pleite. In der Presse stand: Alle Reitställe hat seine Frau besessen. Da sind die Gläubiger nicht mehr rangekommen. Nachdem der Minister den Namen »Ronitz« gehört hat, verliert er die Lust.

Ich hätte dem Minister von bösen Gerüchten aus seinem Wahlkreis erzählen können. Von angeblich unbezahlten Rechnungen. Von Aufregungen im Landtag in Düsseldorf. Und wie sich dann alles noch zum Guten wenden ließ. Aber der Minister winkt ab. Daß ein Beamter in seinem Ministerium die Intrigen und Kabalen bei der Wahl des Stadtdirektors in Schilda, in seinem Wahlkreis, kennt, hat ihn beeindruckt. Er sieht mir ernst

– mir kommt es so vor: auch ein bißchen kumpelhaft-vertraulich – in die Augen und sagt leise und eindringlich: »Davon wollen wir aber keinen Gebrauch machen.« Warum sollte ich auch. Das will hier doch keiner wissen. Denen geht es allen um die eigene Karriere. Und nicht um die Kümmernisse ihres Ministers.

Das Gespräch hat Folgen. Einige Tage später ruft mich der Abteilungsleiter zu sich, ein politischer Beamter, der die Flöhe husten hört und gerade zum »shooting-star« des Hauses gekürt wurde. Welche Akten ich mitbringen solle, möchte ich wissen. »Wieso Akten? Kommen Sie einfach mal so vorbei.«

Ich denke, wieder so ein mieser Auftrag. Berufsschulen in Rom besuchen. Oder nach Genf fahren. Bei irgendwelchen Ausschüssen den Kopf hinhalten.

Mal sehen. Der Chef zeigt sich aufgeräumt. Es gibt Kaffee und Plätzchen. Der meint wohl, ich hätte Geburtstag. Oder besser: Ich hätte mich woanders beworben und würde meine begehrte Planstelle für einen seiner Lakaien räumen. Na, da hat er sich aber in den Finger geschnitten.

Doch es kommt anders. »Sagen Sie mal«, flötet der Gastgeber, »was haben Sie eigentlich mit unserem Herren Minister gemacht? Der hält große Stücke auf Sie. Ich komme gerade aus seiner wöchentlichen Routinebesprechung mit den politischen Beamten und ihren Vertretern. Ein hoher Beamter hat gegen Sie vom Leder gezogen: ›Der Mensch läßt keinen in seine Akten gucken. Arbeitet selbständig und ohne uns zu fragen. Der sollte mal von ganz oben einen gehörigen Dämpfer bekommen, Herr Minister.‹«

Ich kann mir schon denken, wer so daherredet. Der Mann hat mir kurz nach seiner Hochzeit anvertraut: »Ein höherer Beamter in diesem Ministerium sollte eigentlich ledig bleiben. Er ist mit seiner wichtigen Arbeit verheiratet, und das genügt ihm vollauf.«

Mit dieser Haltung hat er sich bis zum Staatssekretär hochgedienert und ist dann im Dienst zusammengebrochen und auf der Intensivstation gelandet.

Also dieser Oberbedenkenträger wollte mir in die Arbeit reinreden und die Akten kontrollieren.

Und was sagte der Herr Sauber dazu?

Er sagte: »Meinen Sie den Herrn Ministerialrat Boeger von der Abteilung II in meinem Hause? Dieser Mann ist ein untadeliger Beamter. Den kenne ich als korrekt und verläßlich. Bitte, beschränken Sie Ihren Vortrag auf aktuelle Sachfragen.« Jetzt soll ich mal verraten, warum der Herr Minister mit mir so schonend umgeht.

Ja, da kann ich dem neugierigen Abteilungsleiter nicht mit einer präzisen Auskunft dienen. Ich antworte offen und ehrlich: »Darüber darf ich nichts sagen. Ich habe es dem Minister versprochen.«

Peng, das hat gesessen. Ich bekomme noch eine Tasse Kaffee, und werde ab sofort mit Glacehandschuhen angefaßt. Solange der Herr Sauber unser Minister bleibt.

Aber die Sache hat noch ein Nachspiel. Bei passender Gelegenheit sagt mir der Minister unter vier Augen: »Eins möchte ich Ihnen doch ans Herz legen. Sie müssen die Hierarchien mehr an Ihrer Arbeit beteiligen. Da hat sich neulich jemand beschwert. Also geben Sie künftig keinen Anlaß.«

Jetzt kann ich klein beigeben, wie man das von mir erwartet. Oder ich gebe ein Erlebnis zum besten.

Ich entscheide mich für die zweite Möglichkeit: »Sie haben ja so recht, Herr Minister. Aber bitte, denken Sie an die Folgen. Ihr Herr Parlamentarischer Staatssekretär rief vor kurzem aus dem Bundestag an. Ein Abgeordneter wolle eine bestimmte Fachfrage rasch und unbürokratisch geklärt haben. Ob ich wohl das übernehmen könne. Heute noch. Und dem Abgeordneten die Antwort durchgeben würde. Telefonisch.«

»Und warum erzählen Sie mir das jetzt alles?« Herr Sauber guckt genervt auf seine Armbanduhr.

»Ja, warten Sie noch einen Moment, Herr Minister. Also, ich habe alles aufgeschrieben und dem Abgeordneten durchgesagt. Der hat sich für die rasche Antwort bedankt. Und was denken Sie ist passiert, als ich den ganzen Vorgang dann, wie es sich gehört, zur Billigung auf die hierarchische Leiter gegeben habe? Erstmal hat es zwei Wochen gedauert, bis die Akte bei der Leitung angekommen ist. Und dann: Kein Jota von mir hat Gnade vor den Buntstiften der höchsten Beamten gefunden. Jeder hat jedem alles durchgestrichen. Und den Text raffiniert umformuliert. Der Inhalt ist dabei unter die Räder gekommen. Aber lesen Sie die Antwort, in der Reinschrift: formal ein Genuß, bester Bürokratenstil. Sehen Sie, und das wollen sich die Herren nicht nehmen lassen. Der Herr Staatssekretär fand das grauslich. Aber der ist ja noch nicht lange im Ministerium und kennt noch nicht die Bräuche.«

Herr Sauber hat aufmerksam zugehört. Er nickt nachdenklich. Ich bin entlassen. Das Gespräch ist beendet. Er ist nicht wieder darauf zurückgekommen.

Die Rahmenerzählung / Der Lehrer aus der kleinen Stadt

Im Ministerium in Bonn ist nicht nur bekannt, daß ich gern den Instanzenweg im Hause verkürze. Es hat sich auch herumgesprochen, daß ich nicht nein sage, wenn jemand einspringen und neue, interessante Aufgaben, bei denen es hapert, aufgreifen muß. Davon möchte ich eine Kostprobe geben:

An einem Tag wie jeder andere läßt mich der Staatssekretär rufen. Er ist ungewöhnlich zuvorkommend. Man kann ihn fast schon leutselig nennen. Vorsicht, sage ich mir im Stillen, wenn der einen Auftrag für dich hat, wird das ein ganz mieser sein. Mal sehen, ob er nicht einen anderen Dummen findet.

»Heute«, sagt der Staatssekretär, »heute habe ich für Sie einen besonderen Leckerbissen. Es gibt da in der EG so einen Fonds, aus dem werden Bildungsreisen bezahlt. Daraus können sich Schulräte, Ministerialräte und sonstige Fachleute bedienen, damit sie mal die Welt kennenlernen und sehen, wie es bei unseren Nachbarn so zugeht. Die Sache ist von der Idee her gar nicht so schlecht, aber sie funktioniert überhaupt nicht. In der EG haben sich die Engländer bereit erklärt, die Reisen zu managen. Die sind anscheinend total überfordert in London. Jetzt macht das ein Reisebüro. Aber die Engländer zahlen denen wohl zu wenig Geld dafür, oder die haben sonst kein Interesse, jedenfalls läuft überhaupt nichts. Die Akten türmen sich zu Bergen, die Termine verstreichen ungenutzt, und die Beschwerden häufen sich, daß es einem graust. Gerade war unser Minister in Brüssel und hat erklärt: Wir Deutschen nehmen jetzt mal die Sache in die Hand. Ich glaube, der Mann weiß gar nicht, worauf er sich da eingelassen hat. Und wir haben den Salat am Hals. Warum erzähle ich Ihnen das alles? Damit Sie die Suppe auslöffeln, einer muß es ja tun. Sie können sich auch einen neuen Mitarbeiter für diese zusätzliche Aufgabe irgendwoher ausleihen, meinetwegen von irgendeiner Schule. Die Lehrer beneiden uns ja alle um unsere Ministerialzulage. Da wollen wir denen einmal was davon abgeben. Ich denke, so in ein bis zwei Jahren ist die Sache über die Bühne!«

Was keiner erwartet hat, trifft ein: Kein Lehrer will von der Schule weg und dem Ministerium aushelfen. Mit Beförderung wird gelockt, mit Zulagen gewunken, nichts will helfen. Ein Kollege, dem ich mein Leid klage, grinst schadenfroh: »Was wollen Sie denn? Die Leute haben morgens recht und nachmittags frei. Da sind die doch nicht so dumm, sich einen so schönen Tagesablauf im Ministerium verderben zu lassen. Die bleiben lieber in der Schule und stöhnen zusammen mit ihrer Gewerkschaft über die schwere Arbeitsbelastung, die unwilligen Schüler und das viel zu wenige Geld, das sie dafür kriegen!«

Wir haben das Suchen fast aufgegeben, da, oh Wunder, haben wir einen Lehrer am Kanthaken. Er kommt vom Gymnasium aus einer Kleinstadt in Westfalen. Ist gelernter Realschullehrer, hat den Aufstieg zum Gymnasium schon hinter sich und strebt weiter nach Höherem. Auf die Stunde pünktlich, proper angezogen, zeigt er gute Manieren: »Das ist mir eine große Ehre, daß ich hier arbeiten darf. Auch meine Frau freut sich mit mir. Sie ist Realschullehrerin.« So etwas hört man gern. Aber schon kommt die eigentliche Überraschung: »Zunächst möchte ich drei Wochen Urlaub machen. Den habe ich mir bis jetzt nicht genehmigt. Sie wissen, die vielen Korrekturen, samstags und sonntags sitzt man über den Heften.« Aha, denke ich, der Mann will sich hier erholen. Mal sehen, ob seine Rechnung aufgeht. Und da fährt er schon fort: »Wenn ich gleich hier anfangen würde, hätten Sie wenig von mir. Ich bin total abgewrackt!« Ich erkundige mich enttäuscht und mit mäßigem Interesse: »Wohin soll denn die Reise gehen?« Wie aus der Pistole geschossen: »Natürlich nach Jugoslawien. Dahin haben wir auch die Hochzeitsreise vor zehn Jahren gemacht.« Längere Pause, dann: »Hoffentlich wird das keine Rahmenerzählung!«

Ich verstehe kein Wort. Was heißt hier Rahmenerzählung? Da haben wir ja den Richtigen für unsere Arbeit erwischt. Aber da kommt schon die Erklärung: »Wir haben die Hochzeitsreise nach Jugoslawien gemacht, an denselben Ort. Sogar dasselbe Hotel war es damals. Dann haben wir zehn Jahre mit Reisen pausiert. Und jetzt geht's wieder dahin, wo wir das erste und einzige Mal gewesen sind. Vielleicht werden wir geschieden. Da war die Reise hin und zurück der äußere Rahmen.« Der Mann lacht, als hätte er etwas besonders Witziges verkündet.

Wo er das wohl mit der Rahmenerzählung her hat? Er wird's mir sicher sagen. Und dann höre ich: »Ich war nämlich längere Zeit an der Universität. Dort habe ich bei einem Professor ausgeholfen. Der hat den Nachlaß von Annette von Droste-Hülshoff gesichtet. Ich durfte das Register machen. War schon eine tolle Aufgabe!« Na gut, jetzt weiß ich, wo der Mann seine Literaturkenntnisse aufgesammelt hat.

»Aber was reden Sie denn von Scheidung? Haben Sie mit Ihrer Frau Krach?« Sagt der Mann: »Überhaupt nicht. Aber man kann ja nie wissen. Ich habe mich in den letzten zehn Jahren kaum um meine Frau kümmern können. Immer die vielen Korrekturen samstags und sonntags. Und die spielt doch so gern Tennis. Hat die ganzen zehn Jahre mit anderen Partnern vorlieb nehmen müssen. Mal gucken, ob wir beide da einen ganzen Urlaub miteinander auskommen.«

Vielleicht hätten wir doch weitersuchen sollen. Einen so komischen Vogel kriegt man schließlich immer, selbst wenn alle Stricke reißen. Aber jetzt haben wir den am Hals. Ich bringe nicht die Kraft auf, ihm ins Gesicht zu sagen, es wäre nichts mit der hohen Ehre und der Berufung und all dem Zeug, von dem er mir vorgefaselt hat, weshalb er sich so freut, hierhin zu kommen.

Zunächst müssen wir die Arbeit ohne den neuen Mann anpacken. Als er nach drei Wochen zurückkommt, verkündet er strahlend: »Was habe ich gesagt, es ist wirklich eine Rahmenerzählung geworden. Meine Frau ist ins Wasser gegangen.« Teilnahmsvoll erkundige ich mich: »Hoffentlich hat sie nicht lange leiden müssen.« Sagt der neue Mitarbeiter: »Wieso leiden? Meine Frau lebt. Als ihr das Wasser bis zum Halse stand, hat sie jemand gerettet. Ein Autoverkäufer. Ich glaube, da hat sie's jetzt ganz gut. Wie ich höre, versteht der Mann zu leben. Der nimmt mit der einen Hand ein und gibt mit der anderen aus. So etwas hat meine Frau schon immer gesucht.«

Ja richtig, da war ja noch etwas. »Wieso ist Ihre Frau denn überhaupt ins Wasser gegangen?«

Sagt der Deutschlehrer: »Das kann ich Ihnen gut erklären. Meine Frau ist nämlich Französischlehrerin. Und ich verstehe kein Wort von dieser Sprache. Jetzt stellen Sie sich vor, in der kleinen Pension, wo wir einquartiert sind, gibt es drei Franzosen. Die sitzen abends immer am Tisch und sprechen miteinander. Natürlich französisch. Und wie es der Zufall will, setzt sich meine Frau zu denen an den Tisch. Da haben sich alle ganz gut verstanden, natürlich auf französisch. Und ich verstehe kein Wort davon. Ich mußte meine Frau auffordern, diese Gespräche mit den Leuten nicht weiter fortzuführen. Ich habe sie in aller Freundschaft, ganz korrekt, dreimal gebeten, diese lästigen Unterhaltungen zu unterlassen. Und was denken Sie, meine Frau gehorcht nicht. Da habe ich physische Gewalt anwenden müssen. Und dann geht die doch glatt ins Wasser. Mit mir könne man es überhaupt nicht aushalten. Können Sie das verstehen?« Ich kann. Mit so einem sollen wir die Aktenberge aus London wegschaufeln. Das kann ja heiter werden.

Tatsächlich entpuppt sich der Mann als Bürokrat vom Scheitel bis zur Sohle. Ein trockener, nüchterner Paragraphenreiter, ein lebendiges Formular. Stolz und mit Rührung in der Stimme zeigt er mir die Briefe seiner sechzehnjährigen Schülerinnen, die sie ihm ins Ministerium schicken: »Lieber Charly, daß Du unter den lauter trockenen Beamten sitzen mußt, das finden wir ganz ärgerlich. Du tust uns ja so schrecklich leid!!!«

Der Charly braucht den jungen Leuten weiß Gott nicht leid zu tun, weil er unter die Bürokraten gefallen sei. Im Gegenteil, ihm behagt an manchen Mitarbeitern nicht, daß sie offenbar die Autorität, die sie durch ihr Amt beanspruchen könnten, gar nicht recht zu nutzen wissen. Seine üblen Meinungen über die Kaste, in die er geraten ist und bei der er verweilen möchte, werden durch seine täglichen Erfahrungen nicht bestätigt. Versuche, ihn mit der Realität zu versöhnen, bleiben erfolglos. Schonend und behutsam ermutige ich ihn, ruhig etwas lockerer aufzutreten. »Die Kollegen in der Planung, zu der wir gehören, sind in ihren Umgangsformen, in der Kleidung, der Wortwahl im Gespräch und im Stil ihrer Briefe, ganz zu schweigen von ihren Gedanken und Innovationen, doch gar nicht so stockkonservativ und konventionell, sondern ungezwungen, ohne starre und eingefahrene Formen. Versuchen Sie doch einfach, sich Ihrer Umgebung anzupassen.« Der Kollege seufzt. Seine Miene drückt verhalten Mißbilligung aus, diskret, wie es sich für einen geziemt, der auszog aufzusteigen und nun alles anders vorfindet, als die hämische Karikatur ihm über die Beamten und den Amtsschimmel weisgemacht hat. Dabei hat er diese für bare Münze genommen, der arme Tor. Ich höre ihn sprechen: »So ungezwungen habe ich mir den Umgang nicht gedacht. Von der Schulbehörde sind wir Lehrer Disziplin und Gehorsam gewohnt. Und eine Orientierung, die klar erkennen läßt, wo oben und unten ist.« Das habe ich schon lange gemerkt: Der ideale Arbeitsplatz ist das hier nicht für ihn. Aber er will unbedingt bleiben. Über seinen Auftrag hinaus. Möglichst für immer. Ich glaube nicht, daß es sein großes Glück bedeuten würde. Ganz im Gegenteil.

Inzwischen ist seine Ehe rechtskräftig geschieden worden. Die Zeit vor dem Urteil war unser Lehrer rechtschaffend müde. Er gähnte ungeniert, nicht nur am

Morgen, und zeigte sich unkonzentriert. Auf meine besorgte Frage, ob da eine Krankheit vorliege und er nicht besser mal den Arzt aufsuche, kam die ungewöhnliche Antwort: »Da kann ich Sie beruhigen, Das macht allein der Rotwein. Zunächst brauchte ich eine Flasche am Abend. Jetzt bin ich bei zweien gelandet, und das geht ganz schön ins Geld.« Ich denke, die Sorgen um den Prozeß bringen den Mann um den Schlaf. Falsch gedacht. »Das Problem ist die vertrackte Hängematte. Die ist so was von unbequem. Mit genügend Alkohol im Blut merkt man fast gar nichts mehr.«

Des Rätsels Lösung: Er hat sich ein unmöbliertes Zimmer angemietet. Möbel aus der Kleinstadt in Westfalen will er sich nicht holen, das verbietet ihm sein Stolz. Und: »Wer weiß, was so ein Sofa kostet. Für den Transport kann ich mir glatt ein neues kaufen. Vielleicht ein gebrauchtes. Man sollte wirklich mal die Kleinanzeigen lesen.«

Die private Misere wirkt sich auf die Leistungsfähigkeit im Dienst aus. Nun, eine Pechsträhne hat jeder mal. Dafür haben alle im Büro Verständnis. Wir greifen ihm bei der Arbeit unter die Arme. Einmal wird es auch ihm wieder besser gehen.

Mitten in der Routine der Alltagsarbeit hätte ich beinahe etwas vergessen, was für mich von einiger Bedeutung war: Ich erinnere mich daran, daß der Staatssekretär mir die neue, zusätzliche Aufgabe schmackhaft gemacht hatte mit der – ganz ohne mein Zutun erfolgten Zusage: »Wenn alles gut klappt mit diesem Programm, können Sie sich natürlich auch eine Reise einschenken. Egal, wie weit und wohin. Das muß jedenfalls drinsitzen für uns hier in Bonn, die wir für dieses Programm den Nothelfer stellen.« Damit hat er wohl mich gemeint. Ganz ungewohnte Töne waren das.

Eine Dienstreise nach Rom / Herr Garibaldi ist verhindert

Als wir nach eineinhalb Jahren das Programm einigermaßen in Schuß gebracht haben und die Beschwerden immer weniger werden, setze ich mich selbst auf die Liste.

Kurze Zeit darauf habe ich zu Hause Post. Sagt meine Frau zu mir: »Da ist ein Brief aus Deinem Ministerium angekommen. Komisch, daß sie Dir das nicht ins Ministerium selbst geschickt haben. Was da wohl wieder los ist?« In der Tat sind solche Briefe ein seltener Fall. Da muß schon mindestens ein mittleres Disziplinarverfahren im Anzug sein. Nervös fingere ich den Umschlag auf, ziehe den Brief heraus, und was ist da zu lesen:

»Sehr geehrter Herr Boeger! Im Auftrage von Herrn Boeger teile ich Ihnen mit, daß Sie in unserem nächsten Bildungsprogramm berücksichtigt werden konnten. Sie werden aufgefordert, innerhalb von vier Wochen die beiliegenden Formulare auszufüllen und unterschrieben zurückzuschicken. Sollten Sie die Frist überschreiten, können Sie nicht mehr berücksichtigt werden. Ihrem Wunsche entsprechend ist ein kurzer Aufenthalt in Rom vorgesehen. Hochachtungsvoll. Im Auftrag von Herrn Boeger, Ihr Herr ...« Es folgt die Unterschrift.

Am nächsten Tag sage ich zu dem Kollegen: »Was schreiben Sie mir den Brief nach Hause? Und dann auch noch in meinem Auftrag. Können Sie mir das Zeug denn nicht auf den Tisch legen? Wir sehen uns doch am Tag mindestens ein Dutzend Mal.« Verblüffende Antwort: »Das mag ja alles sein, aber was die Reise nach Rom angeht, so sind Sie für mich ein anderer.« Ich denke an Morgenstern. Wie heißt es bei ihm so schön: »Ich ging ganz in Gedanken hin und dacht, daß ich ein anderer bin.« Das Gedicht heißt »Der Gingganz«.

Jetzt bin ich derjenige, den es erwischt hat.

Mit solchen aberwitzigen Kabinettstückchen, die einem Karl Valentin als Parodie auf die Borniertheit und Umständlichkeit gewisser Beamter Beifall eingebracht hätten, kann der Kollege, der sein Verhalten noch dazu bierernst als vorbildlich und korrekt bezeichnet, keinen Blumentopf gewinnen. Der Staatssekretär bekommt die Akten in die Hand, spricht einige Takte mit dem Briefeschreiber und schickt ihn in die Schule zurück. Für Fleiß und Ausdauer kriegt er eine Belohnung: Er wird zum Oberstudienrat befördert. Damit kann er sich doch daheim sehen lassen.

Ich hingegen muß mich ärgern:

Die Reise nach Rom wird mir schwer gemacht. Wie erwartet, kann sich der Staatssekretär an nichts mehr erinnern. »Wieso wollen Sie denn nach Rom fahren? War doch nie die Rede davon.« Mein Hinweis: »Ich kenne jemanden im Haus, der fährt alle zwei bis drei Wochen im Monat nach Brüssel. Und der hat noch nie Ärger damit gehabt.« wird locker weggewischt: »Damit können Sie sich nicht vergleichen.«

Bei solchem Hickhack ist mir die Reise schon ganz egal geworden. Aber: Versprochen ist versprochen. Das wollen wir doch mal sehen. Und so gibt es einen Kompromiß zum Schluß, die Reise wird bewilligt, aber nur die halbe Zeit. Damit es auf keinen Fall Vergnügen macht, wird sie mit einem Programm vollgepackt, das kaum zum Schlafen Zeit läßt. Ich denke trotzig: »Nur nicht nachgeben!«, setze mich ins Flugzeug und komme pünktlich mit der All Italia in Rom an. Auf dem Flughafen Leonardo da Vinci schnappen sich die Taxichauffeure mein Gepäck und nennen astronomische Summen für die Taxifahrt nach Rom. So um die 120 Mark liegen die Preise. Auf lange Feilschereien mag ich mich nicht einlassen, bemächtige mich wieder meines Koffers und setze mich in den Bus.

Am nächsten Morgen, pünktlich um acht Uhr, bin ich in das Informationsministerium in der Innenstadt eingeladen. »Am besten nehmen Sie sich dahin ein Taxi«, sagt der Mann an der Rezeption. »Sonst kommen Sie ewig nicht an. Das Ministerium liegt übrigens in der Straße Napoleon III.« Der Taxifahrer ist freundlich, aber offensichtlich schwerhörig. Vielleicht liegt es auch an dem scheußlichen Lärm in der Innenstadt, daß er mein Fahrziel nicht verstehen kann. In meiner Not greife ich ins Portemonnaie und zeige ihm meinen Talismann, eine französische Kupfermünze aus dem Jahre 1855 mit dem Kopf des französischen Kaisers Napoleon III. »Da möchte ich hin, so heißt die Straße«, erkläre ich ihm so gut ich kann auf Italienisch. Der Mann verringert die Fahrgeschwindigkeit, guckt mißmutig die Kupfermünze an, fährt wortlos an den rechten Straßenrand, öffnet die Tür und sagt in perfektem Deutsch: »Mein Herr, mit so was können Sie hier nicht bezahlen. Wo, denken Sie denn, sind Sie gelandet? Entweder haben Sie richtige Lire, oder Sie können zu Fuß gehen.« Ich zeige ihm ein Bündel italienisches Papiergeld, er nickt zufrieden. So kommen wir beide noch rechtzeitig und in aufgelockerter Stimmung in der richtigen Straße vor das richtige Haus. Ich zahle, nehme meine Aktentasche und trete ein ins Ministerium. Das Haus ist schön. So was habe ich bisher nur auf Postkarten oder in teuren Bildbänden gesehen. Eine Prachtvilla, allerdings in einem etwas schütteren Zustand. Aber die Architektur ist von bestechender Schönheit.

Im Untergeschoß streiten sich zwei Dutzend Einheimische lautstark und handgreiflich vor der Pförtnerloge, einem Bretterverschlag. Der Pförtner sitzt ungerührt vor den Kampfhähnen und betrachtet mit offensichtlichem Vergnügen Comicbilder; wie man sehen kann, ein Italo-Western.

Mit meinem ganzen Charme als Ausländer kämpfe ich mich bis zu ihm durch, warte, bis er umblättert, gelangweilt aufguckt, und trage meine Bitte vor. Der Mann schüttelt den Kopf und vertieft sich weiter in seine Lektüre. Das war also schon mal nichts.

Die Handgreiflichkeiten vor der Pförtnerloge nehmen beängstigende Formen an. Vielleicht wäre ich doch besser in Bonn geblieben und hätte mich nicht wegen einer solchen Reise mit dem Staatssekretär überworfen. Ein verzweifelter zweiter Anlauf: »Können Sie mir denn nicht sagen, wo ich den Herrn Garibaldi treffe?«

Der Pförtner guckt mich angewidert an: »So einen Herrn Garibaldi, oder wie der heißen soll, haben wir hier gar nicht. Sie haben sicher das falsche Haus erwischt. Wo kommen Sie überhaupt her?« Von Bonn hat der Mann noch nie was gehört. Berlin, ja da hat er einen Schwager wohnen. Da ist er auch schon mal gewesen, erklärt er mir. Aber von einem Herrn Garibaldi will er immer noch nichts wissen. Ich könnte mal die Geschosse abklappern, der Aufzug sei allerdings nicht zu empfehlen.

Wie ich feststelle, die Treppe auch nicht. Sie ist brüchig, unbeleuchtet und sieht aus, als hätten sich schon etliche Besucher auf ihr den Hals gebrochen. Also bleibt nichts anderes übrig, als doch den Aufzug zu nehmen. Der ist natürlich überbesetzt und fährt prompt in den Keller.

Im vierten Geschoß, wo ich anfange zu suchen, sitzen drei Etagendiener und spielen Skat. Da darf ich natürlich nicht stören, sonst fliege ich gleich raus. Nach langen zehn Minuten hat endlich einer der drei einen Grand mit Vieren haushoch gewonnen. Er streicht seinen Gewinn ein, dreht sich jovial um: »Was stehen Sie denn hier rum? Sie habe ich hier überhaupt noch nie gesehen.« Bescheiden und mit ruhiger Stimme trage ich mein Anliegen vor. »Garibaldi? Das muß wohl ein Irrtum sein, den Mann kennen wir überhaupt nicht. Kennt Ihr den?« Die anderen schütteln den Kopf.

Im dritten Stock treffe ich überhaupt niemanden, den ich fragen kann. Alle Zimmer, die ich zunächst zaghaft, dann immer entschlossener öffne, sind leer.

Im zweiten Stock gibt es nur zwei Etagenboten, die dort Dienst tun. Sie spielen Black Jack. Um ziemlich hohe Einsätze, wie mir scheint. Wider Erwarten sind die beiden recht freundlich. Aber den Herrn Garibaldi kennen sie auch nicht. Ganz bestimmt nicht. Haben sie noch nie gesehen.

Nach einer weiteren halben Stunde gesteht mir die Putzfrau im ersten Stock, daß sie schon mal von einem solchen Mann gehört habe. Aber zu sehen sei der eigentlich nie im Dienst. Er wäre ein ganz hohes Tier: »Die Leute, die hier was zu sagen haben, müssen Sie wissen, sind nämlich meist Anwälte. Die haben genug mit ihrer Praxis zu tun. Hin und wieder gucken die natürlich auch mal im Büro nach dem Rechten. Aber meist hat dann die Regierung gewechselt, und sie sind dann gar nicht mehr zuständig.« Vertraulich: »Da bleiben die Herren natürlich am liebsten gleich zu Hause. Kann man verstehen.«

Unten empfängt mich der Pförtner mit schadenfrohem Grinsen: »Haben Sie den Mann gefunden? Nein? Habe ich Ihnen doch gleich gesagt. Den gibt's hier überhaupt nicht.«

Ich muß über den Besuch einen Bericht schreiben, und was soll da drin stehen, wenn ich den Mann nicht finden kann? Also geht's aufs Neue ab in den vierten Stock. Diesmal wird es ein voller Erfolg. Im dritten Stock werde ich fündig. Eine gut proportionierte Mittfünfzigerin drückt mich an ihren Busen: »Wie schön, daß Sie da sind. Wir warten alle schon seit Stunden auf

Sie. Herr Garibaldi, der Abteilungsleiter, ist ganz plötzlich schwer erkrankt. Hoffentlich ist er bald wieder bei uns und kerngesund!«

Die Mama führt mich in das Dienstzimmer des Abteilungschefs: Stilvolle Möbel, Perserteppiche bester Provenienz, kurzum ein schönes Ambiente. Hier könnte man sich wohlfühlen. Aber schon schrillt das Telefon. Die Tür wird aufgerissen. Herein stürzt ein halbes Dutzend Italiener. Sie streiten sich lautstark, für wen diesmal das Gespräch bestimmt sei. Einer behält die Oberhand, die anderen verlassen das Zimmer. Der Sieger telefoniert, mindestens fünfzehn Minuten lang. Als er endlich das Zimmer verläßt und wir das Gespräch wieder aufnehmen wollen, schrillt das Telefon erneut. Diesmal bricht gleich ein Dutzend Italiener in den Raum ein. Derselbe Streit, dasselbe Ergebnis. Ich frage meine Gastgeberin: »Kann man denn nicht irgendwo etwas ruhiger sitzen?« Sie denkt nach. »Die anderen Zimmer möchte ich Ihnen nicht zumuten. Die sind nicht sonderlich schön möbliert.« Mir ist das schon egal. Hauptsache, wir kommen endlich dazu, einige Sätze zu wechseln. Die Frau muß mir schließlich sagen, ob sie meine Besuche vorbereitet hat und wie meine Chancen stehen, woanders Leute zu treffen, die in ihren Dienststellen weder unbekannt noch krank sind.

Zum Schluß frage ich neugierig: »Warum rennen denn die Leute alle zum Abteilungsleiter, wenn es klingelt?« Die Italienerin kann es mir erklären: »Das ist das einzige Telefon in der ganzen Abteilung. Wenn der Chef nicht da ist, und das ist häufig so, benutzen wir alle sein Telefon.« Ich erfahre, bei den niedrigen Gehältern im öffentlichen Dienst betreiben die meisten Beamten nebenher einen kleinen Gemüseladen oder mindestens eine Wettannahmestelle. Da muß natürlich einiges telefonisch geregelt werden. Neugierig fragt meine Gastgeberin: »Wie sieht es denn damit bei Ihnen in Bonn aus?«

Ich mag es der Frau gar nicht sagen: »Bei uns haben sogar die Boten ein eigenes Telefon.« Die Frau schüttelt enttäuscht den Kopf. Die will mir wohl sagen: Das hätte ich von Ihnen nicht gedacht. So ein anständig aussehender Mensch und dann ein solcher Aufschneider! Den Leuten aus Bonn ist eben nicht zu trauen.

Nach einigen Tagen bin ich wieder in Bonn und treffe auf dem Flur den Unterabteilungsleiter Dr. Rommel. Jovial fragt er: »Na, wie war's in Rom? Da haben Sie doch sicher in der Straße Napoleon III den Herrn Garibaldi gesucht und nicht finden können?«

»Wie kommen Sie denn darauf?« Sagt der Beamte pfiffig: »Ich komme gerade aus Brüssel, da habe ich den Herrn Garibaldi in der Sitzung getroffen. Der hat morgens um acht Uhr auf die Uhr geguckt und zu mir gesagt: ›Jetzt ist gerade der Kollege aus Bonn in meinem Dienstzimmer eingetroffen und findet mich nicht. Na, mal gucken, was der macht.‹«

Wäre ich ehrlich und mutig dazu, würde ich in meinem Bericht in Bonn schreiben: »Der erste Tag in Rom war ein glatter Reinfall. Der Abteilungschef war nicht da, krank oder in Brüssel auf einer Sitzung. Vielleicht saß der auch in Rom in seiner Anwaltskanzlei und hat selbst den Herrn Rommel gefoppt. Der hat den nämlich persönlich nie kennengelernt. Da hat sich sicher so ein Witzbold einen Scherz erlaubt.«

Die EG läßt bitten / Eine Tagung in Rom mit einem Überraschungsgast

Rom läßt mich seitdem nicht mehr los. Die nächste Reise bringt Erfreuliches. Eingeladen hat ein bekanntes Institut zu einer internationalen Tagung der EG. Das Institut liegt am Piazza Parganica Nr. 4, zentral in der Altstadt. Die Fassade ist beeindruckend: Solche Häuser kriegt man als normaler Tourist allenfalls vom Fremdenführer gezeigt, natürlich nur von außen. Ich bin gespannt, ob das Innere hält, was die prunkvolle Fassade verspricht. Im Ministerium auf der Straße Napoleon III war das nicht der Fall.

Das Institut hat mir freundlicherweise ein Zimmer, direkt um die Ecke, nur wenige Schritte entfernt, am Corso beschafft. Bei dem Nieselregen weiß ich das zu schätzen. Das Zimmer hat nur ein Handicap: Es ist zum Schlafen ungeeignet. Wer den Corso in Rom kennt, weiß, daß dort Tag und Nacht der Verkehr lärmend, hupend und vor allem ununterbrochen durchzieht. Außerdem stand, worauf ich nicht geachtet hatte, direkt vor meinem Zimmer im ersten Geschoß eine Ampel, die alle Augenblicke von Rot auf Grün und Grün auf Rot umsprang. Nach dem Krach vor der Ampel zu urteilen, müssen wohl den ganzen Tag Lastzüge unterwegs gewesen sein. Die meisten davon hielten direkt vor meinem Bett.

Am nächsten Morgen frage ich total übernächtigt den Portier: »Haben Sie denn auch ruhige Zimmer?« Ohne nachzudenken, verneint der Portier ganz entschieden: »Was wollen Sie denn, mein Herr! Wir liegen hier ganz zentral, mitten in Rom. Alles ist zu Fuß zu erreichen. Und da kommen Sie auch noch mit Sonderwünschen.« Gelangweilt nimmt er das Anmeldebuch zur Hand, blättert nachlässig, tippt mit dem Finger auf eine Stelle und sagt geringschätzig: »Außerdem hat das Institut das Zimmer für Sie bezahlt.« Mir kommt die Erleuchtung: Der Mann hat kein Trinkgeld bekommen und rächt sich nun mit diesem miesen Zimmer. Aber dem kann leicht abgeholfen werden.

Ich hole aus der Tasche eine größere Lira-Note und schiebe sie über die Theke. Der Portier nimmt sie in die Hände, hält sie gegen das Licht, nickt befriedigt, guckt noch einmal in das Anmeldebuch: »Sie haben überhaupt Glück gehabt, mein Herr. Zum Garten ist gerade ein Zimmer frei geworden. Das können Sie gern die nächste Nacht beziehen.«

In der nächsten Nacht kann ich im neuen Zimmer den Schlaf doppelt und dreifach nachholen.

Nicht weniger Entgegenkommen finde ich bei den Taxifahrern. Der erste, mit dem ich es zu tun habe, macht mir einen freundlichen Vorschlag: »Die Fahrt kostet zwanzig Mark. Geben Sie mir einfach vierzig, die Differenz teilen wir uns. Sie rechnen alles ab und haben noch ein Schnäppchen gemacht. Ich sehe das doch richtig, Sie sind nicht privat hier?« Das kommt davon, daß ein deutscher Beamter immer seine Aktentasche mit sich herumschleppt. Fortan lasse ich sie im Hotel stehen. Prompt kriege ich keine Angebote mehr von den Taxifahrern.

Am nächsten Tag hält der Sitzungssaal, was die Fassade versprochen hat. Der Institutsleiter begrüßt in einer längeren Eröffnungsrede die Gäste. Nach einer Stunde hat er noch nicht die Hälfte von dem gesagt, was er sich vorgenommen hat. Die bombastische Selbstdarstellung klingt wie eine nicht enden wollende Arie in einer italienischen Oper, voller Wohlklang. Leider fast inhaltslos, wie ich durch die Übersetzerin erfahre, die mir beflissen Wort für Wort auf Deutsch ins Ohr flüstert. Ich sage der Dame, daß sie sich damit nicht so anzustrengen braucht, ich verstehe eh' nichts davon. Aber sie will nicht locker lassen, möchte sich ihren Stundenlohn schon redlich verdienen. Da soll ich ihr bitte nicht dreinreden. Und außerdem fühlt sie sich beobachtet.

Nach der Eröffnungsrede des Institutsleiters bleibt nicht mehr viel Raum für weitere Wortmeldungen. Aber das stört niemanden: Im Foyer ist ein schmackhafter Imbiß vorbereitet. Mitten unter den Grüppchen, die bei Sekt und Häppchen Artigkeiten austauschen, erblicke ich eine alles überragende Gestalt. Ich stutze, so ähnlich muß der ehemalige Ministerpräsident Dr. Hans Filbinger aus Stuttgart ausgesehen haben, wenn man den Abbildungen in Illustrierten und Zeitungen glauben darf. Der Mann hat seinen Posten quittieren müssen, weil er als Militärrichter nach Beendigung des Krieges noch einen fahnenflüchtigen Soldaten zum Tode verurteilt hat und davon auch nach Jahrzehnten nicht abrücken mochte. Ich drehe mich zu den Kollegen und teile ihnen meine Entdeckung mit. Damit stoße ich auf massiven Unglauben: »Sie sehen auch überall Gespenster!« Der Mann hat ja recht.

Ich trete an die kleine Gruppe heran, stelle mich vor und frage das Gespenst mit dem nötigen Respekt: »Nehmen Sie mir das bitte nicht übel. Die Kollegen wollen mir nicht glauben, daß Sie der ehemalige Ministerpräsident von Baden-Württemberg, Herr Dr. Hans Filbinger, sind. Das hat mich ganz schön irritiert. Ich möchte Sie daher einfach direkt fragen, sind Sie's oder sind Sie's nicht?« Der Angesprochene lächelt nachsichtig, führt das Sektglas zum Mund und sagt dann bedächtig: »Mein Herr, Sie haben die Wette gewonnen. Ich bin's in voller Person.«

Der Kollege, der ungläubige aus Hessen, macht flugs einen tiefen Diener: »Habe die Ehre, Herr Ministerpräsident.« Und dann mit tadelndem Blick auf mich: »Habe ich Ihnen doch gleich gesagt. Wie können Sie denn den Herrn so belästigen?« Ich wende mich an den Ehrengast: »Sehen Sie, Herr Filbinger, das sind die Beamten. Solche kennen Sie sicher auch aus Ihrer Stuttgarter Zeit. Wendig und clever. Die können nicht einmal eine Wette verlieren.« Der Doktor lächelt freundlich, der Beamte guckt verdrießlich drein.

Später in Bonn fragt mich der Staatssekretär: »Was haben Sie denn bloß in Rom gemacht? Sie hätten den Ministerpräsidenten Filbinger attackiert, hat man mir berichtet. Kann ich mir von Ihnen eigentlich gar nicht vorstellen.« Ich erzähle dem Staatssekretär das Erlebnis im römischen Palazzo. Der Staatssekretär ist erleichtert. Er kommt nämlich aus Stuttgart und hat vor seinem alten Landesvater noch immer gehörigen Respekt.

Was ich nicht verrate: Der Ministerpräsident a.D. lebt in Rom und läßt keinen Empfang aus, wie ich vom deutschen Botschaftsrat höre, auch wenn er nicht ausdrücklich eingeladen ist.

Ich habe mir die eingeladenen Gäste näher angesehen. Bei genauem Hinsehen habe ich da so meine Zweifel, ob diese Leute auch nur annähernd so amüsant zu plaudern wissen wie der alte Regierungschef aus Stuttgart. Von mir aus hätte er gern an der Tagung selbst teilnehmen können. Das hätte diese bereichert.

Herr Filbinger zeigt Größe. Er nimmt die öffentliche Ächtung einfach nicht zur Kenntnis, und die Gesellschaft ist ratlos, wie sie solchen »Spielverderbern« begegnen soll.

Auch Minister und Unternehmer werden nicht verschont / Mit dem Dienstwagen nach Italien, zurück in die Heimat mit dem Leihwagen

Es ist noch nicht lange her, da war ich bei einem westdeutschen Verleger zu Gast. Ganz gegen seine Gewohnheit hat der sich nicht an den Termin gehalten. Die Sekretärin zuckt bedauernd die Schulter: »Der Chef ist ganz außer sich. Er war mit seinem neuen Mercedes in Italien und ist ohne ihn wiedergekommen.« Ich vermag nicht recht zu begreifen: »Deshalb braucht der mich doch hier nicht stundenlang warten zu lassen. Davon kriegt er doch seinen Wagen nicht zurück.«

Die Sekretärin denkt angestrengt nach: »Ich koche Ihnen erst einmal einen Kaffee.«

Was war geschehen? Hören wir die Mitarbeiterin selbst. Sie ist mindestens so erschüttert wie der Chef: »Denken Sie nur. Da haben wir monatelang mit Mercedes verhandelt, um endlich das schicke Sondermodell zu kriegen, auf das der Chef sich so lange gefreut hat. Endlich steht die Karosse vor der Tür. Der Chef und seine Frau schlagen gleich voll zu und fahren mit dem Prunkstück in den Urlaub. Die wollen nach Hawaii oder auf die Philippinen, so genau kenne ich mich nicht aus.« Pause. Und dann leicht verschnupft: »Die Papiere hat sich diesmal der Chef selber vom Reisebüro besorgt. Sonst darf ich das immer machen.«

Der Kaffee ist inzwischen fertig geworden. Die Sekretärin hat sich beruhigt. Sie serviert: »Mit Milch und Zucker?« Ich nicke. Lieber nähme ich Süßstoff, aber solche Sonderwünsche lenken bloß vom Wesentlichen ab. Hinterher irritiert sie das, und sie kriegt ihre Geschichte nicht mehr auf die Reihe. Also Zucker.

Die Sekretärin fährt fort: »Die beiden Herrschaften setzen sich in den Wagen, der Chauffeur winkt noch einmal zu uns herauf, setzt sich hinters Steuer und fährt los. Bis Mailand, dann will der Chef mit seiner Frau das Flugzeug nehmen.

Wie es weitergeht, hat mir der Chauffeur selbst erzählt. Der Verleger hat ihn eindringlich gewarnt: ›Wenn Sie uns am Flughafen in Mailand abgeladen haben, dann setzen Sie sich ins Auto und fahren ohne anzuhalten über die Grenze bis nach Österreich. Da können Sie meinetwegen übernachten, aber bloß nicht vorher in Italien. Sonst ist der Wagen weg.‹ Der Fahrer hat hoch und heilig versprochen, den Wagen wie seinen Augapfel zu hüten. Er ist schon auf der Autostrada nach Norden, da fällt ihm ein: Du solltest doch noch die Aktentasche vom Verleger holen. Da sind wichtige Anweisungen für die Mitarbeiter drin. Der Chef hat – schon in Urlaubsstimmung – die Tasche an der Rezeption liegen lassen.

Der Fahrer wendet, erreicht das Hotel, fährt die Auffahrt hoch und bleibt mit laufendem Motor stehen (›Lassen Sie ja das Fahrzeug nicht aus den Augen!‹) Er ruft durch die geöffnete Tür zur Rezeption hinüber. Die sind gerade abgelenkt. Zeigen auch sonst keine sonderliche Eile: ›Piano, piano, signore, prego!‹

Die Nobelkarosse aus Deutschland blockiert währenddessen die Zufahrt, ein Auto nach dem anderen rauscht heran. Die Fahrer hupen, steigen aus und schimpfen. Ehe es zu Handgreiflichkeiten kommt, vergißt der Fahrer seine guten Vorsätze und springt durch die Tür. Ran an die Rezeption, die Tasche ergriffen und zurück. Das Hupkonzert hat aufgehört. Kein Fahrer steht mehr draußen und schimpft. Der Chauffeur aus Germany stutzt. Des Rätsels Lösung: Sein Mercedes ist weg, geklaut. Er sieht gerade noch die Rücklichter.

Nach drei Wochen kommt der Chef von den Philippinen heim. Am Flughafen steht ein Leihwagen bereit. Der Chef staunt, ruft zu Hause an und ist sauer. Die Versicherung zahlt prompt, schließlich hat man Vollkasko abgeschlossen.

Der Verleger will rasch einen neuen Wagen. Er ruft eigenhändig beim Werk an. Achselzucken. Die Lieferfrist beträgt sechs Monate. Dem Verleger hat's die Stimmung verhagelt. Doch der Chefredakteur hat eine Idee: ›Dem Verkehrsminister in Bonn haben sie letzte Woche das Dienstauto gestohlen. Der war auch in Mailand, so eine internationale Tagung. Der hat dem Fahrer gesagt: ›Steigen Sie ja nicht aus dem Auto aus. Sie haben alles, was Sie brauchen. Bildzeitung liegt im Handschuhfach. Pommes frites können Sie sich noch holen. Ich warte so lange. Coca ist in der Kühlbox, und im Radio gibt es eine Fußballübertragung.‹ Was will der Mensch mehr. ›Aber lassen Sie bloß keine Minute das Auto im Stich. Die Brüder klauen hier wie die Raben. Das kann sich kein Mensch vorstellen.‹ Der Fahrer nickt. Klar doch, an uns werden sich die Brüder die Zähne ausbeißen. ›Außerdem bin ich in einer halben Stunde wieder hier. Reiner Pflichtbesuch. Ein Gesichtsbad nehmen, und dann hat sich's‹, sagt der Minister.

Als er wiederkommt, steht der Chauffeur allein auf der Straße. Das Auto ist weg. Der Minister verdrießlich: ›Sie nehme ich nie wieder mit nach Italien, da können Sie Gift drauf nehmen!‹

Der Fahrer schildert gekränkt den Vorfall: ›Das wäre Ihnen auch passiert, Herr Minister.‹ Der Minister ist skeptisch: ›Glaube ich kaum. Aber lassen Sie mal hören!‹

Der Sachverhalt ist schnell erzählt: Im Radio war das erste Tor noch nicht gefallen. Die Pommes frites waren noch heiß und die Cola steckte noch in der Kühlbox. ›Da ratscht ein Wagen an unserem Mercedes lang, fährt zehn Meter weiter, rechts ran, hält. Der Fahrer steigt aus, unauffälliger Typ. Winkt mich heran. Was soll ich machen. Schließlich muß ich ja die Schadensmeldung schreiben. Und wenn der Mann schon hält, statt weiterzufahren, kann ich doch nicht stur sitzen bleiben. Ich also raus, buon giorgno hin, buon giorgno her, der Typ zieht seine Brieftasche. Da höre ich hinter mir den Motor aufheulen. Ich denke, das darf doch nicht wahr sein. Und was sehe ich: Gerade noch die Rücklichter von unserem schönen Mercedes!‹ Der Fahrer stöhnt gequält auf: ›Wahrscheinlich ein Komplize. Wird aber kaum zu beweisen sein.‹ Den Minister kann das nicht trösten. Und was heißt schon beweisen, wenn man den Täter nicht hat.

Die beiden haben sich einen Leihwagen genommen. Wie man hört, ein bevorzugtes Rückreisemittel für Italienurlauber. Mit dem sind sie dann nach Bonn zurückgefahren. Dort hat der Minister seine Beziehungen spielen lassen, und was denken Sie: Für den Verkehrsminister gibt es bei Mercedes keine Lieferfrist.«

Die Sekretärin ist erschöpft. Sie hat die Schrecknisse gerade noch einmal durchlebt. Wäre es ihr eigener Wagen, hätte ihr Leid nicht größer sein können.

Ich sehe nicht recht den Zusammenhang zwischen den beiden Diebstählen. Aber da werde ich schon aufgeklärt: »Und jetzt ist der Chef nach Bonn gefahren, um sich an die Bestellung dranzuhängen.« Das Ministerbüro ist da guter Dinge: »Das kriegen wir hin. Die rücken in Stuttgart bestimmt zwei Wagen auf einmal raus. Und das innerhalb von vierzehn Tagen. Was heißt hier: sechs Monate Lieferfrist.«

Monate später beschlagnahmt Interpol im Hafen von Rotterdam eine ganze Schiffsladung geklauter PKW. Der vom Verleger ist auch dabei. Aber er hat inzwischen einen neuen und ist ganz zufrieden damit. Soll sich die Versicherung doch an dem alten schadlos halten. Außerdem haben die Diebe den umgespritzt, und die Farbe gefällt dem Verleger überhaupt nicht. Die ganze Schiffsladung war für den vorderen Orient bestimmt, vermutet jedenfalls Interpol.

Herr Kleinschmidt aus Berlin sucht ein Abenteuer

Das Reisen gehört zu meinem Beruf. Häufiger aber als ins Ausland führt mich meine Arbeit schon damals nach Berlin, wo die Nebenstelle eines Instituts für Lehr- und Lernfilme, eine gemeinsame Einrichtung aller Bundesländer, ihren Sitz hat. In einer herrschaftlichen Villa aus der Gründerzeit residiert der Leiter, Herr Kleinschmidt, ein gelernter Berufschullehrer. Er erarbeitet Lehrfilme für Berufsschullehrer und Ausbilder in den Betrieben mit Filmleuten und Fachbeamten aus Bund und Ländern als Berater. Herr Kleinschmidt haßt nichts so sehr wie Unpünktlichkeit. Egal, wie weit der Gast aus Westdeutschland anreisen muß, um neun Uhr fängt die Sitzung an. Wer später kommt, kriegt mindestens eine Abmahnung. Ob er nun Schulrat oder Minister ist, hier werden alle Besucher gleich behandelt.

Eines Tages, in der Sitzungspause, nimmt mich der Institutsleiter bei einer Tasse Kaffee vertraulich zur Seite. »Sie kommen doch viel in der Welt herum. Da können Sie mir vielleicht einen Rat geben.« Um was geht es ihm? Ich höre aufmerksam zu. »Meine Jungs und ich, wir möchten mal einen richtigen Abenteuerurlaub erleben. Am besten unter Naturvölkern, unter lauter Einheimischen, keine Gastarbeiter, die sich in Deutschland besser auskennen als daheim. Da kann ich gleich in Berlin bleiben, bei den Türken in Kreuzberg. Kennen Sie irgendeine Ecke auf der Landkarte, wo meine Jungs und ich genau das finden, was wir uns erträumen?«

Mir fällt spontan ein Bekannter ein, der es nicht exotisch genug kriegen konnte. Der ist zuletzt am Polarkreis gelandet, als Urlauber bei den Rentierjägern. Nur hat er sich unzweckmäßig angekleidet und ist mit abgefrorenen Zehen zurückgekommen.

Dazu kann ich Herrn Kleinschmidt schon mal nicht raten. Auch nicht zu einer Stippvisite bei den Kopfjägern auf Neuguinea. Diese Reise würde garantiert ein hohes Maß an Spannung und Abenteuer bieten. Aber wie ich annehme, will der Mann mit seinen beiden Söhnen auf jeden Fall wieder nach Berlin zurück, am liebsten mit dem Kopf auf den Schultern.

Als ich bei der Wüste Gobi angelangt bin, kommt mir eine Idee: »Ich war vor einigen Jahren mal in Tunesien. Da gibt es fernab der Strände und der Touristenzentren ziemlich öde Wüstengegenden. Karl May hat darüber ein Buch geschrieben. Ich glaube, es heißt ›In der Wüste‹. Wäre das nichts für Ihre Familie?« Herr Kleinschmidt guckt nachdenklich drein. Einen Jeep könnte er sich schon besorgen, einige Kanister Wasser will er auch mitnehmen. Aber da hapert es mit der Verständigung. Ich tröste den Mann: »Versuchen Sie es doch mal beim Goethe-Institut. Vielleicht hat auch die Berlitz School ein passables Angebot für Sie. Notfalls kaufen Sie sich einfach ein arabisches Wörterbuch mit Redewendungen für den täglichen Gebrauch. Da können Sie ganze Kapitel auslassen. So wird es Ihnen in der Wüste wenig nützen, wenn Sie wissen, wie man auf arabisch im Basar einkauft oder sich die Zehennägel beim Friseur schneiden läßt. Allenfalls kriegen Sie Gelegenheit, die Einheimischen zu fragen, was man gegen Flöhe, Wanzen und sonstiges Ungeziefer tun kann, mit dem man sich den Urlaub in der Wüste wird teilen müssen!« Herr Kleinschmidt ist nicht abzuschrecken, er bedankt sich.

Zwei Monate später treffe ich ihn in Berlin wieder. Herr Kleinschmidt ärgerlich: »Da haben Sie mir ja einen schönen Rat gegeben. Ausgerechnet nach Tunesien sollte ich fahren, in die Wüste, zu den Salzseen. Habe ich glatt gemacht. Der Jeep war in Ordnung, das Wasser hat gereicht, nur nachts war es mitunter kälter, als ich mir gedacht hatte. Aber Menschen? Menschen haben wir zuerst überhaupt keine getroffen. Ich hatte schon gedacht, der Kurs Arabisch für Schnellmerker an der Volkshochschule hat sich nicht gelohnt. Da sichten wir in der Ferne eine ganze Karawane. Wie im Morgenland. Alle waren wir begeistert, rein in den Jeep und an die Leute rangefahren. Der Karawanenführer hat haltgemacht, ich habe mich über meine Sprachkenntnisse gefreut und wollte ihn auf arabisch begrüßen. Damit bin ich aber nicht weit gekommen. Gerade mal konnte ich sagen ›Salam ...‹, da ist er mir schon ins Wort gefallen: ›Kannst ruhig deutsch mit mir reden, Junge. Ich war fünf Jahre in Hamburg auf der Werft von Bloem und Voss. Aber zum Schluß zieht es einen doch immer wieder in die Heimat zurück.‹ Und dann war der Mann froh, daß er stundenlang mit mir reden konnte, natürlich nur auf deutsch. An Arabisch war der überhaupt nicht interessiert.«

Im Grunewald zu Berlin / Ein alter Baulöwe gibt sich die Ehre

Früher habe ich öfter im Hotel des Herrn Gerhus genächtigt. Es stammt von seinem Großvater, der Justitiar des alten Kaisers war. Dem hat er einige Prozesse gewonnen, und der Kaiser zeigte sich erkenntlich. Der Enkel ist Bäcker geworden. Stolz hat er sein Patent in der Rezeption an die Wand genagelt.

Wer es nostalgisch liebt, kommt in Berlin an Schloß Gerhus nicht vorbei. Selbst der Speisesaal atmet noch den Hauch vergangener Größe. Die Zimmer sind mit erlesenem Geschmack möbliert, wenn auch schon vor längerer Zeit. Gerade dieser Hauch von Verfall macht den besonderen Schick der Herberge aus.

Morgens am Frühstückstisch, ich will gerade mein Ei köpfen, bleibt der Löffel mitten in der Bewegung stehen: An einem der Nebentische hat eine prunkvolle Gesellschaft Platz genommen. Ein englischer General in Galauniform mit ordenübersäter Brust, mehrere Ladies in sehr traditionsbewußter Kleidung, – ich denke: bestimmt aus der viktorianischen Epoche – und kaum zu glauben, ein Kardinal in vollem Ornat. Verdutzt blicke ich auf das Schauspiel; ich reibe mir die Augen, aber das Bild bleibt. Der Kardinal merkt mein Erstaunen, dreht seinen Kopf in meine Richtung, blickt mir ins Gesicht, macht das Kreuzzeichen und zwinkert mir listig zu.

Ich rufe den Kellner: »Was ist denn mit dem Kardinal drüben am Tisch los? Der hat offenbar schon am frühen Morgen getrunken. Ist das bei Ihren Gästen so üblich hier?«

Der Kellner ist ganz erstaunt. »Was für einen Kardinal meinen Sie denn überhaupt? Der da drüben in seiner seltsamen Kluft ist der Schauspieler Alec Guiness. Die drehen hier gerade einen Film. Übrigens ein sehr freundlicher Mann. Der kann sich mit seinen Trinkgeldern überall sehen lassen.«

Früher ist die Prominenz im Gerhus ein- und ausgegangen. Nicht nur im Film. Aber auch mit Kameras. Das Fernsehen war immer dabei. Häufig hat auch der Berliner Senat hier Empfänge gegeben. Bürgermeister Schütz und seine Senatoren sind auf den vergilbten Fotos zu sehen, die noch die Rezeption veredeln.

Gelegentlich findet sich auch ganz andere Prominenz im Gerhus ein: Als ich eines Abends eintreffe, herrscht emsiges Treiben. Die Rezeption ist nicht besetzt. Ein seltener Fall in dem sonst so gut geführten Hotel. Nach einigem Suchen läuft mir der Hotelboy über den Weg. »Hier ist ja das Chaos ausgebrochen. Warum rennt alles durcheinander wie auf einem Hühnerhof? Wo bleiben denn da die anderen Gäste?« Der Hotelboy ist verlegen. Nach einigem Zögern vertraut er mir an: »Sie müssen schon entschuldigen. Der Herr Minister gibt heute eine Pressekonferenz. Und da haben die Journalisten nun mal den Vorrang. Meist Amerikaner, extra aus den Staaten eingereist. Ausgerechnet heute ist das Personal knapp. Der Chef ist vielleicht ärgerlich, das können Sie mir glauben.«

Was mag das nur für ein Minister sein, um den sich die Amerikaner reißen? Warum ist der nicht in Bonn geblieben? In den Zeitungen habe ich nichts gelesen. Da muß der Hotelboy noch mal her: »Können Sie mir vielleicht sagen, was das für ein Minister ist, der den ganzen Laden durcheinander bringt?« Der Kellner nickt: »Kann ich. Der Minister heißt Speer oder so ähnlich. Er spricht über das Thema: Berlin soll größer und schöner werden. Ich glaube, der Mann war früher mal

Architekt. Ist schon ziemlich alt, aber noch ganz gut dabei.« Mir verschlägt es fast die Sprache. Da ist der Mann gerade aus dem Zuchthaus Spandau entlassen worden, und schon steht er wieder im Lichte der Öffentlichkeit, um dort weiter zu machen, wo er aufgehört hat. Während des Krieges ist er seinem Führer ständig mit immer neuen Bauplänen für Berlin auf den Nerv gegangen. Ich kläre den Hotelboy über den Mann auf: »Wenn schon Minister, dann wenigstens Reichsminister.« Der Boy entschuldigt sich: »Ich bin im zweiten Ausbildungsjahr. Im dritten lerne ich erst die Titel und Anreden.«

Herr Speer erklärt den Amerikanern die Notwendigkeit, ein richtig schönes Kongreßzentrum aufzubauen. Er hat ein Modell mitgebracht. Das ICC wirkt dagegen nur wie Schmalkost. »Und an welchen Bauplatz hatten Sie gedacht, Herr Minister?«, wollen die Gäste aus Übersee wissen. Herr Speer überlegt einen Augenblick, dann legt er seinen Finger kurz entschlossen auf die Karte von Großberlin und bezeichnet die Stelle, an der das Gebäude entstehen soll. Der Bauplatz liegt im Ostsektor. Ob er das übersehen hat, wollen die Journalisten wissen. Da ist der Herr Speer ganz zuversichtlich: »Wenn man das große Ganze im Auge hat, dann können einem solche kleinen zeitbedingten Unebenheiten doch nicht den Blick versperren. Was heißt hier Mauer? Die wird fallen, da bin ich ganz sicher.«

Die Journalisten lächeln ungläubig. Aber der Reichsminister a. D. hat Recht behalten. Die Mauer ist wirklich gefallen. Es kann losgehen.

Wie sagte Adolf Hitler damals von seinem Reichsbaumeister: »Wissen Sie, der Mann ist baugeil. Der ist überhaupt nicht zu bremsen, noch nicht einmal von mir.«

In Prora hat er sich auch verewigt, mit der größten Urlaubskaserne aller Zeiten.

Ein prominenter Gast im Gerhus

Das Gerhus im Grunewald ist auf prominente Gäste geeicht. Das hat der Oberschulrat Merker aus einem niedersächsischen Ministerium am eigenen Leib erfahren:

Wir kommen gleichzeitig morgens im Institut zur Sitzung an, schreiten durch die Tür. Alle erheben sich ehrfurchtsvoll. Ich denke, da hat jemand Geburtstag: »Wem kann man denn gratulieren?« Antwort: »Dem Herrn Merker, er ist gerade VIP geworden.«

Der Geehrte lächelt säuerlich. Ich erfahre von ihm: »Gestern abend ist es ziemlich spät geworden. Ich konnte vom Flughafen nicht direkt ins Gerhus, habe mein Gepäck abgestellt und hatte noch woanders zu tun. Was denken Sie, es wird zwölf Uhr, bis ich endlich im Gerhus lande. Ich stehe vor der Rezeption, kriege meinen Schlüssel, sehe mich nach dem Gepäck um. Das steht da nicht mehr. Ich frage den Portier: ›Seit wann wird hier im Gerhus Gepäck geklaut?‹ Der Portier: ›Hier klaut niemand, mein Herr. Der Herr Gerhus hat sich höchstpersönlich Ihres Gepäcks angenommen und es bereits in die für Sie vorgesehene Suite gestellt.‹ Ich wundere mich. Wieso überhaupt Suite? Neugierig gehe ich die Treppe hoch und finde mein Gepäck in der Luxussuite des Hauses wieder.

Der Hausherr ist anwesend. Er begrüßt den Gast mit deutlichem Respekt. Ich frage mißtrauisch: ›So nobel habe ich ja hier noch nie gewohnt. Ich habe wohl immer von einer Fürstensuite gehört, aber dabei habe ich mir nicht viel gedacht. Wieso komme ich ausgerechnet heute zu dieser Ehre? Und vor allen Dingen, was muß ich dafür bezahlen?‹ Herr Gerhus, nicht gewohnt, so direkt nach dem Übernachtungspreis gefragt zu werden, ist leicht indigniert: ›Für die Übernachtung berechnen wir mit Frühstück 380 DM die Nacht.‹ Ich stehe da wie vor den Kopf geschlagen. Die in Hannover im Ministerium geben mir vielleicht 80 DM davon als Reisekosten. Den Rest muß ich selbst berappen.

Herr Gerhus: ›Ich darf Sie darauf aufmerksam machen, daß Sie einen Farbfernseher zur Verfügung haben, einen Salon mit geschmackvollen Polstermöbeln und eine komplette Stereoanlage. Ganz zu schweigen von einem Bad mit allen Schikanen.‹ Inzwischen ist es ein Uhr geworden. Was soll ich um diese Zeit noch mit einer Stereoanlage und einem Farbfernseher? Ich bin hundemüde und möchte schlafen. Sonst habe ich keine Wünsche. Der Hausherr: ›Die Gründe für die Reservierung der Suite für Sie heute nacht erfragen Sie bitte an der Rezeption.‹

Wie betäubt gehe ich die Treppe herunter zur Rezeption. Der Boy weiß von nichts. ›Sehen Sie doch mal in Ihren Unterlagen nach!‹ Der Boy nimmt das Buch, blättert: ›Aha, da haben wir es. Wir hatten da so einen Anruf vom Institut. Wir möchten gut für Sie sorgen. Sie wären der Vertreter des antragstellenden Landes. Ich habe mir darunter nichts vorstellen können und beim Chef rückgefragt. Der meinte, das müßte wohl so eine Art Botschafter sein: Hoffentlich haben wir die Fürstensuite frei. Daß wir uns bei den Leuten ja nicht blamieren.‹«

Des Rätsels Lösung ist einfach: Der Bund und die Länder erarbeiten gemeinsam Fortbildungskurse, die im Filminstitut verabredet und im Detail geplant werden. Für jedes Programm ist jeweils ein bestimmtes Bundesland verantwortlich. Dies stellt in Bonn bei der Bundesregierung den Antrag auf Förderung aus Bundesmitteln. Das Land heißt im Behördenjargon: das antragstellende Land. Das ist alles.

Eingebrockt hat dem Herrn Merker den ganzen Ärger der Institutsleiter, Herr Kleinschmidt. Heute nacht geht es ihm dreckig: Der undankbare Oberschulrat aus Hannover klingelt ihn aus dem Bett: »Ich bin hier im

Gerhus. In der Fürstensuite können Sie meinetwegen heute nacht selber schlafen, natürlich auf eigene Kosten. Mir besorgen Sie bitte etwas Preiswerteres.«

Wie zu erwarten ist zu dieser späten Stunde in Berlin kein preiswertes Zimmer mehr aufzutreiben. Außerdem finden einige Kongresse statt. Da fällt es sogar schwer, aus dem Stand heraus eine Fürstensuite anzumieten. Es wird drei Uhr nachts. Herr Gerhus ist inzwischen zu Bett gegangen. Draußen fährt der übernächtigte Institutsleiter vor, ist knapp angebunden und bringt den Oberschulrat bei sich zu Hause im Kinderzimmer unter. Der Sohn ist gerade auf großer Fahrt. Mit Freunden. Vielleicht in Tunesien. Da ist sein Zimmer frei, Gott sei Dank.

Zwei Monate später treffen wir uns in Berlin wieder. Herr Kleinschmidt hat sich für den Ärger gerächt.

Das merken wir aber erst am Abend, als die Sitzung um acht Uhr zu Ende geht. »Und wo sollen wir heute nacht schlafen?« Sagt der Herr Kleinschmidt hinterhältig: »Kommen Sie ruhig mal mit, ich zeige Ihnen das.« Draußen ist es eiskalt, die Temperatur ist über Nacht um zehn Grad gefallen. Wir sind schon eine halbe Stunde unterwegs und total durchgefroren. Am Wege liegen einige Hotels, aber sie sind angeblich zu, kein Zimmer frei. Die Gegend wird immer unwirtlicher und dunkler. Als wir alle Hoffnung aufgegeben haben, erreichen wir unser Ziel: ein kleines Chinesenlokal. Unten eine verräucherte Kneipe mit Betrunkenen. Mit denen ist keine Verständigung möglich. Mit dem Wirt aber auch nicht. Vielleicht kann man mit dem gut chinesisch reden. Aber da ist er bei uns an der falschen Adresse. Er begleitet uns ins Obergeschoß unterm Dach und redet unentwegt. Ich verstehe kein Wort davon.

Was er anzubieten hat, verschlägt uns die Sprache: zwei eiskalte Buden, davon ein Zimmer mit zwei Betten. Wir sind zu dritt. Der Dritte, ein Kollege aus Stuttgart, bekommt das Einzelzimmer. Was keiner weiß: Die Dachluke klemmt. Dafür hat der Kollege immerhin einen Zahnbecher abgekriegt. Wir haben keinen.

»Was wollen Sie, meine Herren?« sagt der Gastgeber, der Herr Institutsleiter Kleinschmidt aus Berlin, zu uns. »Das Doppelzimmer kostet für jeden 20 DM mit Frühstück, das Einzelzimmer ist etwas teurer. Da muß man schon 35 DM berappen. Aber die Herren werden es ja erstattet kriegen.« Er geht die Treppe runter, setzt sich ins Auto und ward nicht mehr gesehen.

Am nächsten Tag in der Sitzung haben wir es ihm heimgezahlt. Das wird er so leicht nicht vergessen. Nur der Kollege aus Stuttgart kann sich nicht so recht verständlich machen. Er krächzt wie ein Rabe: »Die ganze Nacht habe ich versucht, die verdammte Dachluke zuzukriegen. Aber sie klemmte, war alles total verrostet.«

Wenn der Herr Kleinschmidt nochmals auf Abenteuer aus ist und den Fehler macht, mich zu fragen, wohin die Reise gehen soll, empfehle ich ihm doch den Nordpol. Hat er Pech und zieht sich nicht warm genug an, wird er da so frieren, wie wir beim Chinesen in Berlin gefroren haben.

Windiges aus der Chefetage / Der Minister läßt im Amt kassieren

Die Abenteuer, die der Institutsleiter in der Fremde sucht und dort dann doch nicht findet, stoßen mir mühelos und ohne Reisebüro in Bonn zu.

Ich bin erst kurze Zeit in einem Bonner Ministerium, da bekomme ich seltsamen Besuch, der für mich böse Folgen haben sollte. Aber das habe ich erst viel später gemerkt. Also, es klopft, und bevor ich noch »Herein« rufen kann, steht der Besucher schon vor mir. Er möchte das Geld abholen, sagt der Mann. Der hat sich wohl in der Tür geirrt. Die Kasse ist ein Stockwerk tiefer. Diskret mustere ich den Besucher: Gekleidet nach der neuesten Mode, teuer und geschmackvoll. Sein Anblick assoziiert Pferderennen, Laufsteg, Golf, flotte Miezen und schnelle Rennwagen. Solche Leute sieht einer wie ich allenfalls in den Illustrierten, die beim Friseur rumliegen.

Jetzt rächt sich, daß ich außer »Stern« und »Spiegel« nur ab und an ein anderes Blatt lese. Ich frage also: »Könnte ich Ihren Namen erfahren? Meinen kennen Sie, er steht ja draußen auf dem Türschild.« Ich ernte einen indignierten Blick. Aha, den Herrn muß man kennen! Den fragt man nicht nach seinem Namen, den weiß man.

Der Dressman quetscht ungehalten und blasiert etwas durch die Zähne, das in meinen Ohren so klingt wie: »Ich bin der Reichsleiter.« Das ist doch nicht die Möglichkeit, hätte mein Studienfreund Ossi Kröger aus Warendorf gesagt. Das war doch so ein kleiner Dicker. Und außerdem ist der längst tot. Damals '45 in Berlin im Tiergarten hat man ihn zuletzt gesehen.

Ich habe mich entweder verhört, oder der Besucher macht sich über mich lustig. Mal sehen. »Dann waren Sie sicher beim Herrn Prokrustes auf dem Streckbrett. Und sind da lang und schlank gezogen worden. Den Reichsleiter habe ich viel dicker und bei weitem nicht so groß in Erinnerung.«

Der Besucher wird ungeduldig. Sein Ton läßt ahnen, daß er bald seine guten Manieren vergessen wird. »Ach was, so ein Humbug. Ihr Herr Krustos, oder wie der sonst heißen mag, der ist mir völlig fremd. Auch habe ich nichts von Reichsleiter gesagt. Ich bin, jetzt hören Sie mal gut zu, B e r e i c h s leiter. Und das in der Firma Ihres Ministers.« Ich bin beeindruckt. Etwas ungewöhnlich, daß er zu diesem Laden hier nicht Behörde, Amt oder korrekt Ministerium sagt. Ich versuche, den

Schaden zu begrenzen, den ich durch Unvernunft und Unkenntnis angerichtet habe: »Dann sind Sie sicher der Staatssekretär?«

Der Snob da vor meinem Schreibtisch verdreht die Augen. Was sind diese Beamten begriffsstutzig! Deutlich genervt: »Ja, wissen Sie das denn gar nicht? Der Minister besitzt ein Institut. Sozusagen ganz privat. Ich hole ihm die Aufträge herein. Er hat mir 350.000 DM für einen Forschungsauftrag versprochen. Alles Nähere solle ich mit einem Herrn Boeger im Ministerium durchsprechen. Der sind Sie doch, oder irre ich mich? Ich bin davon ausgegangen, daß Sie unterrichtet sind, das Thema des Auftrages inzwischen formuliert und einen Scheck bereitgelegt haben. Und jetzt diese Panne!«

Mir ist derweil recht mulmig geworden. Ich kann nicht beurteilen: Will man mich hier testen, ob ich ein zuverlässiger Mitarbeiter bin, der nicht auf jeden Schwindler gleich hereinfällt, oder will der wirklich für den Minister abkassieren? Da muß er noch einiges dazulernen. Ein Profi ist das jedenfalls nicht. Was soll ich lange rätseln, fragen wir beide doch den Minister selbst. Soll er es mir ins Gesicht sagen, was er von mir will.

Ich schlage dem Besucher vor, in den Aufzug zu steigen und direkt zum Hausherrn zu fahren. Der Besucher nickt ergeben. Mit den Beamten ist aber auch gar nichts Gescheites anzufangen.

Im Vorzimmer des Ministers ist die Stimmung gut. Der Raum ist voller Leute. Es wird Kaffee gereicht. Vielleicht feiern die heute ein Fest, der Lautstärke nach ein sehr lustiges.

Ob ich mithalten möchte, fragt die Chefsekretärin, ein Stückchen Kuchen und ein Tässchen Kaffee. »Aber Sie wollen sicher zuerst zum Minister. Sie haben Glück, der ist heute im Haus. Weiß er, daß Sie ihn sprechen wollen? Ich habe keinen Termin für Sie notiert.«

Ich weise zunächst – mal so diskret wie möglich – auf meinen merkwürdigen Begleiter. »Was ist mit dem?« Ich sage, der wolle einen dicken Batzen Geld mitnehmen, den habe ihm der Minister fest versprochen. Die Chefsekretärin lacht. »Das nehmen Sie mal nicht so tragisch. Solche Leute erscheinen hier fast täglich. Irre Typen.« Sie mustert meinen ungebetenen Gast genauer: »Der sieht doch gar nicht so übel aus. Lassen Sie mich mal machen.« Sie geht auf ihn zu, stutzt, ist sichtlich überrascht und nimmt ihn in die Arme: »Hallo, Charly, Dich habe ich gar nicht erwartet. Schön, Dich zu sehen. Wie geht's daheim?« Donnerwetter, der Mann ist wirklich ein Freund und enger Vertrauter des Herrn Ministers.

Vielleicht ist es besser, ich verschwinde erst einmal. Die werden mich schon rufen. Zu spät, die Tür zum Chefzimmer geht auf, und der Minister erscheint. »Ich wußte gar nicht, daß wir eine Cafeteria hier haben. Aber bitte dann nicht so laut, hier arbeitet der Chef.« Man sieht's ihm an: Er trägt seine gewöhnliche Arbeitskluft, Hemd, Krawatte, Weste, keine Jacke. Die Hemdsärmel sind aufgekrempelt. Der Minister wirkt ein wenig nervös, eigentlich immer. Heute aber besonders. Das unkontrollierte Spiel mit den Hosenträgern verrät seine Anspannung: Er zieht sie hinter der Weste hervor und läßt sie rhythmisch vor- und zurückschnellen. Der Kenner weiß, das bedeutet »Aufgepaßt, heute ist mit mir nicht zu spaßen!« Sein rascher Blick erfaßt den Charly. Freudig begrüßt er ihn: »Willkommen beim Minister, ich habe Dich schon früher erwartet. Komm, laß uns in mein Zimmer gehen. Du kannst mir sicherlich einiges erzählen.« Zur Chefsekretärin gewandt: »Für die nächste Zeit bin ich für niemanden zu sprechen, außer für meine Frau und den Herrn Bundeskanzler.« Solche Scherze mag er. »Ach ja, machen Sie bitte für uns beide einen guten Mokka.« Er will sich in sein Zimmer zurückziehen, da macht Herr Charly auf mich aufmerksam. Er wendet sich leicht zu mir: »Sieh an, der Herr Boeger. Hätte ich fast vergessen. Dabei brauchen wir Sie.« Betont liebenswürdig: »Kommen Sie doch mit herein. Ich habe Ihnen etwas mitzuteilen.«

Im Zimmer geht es zunächst zu wie im Theater. Der Minister legt seinem Freund und Geschäftspartner beide Hände auf die Schultern, blickt ihm fest in die Augen und sagt dann, betont und mit feierlicher Stimme: »Mein guter Freund, das Geld ist Dein. Wie versprochen, so gehalten.« Ich habe das Gefühl, der Minister hat mir einen tadelnden Blick zugeworfen: Ich habe es mir noch nicht verdient, einen so erhabenen Augenblick mitzuerleben. Wir setzen uns. Und was glauben Sie, geschieht? Die tun so, als wäre ich Luft und reden fortan nur französisch. Das hat Tradition: Leute von Stand und Adel haben heikle Themen in Gegenwart von Kindern und Lakaien von jeher nur auf französisch besprochen. Nun bin ich als Humanist zwar mit meinen veralteten Kenntnissen hoffnungslos von gestern, aber zufällig habe ich die neuen Sprachen auch mitgekriegt. So höre ich gerade den Herrn Minister sagen: »Ich werde diesen Burschen (garçon, der meint mich) schon dazu bringen, daß er pariert.« Folgendes bekomme ich in meiner Muttersprache zu hören, nachdem die beiden den fremdsprachlichen Teil der Unterhaltung absolviert haben: »Sie gehen jetzt gleich mit diesem Herrn hinunter in Ihr Dienstzimmer, und dann setzen Sie beide sich schön zusammen und entwerfen ein astreines Projekt, das nicht mehr und nicht weniger kostet als die Summe, die hier genannt worden ist.«

Sie möchten erfahren, wie es weiterging? Nun, ich habe ein nützliches Projekt der Firma des Herrn Ministers aufgeschrieben, seine Notwendigkeit begründet und den Kosten- und Zeitrahmen – wie mir befohlen – so abgesteckt, daß die Rechnung aufging.

Die Akte wird mit einer Vorlage, die das Projekt beschreibt, auf den Weg gebracht. Damit die Ausgabe offiziell genehmigt wird und alles seine Ordnung hat. Schon am nächsten Tag ruft mich ein hoher Beamter aufgeregt an: »Was haben Sie denn da für eine unnötige, dumme Randbemerkung gemacht? Die Firma, die das Geld kassiert, gehöre dem Minister privat und persönlich. Da werden Sie aber einen Ärger kriegen. Streichen Sie das bloß wieder weg. Ich meine es gut mit Ihnen.« Ich habe den Rat in den Wind geschlagen und es bitter gebüßt. Nein, ich werde Sie nicht mit Einzelheiten behelligen. Das ist hier keine Klagemauer. Gestatten Sie nur eine Anmerkung:

Als ich fünfundzwanzig Jahre nach dem Besuch von Charly, der meiner Karriere ein jähes Ende setzte, ausgemustert werde – immerhin stolze vierzig Jahre im öffentlichen Dienst –, spricht mich ein Kollege an: »Darf ich Sie mal etwas sehr Persönliches fragen? Bisher habe ich mich nicht getraut.« Nanu. »Aber gewiß doch, fragen Sie ruhig. Also was haben Sie auf dem Herzen.«

»Was haben Sie eigentlich dem damaligen Minister getan? Sie wissen schon, wen ich meine. Der muß Sie ja furchtbar gehaßt haben. Sehen Sie, ich war damals vor fünfundzwanzig Jahren junger Anwärter auf der Ministeretage. Ein kleines Licht, Handlanger der großen Herren. Und da sagt der Minister zu uns allen, und – kaum zu glauben – auch zu mir ganz persönlich: ›Den Herrn Boeger in der Abteilung II, den müssen wir ganz klein halten. Helfen auch Sie mir dabei.‹ Da habe ich mir gedacht, der muß ja was ganz Entsetzliches angestellt haben. Daß der Minister sogar mich, den kleinsten Beamten in seiner Nähe gegen ihn aufbringen möchte. Warum hat er Sie nicht einfach gefeuert?« Hätte er ja zu gern. Aber so einfach geht das nicht, bisher schützt das geschmähte Berufsbeamtentum gegen solche Willkür. Ich sage dem Kollegen den Grund. Daß der Minister früher einmal eine Firma unterhalten hat. Für die er gern auch als Minister gut gesorgt hätte. Mit Finanzspritzen aus der Staatskasse. Und wie er damals bei mir an den Falschen geraten ist. Wie denn diese Firma geheißen habe. Ich sage es. Der Beamte wird plötzlich ganz blaß. Ich mache mir Sorgen. Es gibt empfindsame Naturen. Mit denen kann man nicht Klartext reden. Die kippen dann um. Nichts hören, nichts sehen, nichts sprechen: die Weisheit der drei Affen.

»Leiden Sie unter Kreislaufproblemen?« Der Gefragte winkt ab. Er sagt, enttäuscht darüber, daß seine Vertrauensstellung von einem Minister jahrelang für die Privatschatulle mißbraucht worden ist: »Kreislaufprobleme habe ich nicht. Aber die kriege ich durch dieses Gespräch. Sie haben mir gerade den Namen der Firma genannt. Denken Sie mal, die gibt es immer noch. Ich habe soeben eine ganze Million dahin überwiesen. Ohne eine Ahnung zu haben, wer hinter dieser Firma steckt. Na, der soll mal wiederkommen.« Der soll sich nur vorsehen. Vielleicht gehört die Firma dem Minister gar nicht mehr. Wer weiß.

Ärgerlich ist dies: Ein Abgeordneter der Partei, der auch dieser Minister angehört, sagte mir neulich: »Was regen Sie sich denn bloß so auf? Solche Geschäfte machen doch alle. Was ist daran so schlimm?«

Damals sah man das anders, strenger: Der Minister bekam einen gehörigen Rüffel, als die Sache aufflog, und sah seinen weiteren (politischen) Höhenflug gebremst. Alles sehr diskret, aber immerhin.

Sie möchten gern den Namen dieses Herren wissen? Ich kann Ihre Neugierde verstehen. Aber da muß ich passen. Der Mann ist nun mal höchst empfindlich. Vom Fußvolk erwartet er die Diskretion, für den Minister durch dick und dünn zu gehen, aber verschwiegen.

Soll ich ihn da enttäuschen?

Fast hätte ich es vergessen zu erwähnen: Man hört, der Minister nimmt aktiv am Aufbau Ost teil und berate die neuen Bundesländer. Wie der Herr Ministerpräsident Späth aus Stuttgart. Hoffentlich auch so erfolgreich wie dieser.

Vielleicht hat er den Charly mitgenommen in den Osten. Als seinen Bereichsleiter. Aber das habe ich bis heute nicht herausgekriegt.

Ein seltsamer Vogel möchte hoch hinaus / Die Wende macht's möglich

Einige Jahre später, die Wende hatte uns gerade fünf neue Bundesländer beschert, erfuhr ich sozusagen hautnah, daß nicht nur Minister schwach werden können, sondern auch im »Fußvolk« der Ministerien merkwürdige Käuze ihr Unwesen treiben, bestrebt, auf ihre Kosten zu kommen. Und das nicht nur im Westen, das neue Jagdgebiet heißt: der wilde Osten.

Es begab sich im Bonner Ministerium, kurz vor meiner beruflichen Emigration nach Mecklenburg-Vorpommern. Ganz harmlos fing es an, mir wurde ein neuer Mitarbeiter ans Herz gelegt:

»Ein guter Mann. Berufserfahren. Er war schon in mehreren Bundesländern tätig. Von Haus aus Lehrer. Sie haben doch Innovationen in diesem Bereich. Da kann er Sie kompetent beraten.« Na, dann wollen wir mal sehen. Der neue Mitarbeiter stellt sich vor. Beflissen. »Für mich gibt es keine Dienststunden. Ich stehe immer zur Verfügung. Arbeiten, hart arbeiten, das bin ich gewohnt.« Hört sich gut an. Wo er das wohl gelernt hat?

»Zunächst war ich in Süddeutschland. Die Familie stammt daher. Mein Vater war Leiter eines Gymnasiums. Latein war seine Lieblingssprache. Er ist dann in den Auslandsschuldienst gegangen. Mit der ganzen Familie. Mich hat er allein zurückgelassen. Bei einem Verwandten. Unverheiratet. Ein angesehener Bürger.« Der Kollege hält inne, lächelt versonnen. »Das Ansehen hatte er bald fast ganz verspielt. So schwer hat er sich mit meinen Jugendstreichen getan. Ja, ich war schon ein rechtes enfant terrible.« Das hat uns gerade noch gefehlt. Den Kerl wird man scharf beaufsichtigen müssen. Warum er denn nicht in Süddeutschland geblieben sei? »Politische Intrigen«, sagt er traurig. Mehr ist nicht herauszukriegen. Das nächste Domizil war Hannover. Da ist er in die FDP eingetreten. Obwohl der Schulminister Remmers für die CDU im Landeskabinett saß. Der hat ihn dann immerhin zum stellvertretenden Schulleiter ernannt. Da wohnt auch heute noch seine Familie. »Wollen Sie nicht umziehen? Sie arbeiten doch schon länger in Bonn.« Er zögert. »Da gibt es gewisse Probleme, mit meiner zweiten Frau. Die erste ist mir nach langem Leiden weggestorben. Die hatte ein Hotel. Da hab ich morgens vor der Schule im Großmarkt eingekauft. Und überhaupt die Geschäfte geführt. Zum Schluß war der Betrieb pleite.« Scheint doch wohl eher ein Pechvogel zu sein. Mal sehen, wie es weitergeht. Immerhin ist er ganz unterhaltsam. »Ja, meine jetzige Frau ist schwierig. Ich komme nicht sonderlich gut mit ihren Kindern aus. Außerdem hat sie mir das Rauchen zu Hause untersagt. Wegen der Gardinen.« Er befühlt seine Stirn. »Was meinen Sie, woher diese Narbe kommt.« Das ist mir eigentlich egal. Mein Informationsbedürfnis ist gestillt. Ich weiß den neuen Mitarbeiter, der so harmlos aussieht, noch nicht recht einzuschätzen.

Er läßt mich nicht lange im Unklaren. Am Freitag nachmittag fragt er höflich an, ob ich nicht Lust auf einen Wochenendtrip in die neuen Bundesländer habe. Woran er denn konkret gedacht habe? »Wohin schon. Nach Cottbus: Hosen verkaufen! Mit der neuen Luxuslimousine.« Ich habe mich wohl verhört. »Was sind denn das für Hosen?« »Jeans, nagelneu. Aus einem Konkurs. Zweitausend Stück habe ich erworben. Das Stück für sage und schreibe zwei Mark fünfzig. Da holen wir glatt je Hose zehn, was sage ich, zwanzig Mark heraus.« Gewerbeerlaubnis, Wandergewerbeschein und sonstigen »Ämterkram« hat er natürlich nicht. »Ja, dann hätte ich Sie ja gar nicht nötig. So müssen Sie sich um das Juristische kümmern, dafür teilen wir uns den Gewinn halbe-halbe. Ist das ein Wort?« Ja, aber eins, das mir gar nicht gefällt. Die Hosen hat er übrigens an der Tankstelle erworben. »Wenn Sie aus dem Fenster gukken, auf der Ecke, gegenüber dem Ollenhauer-Haus. Der Tankwart da ist ein heller Kopf. Der weiß, wie man im Osten leicht Geld machen kann.«

Ich sage ihm, mit mir brauche er nicht zu rechnen. »Stellen Sie sich bloß mal vor, da steht am Sonntag auf dem Marktplatz, womöglich auch vor der Kirche, wenn da genug Platz ist, eine Menge junger Leute und probiert Jeanshosen an. Da haben wir doch ruck-zuck die Sitte am Hals.« Der Mitarbeiter zeigt sich ungerührt. Wofür habe man schließlich einen Juristen zum Chef?

»Schade, dann werde ich am Wochenende auch meine Antennen in Cottbus nicht los.« Veraltetes Zeug, Wegwerfware, vermute ich. Er meint wohl, die im Osten schlucken jeden Mist.

Also aus dem Ausflug ist schon mal nichts geworden.

Der nächste Schrecken folgt sogleich: Der Abteilungsleiter ruft nach mir. »Sagen Sie doch mal, was ist das für ein seltsamer Vogel, den wir uns da aus Niedersachsen geholt haben? Der schreibt seitenlange Vermerke für den Minister, die der gar nicht lesen will. Das sind alles Sachen, für die der Bund gar nicht zuständig ist. Sie wissen das ja. Warum schicken Sie ihm den unnötigen Kram nicht zurück?« Wenn das so leicht zu machen wäre. Der diskutiert und redet sich den Mund lahm und fusselig. Wir wüßten ja gar nicht, was der Minister wolle. Er kenne sich bei den Politikern aus. Schließlich habe der Herr Minister ihn aus Hannover hergeholt, weil er Erfahrungen besitze, nicht nur in der Schule. Der Abteilungsleiter will wissen, was der Mann eigentlich von Haus aus sei, also was er gelernt habe. »Den Umgang mit schwererziehbaren Jugendlichen.« »Das qualifiziert ihn aber nicht, seine Kenntnisse an uns auszuprobieren.« Ich bin da nicht so sicher, halte aber besser meinen Mund. »Der soll mal herkommen.« Ich habe das geahnt: Dem Abteilungsleiter hat er wie einem Kranken, der begriffsstutzig ist, ganz ruhig erklärt, wie man die Arbeit im Ministerium wirklich anzupacken habe.

Soviel Dummheit verschlägt uns die Sprache. »Den schieben wir schleunigst ab«, sagt der Abteilungsleiter, kaum daß der Lehrer zufrieden den Raum verlassen hat. Soll mir schon recht sein. Aber wohin kann man den stecken? So einen nimmt uns doch keiner ab.

Die Woche geht ohne weitere Schrecknisse herum. Am Montag morgen schaue ich bei unserem Mitarbeiter herein, um einen guten Wochenanfang zu wünschen. So etwas kann er offenbar gut gebrauchen. Der arme Mensch sitzt da, zittert am ganzen Körper, weiß verfärbtes Gesicht. Was er mir sagen möchte, kommt nur stockend heraus.

Also der Büroleiter vom Minister hat ihn gleich zu Dienstbeginn zu sich gerufen und ihn gehörig ins Gebet genommen.

Was war geschehen? Der Graf Lambsdorff hatte einen Brief aus Hannover bekommen mit der dringenden Bitte, die FDP möchte um jeden Preis die anstehenden Koalitionsverhandlungen dazu nutzen, in die Regierung einzutreten. Nun hatte der Graf aber gerade im Fernsehen eine bestimmte Koalition strikt abgelehnt. Verärgert fragt er den Briefeschreiber, einen Parteifreund aus dem Landtag, wie er zu so einem Ansinnen komme und ob noch jemand mit von der Partie sei. Der Niedersachse bejaht. Ein Beamter aus einem befreundeten Ministerium, ein Lehrer aus Niedersachsen, schreibgewandt und sehr gefällig, helfe schon mal beim Briefeschreiben. Das vorliegende Meisterstück an den Grafen habe der freundliche Beamte selbständig formuliert.

Der Graf ist verärgert und sagt dem Herrn Minister, was er von solchen ministeriellen Mitarbeitern hält, die in der großen Politik mitmischen wollen. Der Minister spitzt seinen Büroleiter an. Der läßt den »Hobby-Politiker« kommen und kanzelt ihn gehörig ab.

Jetzt sitzt der Briefeschreiber an seinem Bürotisch und ist zunächst mal für den halben Vormittag arbeitsunfähig. Und dabei hat er es nur gut gemeint.

In der nächsten Woche kommt ein Anruf vom Staatssekretär. Ungehalten fragt er mich: »Was haben Sie denn da im Referat für einen merkwürdigen Mitarbeiter. Der ist wohl nicht ganz ausgelastet. Eben kriege ich mit der Post einen Brief von seinem Anwalt. Der schreibt mir, sein Mandant wolle Regierungsrat werden, nachdem er im Ministerium Fuß gefaßt habe. Es gelüste ihm nicht mehr nach der Schule. Allerdings hätten die Beamten wohl laufbahnrechtliche Bauchschmerzen. Besonders die im Innenministerium. Was wissen Sie davon?«

Ich kann das nur bestätigen. Die Kollegen im Innenministerium sind nicht sonderlich gut auf Lehrer zu sprechen. Außerdem sei die Lehrerlaufbahn, jedenfalls für alle unterhalb des Studienrates, allenfalls mit der Inspektorenlaufbahn zu vergleichen.

Und dann müsse noch eine spezielle Ausbildung für die Verwaltung hinzukommen. Es gibt – wie halt überall – auch Ausnahmen. Der hochbezahlte, wendige Pressesprecher der Treuhand, ein gelernter Realschullehrer, hat es immerhin zum Leitenden Ministerialrat in einem alten Bundesland gebracht.

Der Staatssekretär hat sich beim Abteilungsleiter erkundigt. Da hat er keine Lobeshymnen zu hören bekommen. Also schreibt der Staatssekretär dem Anwalt kurz und bündig, sein Mandant sei auf Zeit aus Niedersachsen abgeordnet. Es stehe nichts im Wege, diese Abordnung vorzeitig zu beenden und ihn an die Schule in Niedersachsen zurückzuschicken.

Lieber wolle er sich erschießen, als eine solche Schmach zu erleiden, kommentiert mein Mitarbeiter diese »unmögliche Entscheidung«.

Na, er werde sich in den neuen Ländern im Osten mal umsehen. Da sei man beileibe nicht so pingelig mit Gesetzen, Laufbahnen und diesem ganzen Formkram.

Er hat sich nicht erschossen, obwohl er mir eine geladene Armeepistole gezeigt hat, die er stets im Auto mit sich führt. Seitdem er auf der Autobahn von Polen überfallen worden ist. »Sie erinnern sich, am ersten Wochenende, als ich hier bei Ihnen in Bonn angefangen habe. Die winken mir zu, und ich denke, die Leute haben eine Panne. Da ist meine Hilfe gefragt. Ich fahre zurück, steige aus. Und da schlagen die mir die Brille vom Kopf, ziehen mir die Papiere aus dem Rock und trampeln darauf herum. Das halbe Ohr haben die mir abgerissen. Gott sei dank konnten die Ärzte in Bonn es mir nähen. Wie hätte das sonst ausgesehen.«

Was von uns allen keiner auch nur entfernt geglaubt hat, passiert wirklich: Die Landesregierung in Schwerin – die Truppe aus Kiel – kann den Mann gebrauchen. Sie holen ihn aus Bonn, und was kriege ich von ihm zu hören:

»Die geben mir eine Stelle als Ministerialrat. Regierungsdirektor werde ich wahrscheinlich in Kürze schon.« Der Einigungsvertrag mache es möglich. Da gebe es eine Begünstigungsklausel. Ich habe immer gedacht, das sei eine Regelung für Regimegegner oder Regimekritiker im Osten, denen erlittenes Unrecht billigerweise ausgeglichen werden soll. Für diese Gruppe ist an eine Bewährungszeit gedacht, durch die politisch bedingte, mangelnde berufliche Chancen gutgemacht werden.

Jetzt haben clevere Wessis diese Regelung für sich selber reklamiert. Und die Sache funktioniert offenbar, wie man bei unserem Lehrer sieht. Ihm steht eine blendende Zukunft im Osten bevor. Doch alle Hoffnungen zerschlagen sich. Die Vergangenheit holt ihn ein und verdirbt seine schöne Karriere in Schwerin. Schuld daran war eine folgenschwere Begegnung: Der Lehrer trifft seinen ehemaligen Schulrat aus Niedersachsen in Schwerin wieder. Der ist dort Abteilungschef in der Landesregierung geworden.

Und das hat der hohe Beamte mir erzählt: »Ich war vielleicht überrascht. Wir wollten damals den Kerl entlassen, weil er mit polnischen Arbeitern schwarz und auf eigene Rechnung Häuser gebaut hat. Das Gerät hat er irgendwo entliehen. Statt zu unterrichten, hat der Mann sich auf eigenen Baustellen dumm und dämlich verdient. Und dann hat er uns etwas von politischen Intrigen vorgefaselt. Ob es nun Interventionen aus dem Landtag oder sonstwoher gegeben hat, kann ich nicht sagen. Jedenfalls sind die Akten in den Keller gewandert, weil der Mann freiwillig den Landesdienst quittiert und in einem Ministerium in Bonn Quartier bezogen hat.« Richtig, ich erinnere mich gut daran: »Ich habe mir eine schöne Stange Geld zurückgelegt. Da kommt keiner dran. Vor allem nicht meine Frau, die mir den Aschenbecher an den Kopf geworfen hat, weil ich ihr Rauchverbot mißachtet habe.«

Genug davon. Aber mich interessiert, was ein Lehrer mit einträglicher Nebentätigkeit so mit den Jahren auf die hohe Kante legen kann. Er hat es mir verraten: »Die zwei Millionen habe ich sicher in der Tasche. Nein, keine Ostmark. Harte Deutsche Mark. Richtiges Geld.«

Und was hat er in Schwerin angestellt? Wie ich höre, hat er auf dem Briefpapier seines Ministers und mit dessen Briefkopf der damaligen Opposition im Landtag kundgetan, daß gewisse Vorlagen des Ministeriums nicht viel taugen und vom Landtag abgelehnt werden müßten. Das mag wohl gestimmt haben, aber er hat sehr unklug gehandelt. »Und wie haben die reagiert?« »Ganz natürlich! Sie haben sich an den Minister gewandt: Lieber Herr Kollege, Herr Minister. Da schreibt uns ein Beamter besorgt aus Ihrem Hause. Lesen Sie mal.« Die Lektüre hat den Minister verdrossen. Er hat den Beamten nach Niedersachsen zurückgeschickt. Immerhin als Regierungsdirektor, wie man hört. Ein schöner Aufstieg in der Beamtenhierarchie. Ja, der Osten hat es möglich gemacht.

Urlaub in Tunesien / Was nicht in der (Bild-) Zeitung stand

Reisen bildet, sagt der Volksmund. Man möchte hinzufügen: auch dann, wenn man gar nicht darauf aus ist, sondern nur seine Ruhe haben möchte, nichts als Erholung sucht und nichts anderes will, als sich eine Weile richtig hängen zu lassen. Ohne Streß und Aufregungen.

Dazu sollte ein Badeurlaub in Tunesien dienen, der bewußt außerhalb der Badesaison, frei vom Touristenrummel gewählt war. Gewiß, das ist schon ein Stück Zeit her – wenn ich mich recht erinnere, muß es sich Anfang der siebziger Jahre ereignet haben – aber diese Reise steht mir heute noch so frisch vor Augen, als wäre ich soeben erst von ihr zurückgekehrt.

Tunesien, ein altes Kulturland mit klassischer Geschichte, einem milden Klima, französischer Küche und einer deutschfreundlichen Bevölkerung – was konnte es Besseres für uns geben.

Zuerst hatte ich gestutzt, als man mir erzählte, die Einwohner seien uns wohlgesonnen. Waren doch die deutschen Truppen im letzten Krieg dort einige Jahre als Besatzung erlebt worden – in anderen Ländern eine schwere Hypothek auch für die nachfolgenden Generationen. Man hat mir das kaum Glaubliche erklärt: Der Feldherr Rommel, einer der Widersacher Hitlers am 20. Juni 1944, hat auf die Bevölkerung einen so starken Eindruck gemacht, daß die für ihn empfundene Sympathie auf seine Landsleute insgesamt übertragen worden ist.

Für uns gab es also damals die besten Voraussetzungen für einen erholsamen Trip, fern von Bonn und seinen Bürokraten, unbelastet durch Minister und Aktenstöße. Dachten wir.

Wir finden eine Unterkunft im Hotel »Les Pyramides« in Nabeul, nicht weit von Tunis. Eine gute Adresse.

»Es freut mich, daß die Gäste so zufrieden sind«, sagt der Restaurantchef stolz. Er kann sich zu Recht brüsten. Alles klappt hier im Restaurant. Man traut sich kaum, das Besteck in die Hand zu nehmen. Am Nebentisch hat jemand gestern abend gedankenlos mit seinem Messer gespielt, bevor serviert wurde. Der Tischkellner hat den Gast betrachtet, ihm das Messer aus der Hand genommen und wieder dahin gelegt, wo es hingehört. So streng sind hier die Sitten.

Drei Türen weiter ist das Restaurant für Einheimische. Den Gerüchen nach zu urteilen, schmeckt das Essen noch besser als die Touristenkost. Dafür fehlt das geschulte Personal. Wahrscheinlich essen die Gäste dort mit den Fingern und lecken anschließend die Teller ab.

Der Chefmanager besticht durch gute Manieren. Er tritt dezent auf und trägt elegante Kleidung. Sein Deutsch ist akzentfrei. Die Sprachkenntnisse hat er aus Deutschland mitgebracht, erfahre ich von ihm. Dazu kann ich nur gratulieren. Geschmeichelt leiht er mir sein Ohr, als ich wissen möchte:

»Wenn Sie in Deutschland waren, kennen Sie doch sicher auch unseren Bundespräsidenten. Den Heinrich Lübke aus dem Sauerland. Der war als einer der ersten Staatsmänner mit Willy Brandt in Tunis zum Staatsbesuch. Da soll einiges schief gelaufen sein. Ich mag das gar nicht glauben. Soll ich Ihnen das mal erzählen? Ich möchte wissen, was Sie davon halten.«

Der Chefmanager lächelt freundlich und sagt, er würde mir gern zuhören. Also: »Die beiden Staatsmänner landen in Tunis, gehen die Gangway runter über den roten Teppich, und schon setzt die Militärkapelle ein und spielt das Deutschlandlied. Feierlich, aber nicht ganz richtig. Heinrich Lübke ist verschnupft. ›Hören Sie mal, Herr Bourghiba‹, tadelt er den tunesischen Regierungschef. ›wenn Ihre Musiker so schlecht spielen, dann hätten Sie mir das vorher sagen können. Da hätte ich aus Bonn eine Schallplatte mitgebracht. Von der Bundeswehr bespielt. Da stimmt jeder Ton. Was ich hier bei Ihnen zu hören kriege, ist ja schauerlich.‹

Heinrich Lübke ist nicht zu besänftigen. Im 600er Mercedes des Gastgebers sitzt er diesem gegenüber und schweigt beharrlich. Der Präsident zeigt das neue Hilton Hotel. ›Das haben uns die Amerikaner gebaut. Es genügt den höchsten Ansprüchen. Da habe ich uns den schönsten Konferenzsaal reservieren lassen.‹ Heinrich Lübke zeigt sich unbeeindruckt. Er schweigt. Der Präsident: ›Und drüben sind die Gärten des Sultans. Die habe ich für die Öffentlichkeit frei gemacht. In ihnen kann sich heute jeder solange erholen, wie er will. Auch den Palast habe ich geöffnet. Das Museum dort ist sehenswert. Ich lade Sie zu einem Besuch ein.‹ Heinrich Lübke blickt starr geradeaus. Schweigt weiter. Soll der mich doch mit seinem Museum in Frieden lassen, wird er denken. Wo die nicht mal das Deutschlandlied richtig spielen können. Was die brauchen, wäre eine anständige Militärkapelle. Da sollten die lieber ihr Geld reinstecken, statt in Museen und Gärten. Präsident Bourghiba bleibt hartnäckig. Er zieht seinen letzten Trumpf: ›Und hier fahren wir gerade am Staatsgefängnis vorbei. Ich habe selbst drin gesessen. Fünf lange Jahre. Unter den Franzosen.‹ Heinrich Lübke zeigt Interesse: ›So, gesessen haben Sie auch.‹ Und dann mit Triumph in der Stimme: ›Das wird ja dann wohl seinen guten Grund gehabt haben.‹ Jetzt hätte der Übersetzer endlich in Aktion treten können. Aber der hat verlegen geschwiegen. So hat man mir jedenfalls erzählt.« Der Chefmanager lächelt: »Was Sie mir da berichten, kann ich haargenau bestätigen. Der Dolmetscher war ich.«

Hier ist die Vorgeschichte:

In Deutschland hat er die Gastronomie von der Pike auf gelernt. Im Rheinhotel Dreesen bei Bonn. »Da waren oft die Diplomaten bei mir zu Gast. Häufig haben sie Araber mitgebracht. Dann durfte ich dolmetschen. Dem Willy Brandt habe ich immer besonders leid getan: Während ich dolmetschte, bekamen die anderen ihr Essen. Wenn ich endlich zulangen konnte, war meins inzwischen kalt geworden.« Er hält einen Augenblick inne. Erinnert sich. Strahlt. Da geht's ihm heute gewiß besser. Ich denke an das Lokal für die Einheimischen nebenan. Aus dem die guten Gerüche herauskommen. Ob er sich wohl vorher seinen schicken Anzug auszieht, wenn er da ißt? Ich traue mich nicht, ihn zu fragen. Zunächst möchte er mir noch etwas mitteilen: »Sie wollen sicher wissen, wie ich mit den beiden deutschen Staatsmännern nach Tunis gekommen bin. Das war ganz einfach. Eines Tages sagte Willy Brandt zu mir: ›Nächsten Monat fahre ich mit dem Präsidenten in Ihre Heimat. Zum Staatsbesuch bei Herrn Bourghiba. Wollen Sie mitkommen? Wenn Sie den Dolmetscher machen, kann ich sogar Ihre Reise aus der Staatskasse zahlen. Danach habe ich mich in meinem Amt erkundigt.‹ Natürlich habe ich sofort zugegriffen. So eine Chance gibt's nur einmal. Und auf der Reise habe ich dann alles selbst erlebt, was Sie nur vom Hörensagen kennen und mir als Anekdote erzählten.«

Sie verlieren einfach alles, die Touristen

Ich erhalte dann noch einen Tip für den nächsten Tag: »Wenn Sie Folklore lieben, gehen Sie doch morgen mal in die Altstadt. Unser Präsident kommt selber, mit großem Gefolge. Das wird ein richtiges Volksfest. Sie können erleben, was sonst ein Tourist nur aus Büchern kennt. Tausendundeine Nacht in Reinkultur.« Die Gelegenheit lasse ich mir nicht entgehen. Heute denke ich, ich wäre besser weggeblieben.

Sicher, es hat sich gelohnt, die Kamera mitzunehmen. Ein Motiv war malerischer als das andere. Die Gaukler, die Schwertschlucker, die Affen in ihren bunten Jäckchen, die Obst- und Nüsseverkäufer, aufgeputzte Kamele in Scharen – kurzum, ein wahrer Augenschmaus. Gelohnt hat sich allerdings nicht, das Portemonnaie mitzunehmen. Das war plötzlich weg. Und dabei war alles drin, was man getrennt verwahren sollte: Scheckformulare, Scheckkarte, Bargeld, Ausweise jeglicher Art.

Ob die mich so ohne Papiere wohl aus dem Land herauslassen? Jedenfalls habe ich die Farbfotos von der Folklore teuer bezahlt.

Am nächsten Tag bin ich einer der ersten im Polizeipräsidium. Nabeul ist immerhin Provinzhauptstadt. Da hat es an Behörden keinen Mangel. Ich reihe mich in die Schar der Bittsteller, warte geduldig und trage dann mein Anliegen vor: »Gestern haben sie mir beim Volksfest das Portemonnaie geklaut. Können Sie mir darüber eine Bescheinigung geben?« Der Beamte grinst mokant: »Gestohlen? Das mag ich nicht glauben. Aber Sie können sich ja an den Kommandanten wenden.« Der Kommandant sitzt zwei Türen weiter. Er muß ein hohes Tier sein. Jedenfalls hat er es soweit gebracht, daß er keine Uniform mehr zu tragen braucht. Er bietet mir eine Gauloise an und fragt nach meinen Wünschen. Ich sage ihm diese. Er hört skeptisch zu und schüttelt den Kopf.

»Also eins kann ich Ihnen sagen, mein Herr. Gestohlen wird in Tunesien überhaupt nichts. Verloren wird allerdings eine Menge, am meisten von den Touristen. Die sind so etwas von nachlässig, das können Sie sich gar nicht vorstellen.« Ich gehe auf den Ton ein: »Wie viele Touristen haben sich denn heute schon auf der Polizeistation gemeldet, die was verloren haben?« Der Kommandant blättert achtlos in seinem DIN A 4-Hefter, den ein Untergebener gerade hereingereicht hat. »So an die drei Dutzend, möchte ich schätzen«, sagt er unbeteiligt. »Übrigens, eine Verlustmeldung können Sie haben. Davon haben wir reichlich Vordrucke.« Damit bin ich entlassen. Ich riskiere es, unbequem zu werden, und frage unterkühlt:

»Warum wird bei Ihnen in Tunesien eigentlich überhaupt nicht gestohlen, das gibt es doch überall. Warum nicht bei Ihnen?« Der Kommandant hat mit mir Geduld: »Ach ja, richtig, das können Sie gar nicht wissen. Das ist wegen der Kriminalstatistik. Wir hier in Tunesien haben die beste von allen arabischen Staaten. Und die lassen wir uns von keinem verderben, auch nicht von Ihnen, mein Herr.« Jetzt ist es endgültig Zeit für mich zu gehen. Draußen empfange ich mein Formular. Die Stimmung hat sich verschlechtert. Ein amerikanischer Journalist besteht lautstark und hartnäckig darauf, einen Diebstahl anzuzeigen. Man hat ihm seine Kameraausrüstung gestohlen. Die ist gegen Diebstahl versichert, aber nicht gegen Schusseligkeit. Der Beamte ist genervt. »Wenn Sie sonst noch was mitzuteilen haben, sprechen Sie bitte arabisch. Das ist hier die Amtssprache. Ihr Englisch höre ich mir nicht länger an.«

Der Journalist resigniert. Er erzählt mir seine Leidensgeschichte: »Wissen Sie, ich bin Pressefotograf. Die Zeitschrift ›Life‹, kennen Sie sicher, hat mir einen dicken Auftrag verpaßt. Einen Bildbericht über Tunesien. Den Text macht ein einheimischer Kollege. Wir wollten uns im neu gebauten Hilton in der Altstadt treffen. Doch der Kollege war zur vereinbarten Zeit nicht erschienen. Ich dachte mir: Macht nichts, trinkst du inzwischen einen kräftigen Mokka. Meine Fotoausrüstung, die ich immer bei mir trage, wollten sie an der Rezeption nicht annehmen. ›Auf solche Sachen können wir bei dem Betrieb hier doch nicht aufpassen. Und hinterher kommen Sie uns mit Ersatzansprüchen. Wir machen das zwar nicht gerne. Aber wenn Sie von der Presse sind, können Sie ausnahmsweise die Sachen mit ins Restaurant nehmen. Aufpassen müssen Sie allerdings schon alleine.‹ Na ja, dachte ich, so ein Nobelschuppen wird die Diebe abhalten. Da traut sich von denen bestimmt keiner rein. Vorsichtshalber hängte ich meine Leica, die teuren Objektive und das Blitzlicht nicht an die Garderobe, sondern hinter mich an die Stuhllehne. Sicher ist sicher.

Der Mokka schmeckte vorzüglich. Ich bestellte gerade den zweiten, da erschien mein tunesischer Freund: ›Wo hast Du denn deine Kamera gelassen? Ohne Kamera sind wir beide aufgeschmissen. Den Bericht habe ich schon fertig. Jetzt fehlen nur noch die Fotos.‹ Voll Panik drehte ich mich um. Tatsächlich, da hing nichts mehr am Stuhl. Alles geklaut.« Der Journalist verstummt. Der Jammer treibt ihm die Tränen in die Augen. Ist ja verständlich. Die Reportage ist geplatzt, die Kamera ist futsch, die Versicherung zahlt keinen Pfennig, und jetzt soll er auch noch Arabisch lernen, damit er bei der Polizei eine Verlustanzeige ausfüllen kann.

Ich beschließe, beim nächsten Besuch in Tunesien meine Kamera zu Hause zu lassen. Dann kann ich wenigstens die Hände in die Taschen stecken und auf die Geldbörse aufpassen, wenn ich zum Volksfest gehe.

Auf dem Rückflug von Tunis nach Düsseldorf mit der Lufthansa teilt die Stewardess deutsche Zeitungen aus. Begierig greifen wir danach. Im Hotel gab es nur französische und englische Blätter. Und im Fernsehen war überhaupt nicht herauszukriegen, um was es in den Nachrichten ging. Man sprach Arabisch, die Landessprache.

Wir vertiefen uns in die Zeitung und lesen Nachrichten aus der deutschen Provinz. Und stoßen dabei auf eine Meldung aus der Landeshauptstadt Düsseldorf. In der Landesregierung kriselt es, glaubt man dem Korrespondenten. Irgendwie hat auch ein Staatssekretär Strebermann seine Hand im Spiel. Den Mann kenne ich doch. Sehr clever, karrieresüchtig. Der war noch ein kleiner Referent, damals, als ich in den Landesdienst von Nordrhein-Westfalen eintrat. Gerade hatte die Landesregierung gewechselt: Die CDU hatte allein das Sagen im Land, und Beamte mit einem »falschen« Parteibuch wurden gefeuert oder dahin versetzt, wo niemand freiwillig hin wollte. Zu denen gehörte auch der Herr Strebermann, der als Büroleiter eines der Regierungsumbildung zum Opfer gefallenen Ministers gleich mit ihm den Dienst quittieren sollte. Wenn es nach der Mütze des neuen, energischen Ministers ging, der seine eigenen Parteifreunde und Günstlinge versorgen mußte. Der Herr Strebermann hat sich mit Händen und Füßen dagegen gewehrt, seine Planstelle zu räumen. Mit Erfolg. Als die Fetzen nur so flogen (Wahlspruch des Ministers: Neue Besen kehren gut), wurden auch Unbeteiligte in den Konflikt hereingezogen.

Auch ich wurde betroffen, ganz ohne mein Zutun. Das hatte schlechte Auswirkungen auf meinen gerade erfolgten Berufseinstieg. Und der hatte doch so glücklich und erfolgversprechend begonnen.

Der Minister sortiert den Beamtennachwuchs nach »politischer« Eignung, die »fachliche« genügt ihm nicht / Auf dem rechten Auge blind?

Ich hatte gerade kurz nach dem zweiten Staatsexamen, im Juni des Jahres 1959, als wissenschaftliche Hilfskraft am Landessozialgericht in Essen zu arbeiten begonnen. Trotz der ungewöhnlichen Arbeitszeit im »Mondscheinsenat« (die Richter tagten oft bis in die Nacht) war ich mit meinem Einstieg ins Berufsleben zufrieden. Bei etwas Glück und Geschick ließe sich der Sechs-Monatsvertrag mit dem Land ausbauen. Vielleicht, hoffte ich.
Mitten in der Arbeit werde ich zum Chefpräsidenten gerufen. Das ist sehr ungewöhnlich. Mit dem Hilfspersonal gibt er sich sonst nicht ab. Er wirkt auf mich, als ob er diese Leute geringschätzt. Etwa: Alles Schrott. Wer was taugt, geht zum Zivilgericht. Da sitzen die wahren Eierköpfe, und ich kriege hier die letzten Heuler. Kein Wunder, wenn die im Ministerium keine besseren Verträge herausrücken.

Und der ließ mich also rufen.

Ich bin überrascht, der Chef begrüßt mich freundlich und murmelt etwas von ehrenvoller Berufung und einer einmaligen Chance für eine Nachwuchskraft.

Unvermittelt geht er zur eigenen Jugend über. Seine schönsten Erinnerungen gelten der Abkommandierung zum Generalstab. »Als ich noch ein blutjunger Fuchs war ...« Er sieht mich strahlend an: »Sie sagen ja gar nichts. Freuen Sie sich denn überhaupt nicht? Sie wirken so unbeteiligt.«

Na, wenn's ihm Spaß macht, dann gehe ich auch noch zum Generalstab. Bei dem miesen Arbeitsmarkt für Juristen. Gerade ist durchgesickert, daß von den fünfzig Assessoren bei den Sozialgerichten des Landes mehr als dreißig entlassen werden.

Und da erzählt mir jetzt ein hoher Richter was von großer Ehre, ohne dazu zu sagen, warum ich mich geehrt fühlen soll.

Na, dann wollen wir mal dem Herrn Präsidenten den Tag nicht verderben.

»Entschuldigen Sie, Herr Chefpräsident, die freudige Überraschung macht mich stumm. Aber hier liegt vielleicht ein Irrtum vor. Habe ich richtig gehört? Generalstab? Ich war nie beim Militär. Weißer Jahrgang, verstehen Sie?«

Der alte Herr winkt beruhigend ab. »Wer redet denn davon? Das war mein eigenes Leben. Sie kommen ins Ministerium, zur Aushilfe. Wir haben denen ein paar Personalakten vorgelegt. Und was denken Sie, die Wahl ist auf Sie gefallen. Sozusagen das große Los. Meinen Glückwunsch! Heute um zwölf Uhr sollen Sie sich in Düsseldorf vorstellen. Machen Sie uns da bloß keine Schande. Vielleicht treffen wir uns. Ich habe heute auch im Ministerium zu tun. Ich nehme den Dienstwagen mit Chauffeur, Sie fahren mit der Bahn.«

Ah, der fürchtet wohl, sich an meiner geringeren Besoldungsgruppe anzustecken, wenn er mich mit dem Dienstwagen mitnimmt. Ja, damals wurde noch Abstand gehalten, ehe die Sozis kamen und alles gleichgemacht haben in Nordrhein-Westfalen.

In Düsseldorf fackeln sie nicht lange. Sie teilen mich einem überarbeiteten Referenten zu, sozusagen fürs Grobe. Wider Erwarten macht mir die Arbeit in der Verwaltung Spaß – ich wollte eigentlich immer Richter werden –, und ich finde mit meiner Tätigkeit Anerkennung. Nach einigen Monaten wollen sie mich als Beamten fest übernehmen – das ist so gut wie das große Los.

Und jetzt passiert Unglaubliches: Der Personalchef, ein alter Krieger und Haudegen (»Damals in Warschau, da ging es rund. Das kann sich der lahme Beamtenhaufen hier gar nicht vorstellen. Ruckzuck hatte man sich eine Kugel eingefangen, aus dem Hinterhalt. Aber wir haben tüchtig zurückgeschossen. Meine Herren ...«), sagte eines Tages beim Essen in der Kantine so ganz nebenbei, im Flüsterton, zu mir: »Heute nach dem Dienst möchte ich Sie gerne sprechen. Aber nicht hier im Haus und schon gar nicht in meinem Dienstzimmer. Am besten auf dem Weg zur Straßenbahn. Am Cafe gegenüber dem Schwanenteich, direkt am Eingang.«

Ich denke mir nichts Schlechtes und bin zur vereinbarten Zeit am vereinbarten Ort. Der Personalchef fällt gleich mit der Tür ins Haus, kaum daß er angelangt ist:

»Sie sind vielleicht ein Pechvogel. Ich lege gestern abend dem Minister Ihre Akte vor: ›Den Mann sollten wir uns sichern. Der taugt hier für uns.‹ Kurzum, ich schlage vor, Sie fest anzustellen. Da schreit mich der Minister an. Sie haben sicher gehört, wie unbeherrscht der ist, wenn seine Beamten ihm quer kommen. ›Der Kerl fliegt mir sofort raus. Wohin, soll mir egal sein. Und Sie passen ab sofort besser auf, wen Sie mir ins Haus holen. Sonst hole ich mir fürs Personal einen anderen, fähigen Beamten, und Sie können meinetwegen die Möbel und das Klopapier einkaufen.‹«

Er seufzt auf, macht eine Pause. Durchlebt noch einmal die bittere Stunde.

»Den Grund wollen Sie wissen? Ganz einfach. Einer Ihrer Genossen, der um seinen Posten fürchtet, will sich beim Minister einschmeicheln und hat ihm verraten, daß Sie Sozialdemokrat sind.«

Der Beamte spricht das aus wie »vorbestraft« oder »Wiederholungstäter«.

»Dann hat der Minister mir noch gesagt: ›Ich weiß nicht, warum Sie sich für den Mann so einsetzen. Sie werben doch für den Beamtenbund, und der ist bei der Konkurrenz, der ÖTV, aktiv.‹ Das hat mich natürlich nicht gefreut, wo wir einen harten Kampf um Mitglieder und Sitze im Personalrat führen.«

Ich sage:

»Das ist ja eine schöne Bescherung. Was tun?«

Ich bin ziemlich down.

»Da gibt es gar nichts zu tun. Sie können ja in den Beamtenbund eintreten. Das wäre schon mal ein bescheidener Anfang. Doch das reicht allein nicht. Ich kann Ihnen als Personalchef doch nicht den Rat geben, morgen in die CDU einzutreten. Mit so einem Tip würde ich mich nur in die Nesseln setzen. Das wäre ein Gag. Mal sehen, was der Minister dann machen würde.«

Ich erfahre, daß der Minister stramme CDU-Personalpolitik macht. Ein Scharfmacher. Wen wundert das?

Der Sozialminister steht unter Erfolgsdruck. Er muß sich profilieren. Außer ihm sind alle Minister im Kabinett Notare und Advokaten. Man spricht von einem Honoratioren-Kabinett. Da paßt der Sozialminister nicht so recht in diese Runde. Den haben sie aus irgendeiner Molkerei am Niederrhein geholt, frisch von der Pforte, wo er Wache hielt. Sozusagen ein Quotenproletarier. Schließlich hat die CDU auch ein Herz für »unsere lieben katholischen Arbeiter«, wie der Minister überall im Land verkündet.

Der Personalchef guckt auf seine Armbanduhr.

»Gott, ist das spät geworden.«

Und dann, zu mir gewandt:

»Bewerben Sie sich schleunigst weg. Bei uns können Sie keinen Blumentopf gewinnen. Ein paar Wochen Schonzeit könnten wir für Sie vielleicht herausschinden, wenn Sie nirgendwo auf die Schnelle unterkommen. Der Minister hat von seiner Partei einen jungen Juristen angedient bekommen. Frisch vom Examen. Den könnten Sie ja einarbeiten. Damit er Ihre Akten übernehmen kann, wenn es Sie hier nicht mehr gibt. Machen Sie das?«

Ich bin mit der Bahn nach Hause gefahren und habe mir alles durch den Kopf gehen lassen. Wehre ich mich, kann es Kopf und Kragen kosten. Bin ich erst einmal auf der schwarzen Liste, ist der öffentliche Dienst für mich gestorben. Und Rechtsanwälte gibt es inzwischen mehr als Sandkörner auf Norderney.

Trotzdem habe ich mich für den Kampf entschieden – den Kampf David gegen Goliath.

Als einziger Freund zeigt sich Willy Kuhlmann solidarisch, der alte Gewerkschaftler und Antifaschist, den die Nazis mißhandelt und eingekerkert hatten. Er legt sein Ansehen bei den alerten jungen Karrieremachern mit Erfolg in die Waagschale. Es kommt zu einer offenen Aussprache beim Minister. Dieser hat den Personalchef zur Seite, und mir steht der örtliche DGB-Chef bei. Habe ich wenigstens geglaubt.

Wie ich später erfuhr, hat der nur seine eigene Suppe gekocht: Er war gerade auf dem Weg nach Brüssel. Dort hatte man ihm mit einer fetten Pfründe gewinkt. Aber die Sache war noch nicht ganz perfekt. Es fehlten ihm noch die Stimmen der »Christen« im DGB, ein paar einflußreiche Politiker, die in der CDU waren. Sie wurden als Minderheit gehätschelt, damit sie bloß keinen eigenen Verein gründeten. Sozusagen als Konkurrenz-Unternehmen. Und wer war ein prominentes Mitglied bei den »Christen«? Der Herr Sozialminister.

Da hat es mir natürlich nichts genützt, daß der Personalchef im Gespräch offen den Minister wegen seiner einseitigen Personalpolitik angegriffen hat.

»Natürlich dürfen Sie, Herr Minister, die Beamten nur nach Eignung und Tüchtigkeit aussuchen. Das steht so im Gesetz. Aber die Praxis hier im Ministerium und in den nachgeordneten Behörden sieht doch einfach anders aus.«

Der Minister scheint beeindruckt zu sein. Er guckt betroffen und sagt:

»Lassen Sie mich mal mit meinem Gewerkschaftskollegen allein, Sie erfahren später von mir, wie ich mich entschieden habe.«

Doch einige Monate vergehen, der Minister läßt nichts von sich hören. Als erfahrener und abgebrühter Politiker wartet er zunächst ab, ob jemand nachfaßt. Ist das nicht der Fall, wird er seine Entscheidung durchsetzen. Schon allein deshalb, um keinen Berufungsfall zu schaffen, sozusagen einen Gnadenakt, den auch andere für sich in Anspruch nehmen könnten. Diese Furcht ist in der Politik und Verwaltung weit verbreitet.

Ein bekannter Oberstadtdirektor hat mir einmal in einer ähnlichen Situation gesagt:

»Wenn ich jetzt nachgebe, kommen hundert andere gelaufen, und die Stadt wird unregierbar.«

Das braucht der Minister bei mir nicht zu befürchten. Ich habe schon alle Hoffnung aufgegeben, da läßt mich unvermutet der Staatssekretär zu sich rufen:

»Stellen Sie sich mal vor, ich komme gerade aus dem Landtag, da hat der Abgeordnete Dr. Kassmann von der Opposition Ihren Fall angesprochen. Er hat überhaupt in seiner Rede zum Etat der Landesregierung die Personalpolitik scharf angegriffen. Da gab es auch noch andere Beispiele, aus der Finanzverwaltung. Der Minister ist total verärgert. Er kann es nicht fassen, daß sich ein Beamter über ihn im Landtag beschwert.«

Wie ich dem Staatssekretär anmerke, gefällt ihm so etwas auch nicht. Aber, Gott sei Dank, ist ja dieses Mal nicht er betroffen:

»Sagen Sie doch bitte dem Herrn Abgeordneten, daß ich mit Ihrer Sache nichts zu tun habe. Das hat sich der Minister selbst eingebrockt. Von mir aus können Sie hier im Haus arbeiten, solange Sie wollen.«

Der Abgeordnete Dr. Kassmann versteht sich auf Personalpolitik. Er war selbst einmal früher Ministerialrat in der Landesregierung. Dort hatte er so große Schwierigkeiten, daß er den Dienst quittierte. Er blieb jedoch politisch tätig und kehrte Jahre später als Minister nach Düsseldorf zurück.

Die spektakuläre Intervention im Landtag hatte zunächst keinerlei Folgen. Im Gegenteil: Mir wird ein junger Assessor zugeordnet, den ich als meinen Nachfolger einarbeiten soll. Die Beamten im Hause wundern sich. Einen Minister, der so knallhart seine Entscheidungen durchsetzt, haben sie noch nicht erlebt.

Viele Kollegen zeigen mir ihre Sympathie. Aber da gibt es einen Beamten im Haus, der reagiert ganz anders, äußerst unangenehm. Der glaubt, seinem Minister einen Gefallen zu tun, wenn er mir eine gehörige Abreibung verpaßt. Vielleicht denkt er, ich ginge freiwillig, wenn er mich erst mal ins Gebet genommen hat.

Der Mann ist Jurist. Er hatte es mit seinen fünfzig Jahren bisher nicht weit gebracht, ein typischer Sozialfall. Als Assessor ist er bei irgendeinem Verband untergeschlüpft. Und jetzt auf einmal hat er das große Los gezogen: Seine Partei stellt alle Minister in der neuen Regierung. Was keiner für möglich gehalten hat, der ihn näher kennt, er wird nach Düsseldorf ins Ministerium geholt. Gleich als Gruppenleiter für ein Fachgebiet, das dem Minister sehr am Herzen liegt. Fehlt ihm dafür auch die Erfahrung, das Alter hat er. Immerhin. Und er fließt über vor Dankbarkeit für den Minister. Das kann man verstehen. Ihm ging es wirtschaftlich nicht sonderlich gut, als der Minister ihm die satte Pfründe besorgte. Sehr spät hatte er sich erst entschieden zu heiraten: Und nun sitzen fünf oder gar sechs minderjährige Kinder zu Hause, die er noch lange Jahre durchbringen muß. Da ist ein gut dotierter Posten in der Ministerialbürokratie schon ein sanftes Ruhekissen.

Der Mann könnte mir egal sein. Aber, und das ist der Pfiff, der ist nicht nur irgendein Gruppenleiter, sondern meiner. Da muß ich schon zuhören, wenn er mich ruft, sich als moralischer Richter aufspielt und mir eine Standpauke hält. Vielleicht hat er auch einen Auftrag von seinem Förderer, dem Minister, auszuführen und soll mal vortasten. Wie gut ich den Abgeordneten kenne, und ob der es wirklich ernst meine. Mit mir persönlich. Oder ob der nur die Regierung ärgern und sich bei seiner Fraktion wichtig tun will. Für einen solchen Auftrag kann ich den hohen Beamten, meinen Chef, den Gruppenleiter, nicht empfehlen. Ungeschickter als dieser kann sich kaum jemand anstellen. Er läßt mich rufen, schließt umsichtig die Tür, nachdem er sich vergewissert hat, daß niemand im Vorzimmer ist. Ich denke schon, jetzt vertraut er mir Staatsgeheimnisse an, da legt er los: »Na, Sie haben mich aber bitter enttäuscht. Als Beamter, der zu striktem Gehorsam verpflichtet ist und ohne ›Wenn und Aber‹ den Anordnungen seiner Vorgesetzten folgt, besonders wenn der Herr Minister selbst eine Anordnung getroffen hat.« Beim Wort ›Minister‹ hat er sich vor lauter Ergriffenheit fast verschluckt. »Und da gehen Sie einfach zum Landtag und beschweren sich über eine Entscheidung Ihres obersten Dienstherren, die Sie überhaupt nicht zu kritisieren haben. Hören Sie mir mal gut zu: In Ihrem Alter war ich beim Kommis. In Rußland. In vorderster Front. Da hätte ich mal dem Kommandeur widersprechen sollen. Wenn die Bolschewisten angestürmt kamen, in Massen und mit Panzern. Bei fünfzig Grad Kälte. Lieber Gott, wer da nicht parierte, wurde sofort erschossen. Bestenfalls nach dem Gefecht vor das Standgericht gebracht. Aber da gab es auch kein Pardon. Wenigstens nicht im Normalfall. Die stellten solche Befehlsverweigerer ohne Zögern und Zaudern an die Wand.« Der Beamte legt eine Pause ein. Offenbar vor lauter Empörung über meine Pflichtvergessenheit. Vielleicht denkt er auch ungern an seine Kriegserlebnisse in Rußland zurück. Meinen bescheidenen Hinweis auf die Rechtslage, nach der dem Beamten das Recht verbrieft wird, sich bei persönlichen Problemen im Dienst an den Landtagsabgeordneten seines Vertrauens zu wenden, ohne Nachteile befürchten zu müssen, wischt er mit einer Handbewegung vom Tisch und aus dem Raum. Der große Jurist, für den er sich hält, dem der Rechtsstaat heilig ist, wenn er ihn bedroht sieht, von den Extremen, wie er mit Abscheu beteuert.

Mit Standgerichten hat er seine eigenen Erfahrungen. Am Mittagstisch in der Kantine, wo er sich unter seinesgleichen befindet, alles höhere Beamte und – besonders wichtig für ihn – lauter Juristen, hat er geprahlt, dreimal habe er vor so einem Standgericht gestanden. Angeklagt wegen angeblicher Feigheit. Natürlich alles erstunken und erlogen. Immerhin habe er als freier Mann die Verhandlung verlassen. »Wie sind Sie denn den Häschern lebend und ungeschoren entkommen?« fragen die Kollegen neugierig. Auf diese Frage hat der Erzähler gewartet. »Ja«, sagt er genüßlich, »ich hatte eben einen exzellenten Verteidiger. Mich selber.« Das hat uns ganz schön die Sprache verschlagen. Der Büroleiter des Staatssekretärs bringt unsere Verblüffung auf den Punkt: »Das war aber ein verdammtes Risiko für

Sie.« Er kennt den Beamten und seine Arbeit für den Staatssekretär und den Minister sehr genau. »So leichtfertig hätte ich an Ihrer Stelle aber nicht mit meinem Leben gespielt.« Und so einer hält mir die Disziplin im Rußlandfeldzug als Beispiel vor. Die Erinnerung hat ihn erst richtig in Fahrt gebracht. Immer noch ärgerlich und erregt, setzt er seine Strafpredigt fort. Kein Anruf unterbricht ihn. Kein Beamter kommt durch die Tür. Mit einer dringenden Akte. Und erlöst mich von diesem Possenspiel.

Ungestört geht es weiter: »Aus politischen Gründen sollen Sie hier verschwinden? Und wenn schon. Das hier ist eine politische Behörde. Da muß die Richtung stimmen. Bei jedem einzelnen Mitarbeiter. Ich will Ihnen mal was sagen. Mag sein, daß Sie sich durchsetzen. Der Minister ist beeindruckt von der Intervention des Landtags. Aber mir können Sie überhaupt nicht imponieren. Sie sollten sich für Ihr Verhalten als höherer Beamter schämen. Meine Achtung haben Sie gründlich verspielt.« Was das konkret bedeutet, möchte ich gerne hören.

Der Moralapostel guckt überrascht, nimmt dann einen kräftigen Anlauf, und es kommt nun knüppeldick: »Ich werde dafür sorgen, daß Sie vom Mittagstisch der Juristen in der Kantine verbannt werden. Ich möchte jedenfalls mit einem so üblen Charakter, wie Sie ihn offenbar haben, nicht zusammen mein Essen einnehmen. Da schmeckt einem ja die Mahlzeit nicht mehr.« Das trägt er mit Pathos und einer Stimme vor, die an Kirchenbann und Exkommunikation erinnert. Ansonsten bin ich erleichtert. Damit kann ich leben. In Ungnade entlassen, suche ich mein Dienstzimmer auf. Ungebessert und ohne Reue.

Übrigens, so kraß wie dieser Beamte hat sich sonst niemand im Haus geäußert. Manche Kollegen zeigen Sympathie, einige sogar einen Hauch von Respekt. Die

Leitung schweigt immer noch. Beharrlich. Einige Monate vergehen. Dann muß irgend etwas Aufregendes passiert sein. Man munkelt, der Minister habe einen Brief bekommen, aus dem Landtag. Genaues habe ich jedoch nie erfahren können. Jedenfalls war dieser Brief sehr erfolgreich.

Der Staatssekretär läßt mich zu sich rufen, er ist heute in Hochform. Er habe die Freude – das sagt er wörtlich, und ich traue meinen Ohren kaum – mir eine »für das Haus wichtige Aufgabe« zu treuen Händen zu übergeben. Er habe zwar keine Dauerstellung für mich anzubieten, aber eine interessante und anspruchsvolle Arbeit warte auf mich: der literarische Jugendschutz.

»Sie müssen sich nur gut mit dem Volkswartbund stellen. Diese Leute sind sehr rührig, und sie haben das Ohr des Ministers.«

Der Herr Minister sei selbst auf die Idee gekommen. Er habe ihm gesagt: »Der junge Mann wird das schon packen. Der will doch so gern bei mir arbeiten.«

Das fand ich ganz schön scheinheilig. In Wirklichkeit wünscht der mir die Pest an den Hals, nach allem, was er mit mir erlebt hat.

Am Jugendschutz haben sich schon tüchtige Juristen die Zähne ausgebissen, höre ich von Kollegen. Die geben mir höchstens ein halbes Jahr. Nur ein einziger Beamter gratuliert mir. Herzlich. Ich kann es nicht fassen: Mein Gruppenleiter. Der mit den strengen Moralvorschriften für Nachwuchskräfte im höheren Dienst. Der will mir Gutes antun und freut sich über »die vernünftige Entscheidung« des Herrn Ministers: »Wissen Sie, nach meiner Überzeugung werden Sie Ihren Weg im Ministerium schon machen. Das waren bisher nur bedauerliche Mißverständnisse.« Und dann kommt es faustdick. Ich bin fast gerührt. »Natürlich sind Sie wieder ein gern gesehener Teilnehmer der Juristenrunde am gemeinsamen Mittagstisch.« Und dann legt er noch einen drauf: »Wir haben Sie alle sehr vermißt.« Also: Hätten Sie das Angebot angenommen? Habe ich auch nicht.

Statt dessen habe ich dem Opportunisten gesagt, was dazu gesagt werden mußte. Es hat ihn nicht gefreut.

Später hat der Minister keinen mehr vorgeschickt. Sondern mir selbst, bei irgend einer Gelegenheit – so ganz am Rande – anvertraut: »Den Ärger hätten wir beide uns ersparen können. Ich habe Sie unterschätzt. Warum sind Sie nicht zu mir gekommen, gleich am Anfang? Und warum haben Sie mir nicht reinen Wein darüber eingeschenkt, daß Sie einen Schlag bei der Fraktion im Landtag haben? Da kann man sich doch einigen.«

Ich mag nicht glauben, daß der Fuchs aus der Molkerei am Niederrhein, der in den folgenden Jahren die ganze Ministerriege durch sein glänzendes berufliches Fortkommen nach der Gastrolle im Kabinett der Notare verblüfft hat, es heute mit mir ehrlich meint und wirklich mein Wohlergehen im Auge hat. Der ist doch eher rachsüchtig. Sonst hätte er mir doch nicht den Schleudersitz verpaßt, wo mir der Kölner Volkswartbund im Nacken sitzt. Aber vielleicht hat der ein diskutables Anliegen und läßt mit sich reden.

An Akten ist kein Mangel. Die Bücher sind über mehrere Schränke verteilt, eine kleine Bibliothek knallharter Krimis und erotischer Literatur. Jemand hat sogar die »Römischen Elegien« von Goethe vorgelegt. Dieser war jedoch nicht als Verfasser genannt. Da kann man sich schon einmal vergreifen.

Bei den Entscheidungen der Prüfstelle und der Verwaltungsgerichte fällt mir auf, daß Sex und Crime die weitaus häufigsten Indizierungsgründe sind. Ich konnte mir denken, daß auch durch die Schriften, etwa der Neonazis, Jugendliche in ihrer Entwicklung beeinträchtigt werden.

Ich habe mir die »Deutsche Soldaten- und Nationalzeitung« am Kiosk gekauft und war erschrocken, wie dreist darin die Naziherrschaft verharmlost wird.

Abends läuft im Fernsehen das Polit-Magazin »Panorama«. Es wird ein gerade erschienenes »Deutsches Soldaten-Jahrbuch 1963« besprochen. Den Journalisten ist aufgefallen, daß deutsche Militärs gefeiert werden, die von unabhängigen Gerichten wegen schlimmer Kriegsverbrechen zu hohen Strafen verurteilt worden sind.

Mir kommt der Gedanke, daß eine Entscheidung der Bundesprüfstelle hierüber für meine weitere Arbeit von Nutzen sein könnte.

Der Abteilungsleiter, ein unerschrockener Altliberaler, teilt meine Auffassung.

»Legen Sie mir ruhig einen Antrag vor, Sie übernehmen den rechtlichen Teil, ich unterstütze Sie politisch.«

Die Sache hat ein arges Nachspiel. Kaum sind zwei Wochen vergangen, ruft mich der Abteilungsleiter in sein Dienstzimmer. Er entnimmt dem Panzerschrank ein Schriftstück und hält es mir vor die Augen. Mit spitzen Fingern.

»Bitte, aber nicht anfassen!«

Das Schreiben hat er vom Minister bekommen, mit der Weisung, daß ich es auf keinen Fall in die Hand bekommen darf.

»Das wollen wir denn mal wörtlich nehmen«, sagt der Abteilungsleiter schalkhaft. Der Brief beginnt:

»Lieber Ted!« - Der Minister heißt Theodor mit Vornamen – und fährt dann fort:

»Wie wir erfahren haben, liegt bei der Bundesprüfstelle ein Antrag aus Deinem Haus vor, das ›Deutsche Soldaten-Jahrbuch 1963‹ in die Liste der jugendgefährdenden Schriften aufzunehmen. Ich will nicht beurteilen, ob dieser Antrag sachlich begründet ist oder nicht. Wir müssen Dich auf jeden Fall mit Rücksicht auf unser Wählerpotential bitten, den Antrag so schnell wie möglich zurückzunehmen.«

Der Brief kommt aus Bonn, der Minister pariert.

Angeblich sind ihm die Formulierungen zu forsch. Wie man hört, wird der Staatssekretär uns heute nachmittag eine Lektion erteilen, wie sich der Minister künftig Anträge wünscht: sachlich, kühl, sprachlich geschliffen.

Tatsächlich ordnet der Staatssekretär eine Besprechung aller beteiligten Mitarbeiter an – vom Hilfsreferenten bis zum Abteilungsleiter.

Er teilt uns kurz und knapp die Entscheidung des Ministers mit und bittet uns, sie auszuführen.

Über das Jahrbuch selbst fällt kein einziges Wort. Ehe sich jemand dazu äußern kann, legt der Persönliche Referent des Staatssekretärs diesem die letzte Ausgabe der Wochenzeitung »Die Zeit« vor. Er weist auf einen Artikel des Journalisten Uwe Nettelbeck hin, der sich mit dem »Panorama«-Beitrag auseinandersetzt und die Regierung auffordert, gegen den Rechtsradikalismus stärker einzugreifen. Auch mit Mitteln des Jugendschutzes.

Der Staatssekretär überfliegt den Zweispalter und schiebt das Blatt weit von sich:

»Der Nettelbeck mit seinem Artikel interessiert mich überhaupt nicht, wenn der Minister ein Machtwort gesprochen hat. Daran haben wir uns zu halten.«

Und jetzt geschieht ein wahres Wunder: Alle Beamten, gleich welcher Couleur, weigern sich, die Anordnung des Ministers zu befolgen. Gegen ihre innere Überzeugung ist ein Ministerwort machtlos. Der Staatssekretär ist verärgert. Er muß den Brief an die Prüfstelle selbst verfassen. Keiner wird ihm dabei helfen. Welch eine Blamage! Und das vor der ganzen Front. Kühl und enttäuscht beendet er die Besprechung.

»Sie können jetzt wieder an Ihre Arbeitsplätze gehen. Daß mir so eine Panne nicht noch einmal passiert.«

In der Tür blicke ich noch einmal kurz über die Schulter zurück. Der Staatssekretär hat »Die Zeit« aufgeschlagen und liest darin. Vielleicht den Beitrag von Uwe Nettelbeck. Wie ich ihn kenne, ist auch er mit der Entscheidung des Ministers nicht einverstanden. Aber bei ihm hat die Parteiräson gesiegt.

Dieser Tag bleibt für mich unvergessen. Nie wieder habe ich in den folgenden fünfunddreißig Jahren meiner Tätigkeit in verschiedenen Ministerien erlebt, daß Beamte nicht einer Weisung ihres Ministers, sondern ihrem Gewissen gefolgt sind. Und das alle, ohne Ausnahme, die ganze Hierarchie.

Dabei können sich Beamte diesen Mut heute noch leisten, gestützt auf ihre unkündbare Position. Ist erst einmal das Beamtenrecht abgeschafft, wie das Frau Simonis und andere Politiker fordern, wird damit auch die Zivilcourage der Beamten endgültig begraben.

Dann kriegen die Politiker von ihren Beamten nur noch das zu hören, was sie auch gern von ihnen hören möchten.

Der Jugendschutz und die Literatur, diese Quälgeister, haben mich nicht mehr losgelassen. Nach der Wende sind sie mir sogar in den Osten gefolgt, nach Rügen.

Herr Nowak feiert Geburtstag auf Dänholm / Der Vetter aus Schwabing hält mit

Beim Kreiswehrersatzamt Stralsund gibt es einen Berufsförderungsdienst. Er hat seinen Sitz in einer Kaserne auf der Insel Dänholm, die jeder passiert, der den Rügendamm überquert. Chef des Dienstes ist der Diplom-Verwaltungswirt Günther Nowak, ein freundlicher Beamter, der weiß, was er will. Seine Aufgabe ist es, den entlassenen Offizieren und Unteroffizieren im Osten zu helfen, einen neuen Arbeitsplatz zu finden. Keine dankbare Aufgabe.

Ich habe ihm einige Programme mitgebracht, aus der alten Bundesrepublik. Vom Arbeitsamt gefördert, anerkannt von Handel, Wirtschaft und Industrie. Die Unternehmer bestücken mit Absolventen dieser Lehrgänge ihr mittleres Management, immerhin. Ich denke, es ist eine gute Sache, wenn die Ossis ihre eigenen Leute damit schulen. Dann brauchen sie keine Westimporte mehr, die auf Dauer zu sozialen Spannungen führen.

Aber zunächst stutze ich über den Namen. »Nowak? Habe ich richtig gehört?« Der Beamte nickt, reicht mir seine Visitenkarte. Tatsächlich, mein Gehör ist noch intakt. »Sind Sie vielleicht der Nowak aus Schwabing?«

Der Diplom-Verwaltungswirt lächelt verschmitzt: »Genau der. Wenn Sie mir die Schallplatte besorgen können, die nehme ich Ihnen sofort mit Kußhand ab. Sie wissen doch, wovon ich rede?« Sicher weiß ich das. Ich erinnere mich:

Es war in den frühen sechziger Jahren. Der Staatssekretär im Ministerium in Düsseldorf hatte mir gerade großmütig angeboten, ich könne mir nun eine Dienstbezeichnung selbst aussuchen. Wegen des literarischen Jugendschutzes. »Landesschmutzwart«, wie ich vorgeschlagen hatte, war nicht gut angekommen.

Also sitze ich mittags in der Kantine, löffele meine Erbsensuppe und denke gerade mal nicht an den Schmutz und Schund, der mir stapelweise auf den Aktenbock gepackt wird. Da tönt der Lautsprecher. Sicher läßt sich mal wieder einer der beamteten Wichtigtuer ausrufen. Als wenn ohne ihn nichts liefe. Nicht mal zum Essen kommen die Leute. Ein wahrer Jammer.

Da geht es mir besser. Meine Bücher und Magazine sind sehr gefragt. Da möchte so mancher gerne reingucken. Aber mich selbst lassen die meisten in Frieden. Hin und wieder ruft mich schon mal ein Vorgesetzter zu sich: »Da ist mit der Post wieder so ein dicker Schmöker gekommen, vom Volkswartbund aus Köln. Gucken Sie sich das Zeug doch mal an und legen mir die Fahnen rein, wo es sich zu lesen lohnt. Die stundenlange Sucherei, bis man endlich was gefunden hat, nervt mich zu sehr. Und dann kommt noch alle naselang ein Beamter mit Akten rein und stört mich.«

Der Lautsprecher quakt unentwegt weiter. Ich traue meinen Ohren nicht: Heute bin ich dran. Der Staatssekretär wünscht mich zu sprechen. Wenn möglich sofort. Ich denke, das wird wohl eine Verwechslung sein, und löffele in Ruhe meine Erbsensuppe zu Ende. Für alle Fälle gehe ich anschließend an seinem Zimmer vorbei, klopfe an. Die Tür geht auf. »Wo kommen Sie denn her? Stundenlang habe ich auf Sie gewartet. Ich denke, der Kerl schwänzt den Dienst, jetzt stehen Sie da und was höre ich: Noch nicht mal eine Entschuldigung fürs Zuspätkommen.«

Der Text klingt nicht gut. Das will ich gern zugeben. Aber der Staatssekretär lächelt jovial dabei. Das kriegen die zwei Abteilungsleiter nicht mit, die schräg hinter ihm stehen. Der eine ist von der Personalabteilung, der andere ist mein eigener. Beide gucken richtig böse drein: Der Bursche kann was erleben, wenn wir nachher mit dem draußen sind.

Zunächst ist erst einmal der Hausherr dran: »Sie haben mir da drei Schallplatten raufgeschickt. Mit schweinischen Liedern, schreiben Sie dazu. Aber wie soll ich das beurteilen können, wenn Sie mir keinen Plattenspieler dazu liefern? Haben Sie so ein Ding im Hause?« Haben wir. Aber nur so einen, der ins Museum gehört, mit einer Handkurbel. Wenn der aufgezogen ist, reicht das allenfalls für eine Single. Meist funktioniert das Ding überhaupt nicht. Ich glaube, wir haben es weggeschmissen. Schicken die Leute mir Platten, höre ich mir die zu Hause an.

»Dann holen Sie mal fix den Plattenspieler rauf. Lassen Sie uns aber bitte diesmal nicht so lange warten.« Und dann, aufmunternd: »Mit Erbsensuppe und Mettwurst im Bauch werden Sie die Treppen rasch schaffen.« Vermutet der Staatssekretär. Er kommt von einem Bauernhof in Westfalen und weiß deftige Kost zu schätzen.

Die beiden Abteilungsleiter gucken mißvergnügt drein. Sie schätzen den vertraulichen Ton des Staatssekretärs überhaupt nicht, zumindest nicht gegenüber anderen. Aber Kritik wollen sie sich nicht leisten. Sie warten zunächst einmal ab. Was ich nicht geglaubt habe: Im Handumdrehen ist der Apparat gefunden. Die Platten werden aufgelegt, die hohen Beamten lauschen gespannt. Am Ende der Darbietung schmunzelt der Staatssekretär: »Finde ich gar nicht so schlimm, was die da singen. Teilweise sind die Texte doch richtig witzig. Würde ich natürlich meinen Kindern nicht unbedingt vorspielen. Aber was die sich reinziehen, wenn ich nicht zu Hause bin, weiß ich natürlich auch nicht genau.« Kleine Pause. »Welches Jugendamt hat uns die Platten eigentlich geschickt?« Steht alles in den Akten. Aber die hat er wohl nicht gelesen. Da soll man noch Respekt vor seinen Vorgesetzten haben. »Kein Jugendamt, der Volkswartbund aus Köln. Direkt vom Erzbischof.« Der Staatssekretär wird nachdenklich. »Da müssen wir irgendwas machen. Mit diesen Leuten möchte ich keinen Ärger haben.« Er wendet sich mir zu: »Ich denke, eine von den drei Platten wird genügen. Welche schlagen Sie vor?« Ich denke laut nach:

»Am besten nehmen wir den Nowak.« Warum? »Der ist am lustigsten. Ich glaube kaum, daß der auf die Liste kommt. Dann haben wir reagiert und sind aus dem Schneider.« Alle nicken zustimmend. Die Platte wird nochmals aufgelegt. Helen Vita singt in einem verräucherten Nachtlokal in Schwabing mit sündiger Stimme:

»Ich habe einen Mann, den viele möchten,
der immer mich bewahrt vor allem Schlechten.
Ein jeder kennt ihn, Nowak ist sein Name.
Ihm dank ich es, daß heut ich eine Dame.
Ob angezogen oder als ein nackter,
der Nowak hat am ganzen Leib Charakter.
Ich hätte schon längst ein böses End genommen.
Aber der Nowak läßt mich nicht verkommen.«

Die nächsten drei Strophen sind vom selben Kaliber. Sie reißen keinen vom Hocker. Aber wie die Helen Vita das singt, das geht schon ganz schön unter die Haut. Ich packe meinen Kram zusammen, verabschiede mich. Die beiden Abteilungsleiter geben sich leutselig. Offenbar hat ihnen die Vorführung gefallen. Da habe ich noch einmal Glück gehabt.

Was keiner von uns erwartet hat: Die Bundesprüfstelle für jugendgefährdende Schriften in Bad Godesberg schlägt zu. Die Schallplatte wird als jugendgefährdend eingestuft. Sie verschwindet vom Markt.

Ausgerechnet diese Rarität will Herr Nowak aus Dänholm von mir haben. Wenn möglich sofort. Wie er mir gesteht, hat es ihm besonders die dritte Strophe angetan, die er genüßlich zitiert:

»Ich möchte einmal bei Vollmond ein Vampir sein.
Ich möchte Geliebte von einem Fakir sein.
Damit mich, wenn ich lieg ohne Matratzen,
von hinten noch die Nagelspitzen kratzen.
Ich möchte Austern mit der Schale essen,

ich möcht mit einem Walfisch mich vergessen.
Ich habe mir das schon alles vorgenommen.
Aber der Nowak läßt mich nicht verkommen.«

Besonders das mit dem Walfisch findet Herr Nowak stark. Er kann sich gar nicht beruhigen. »Vor zwanzig Jahren«, sagt er versonnen, »vor zwanzig Jahren habe ich die Platte zum letzten Mal gehört. Das war in Kiel. Ich war Matrose auf einem Kreuzer. Da haben sie das Lied zu meinem Geburtstag gespielt, über Bordmikrophon. Der ganze Hafen hat mitgehört. Plötzlich steht der Admiral vor mir: ›Was ist denn hier los? Feiern wir hier Schützenfest, oder ist der Karneval ausgebrochen?‹ Der Kapitän meldet stramm: ›Herr Admiral, melde gehorsamst, der Nowak hat Geburtstag heute.‹ Der Admiral guckt verdutzt. Nowak ist ihm kein Begriff, aber fragen mag er nicht. Er will sich vor seinen Offizieren und der Besatzung keine Blöße geben. Er gibt Entwarnung: ›Weitermachen, Leute! Bestellen Sie dem Nowak meinen Glückwunsch zum Geburtstag. Stellen Sie mir den mal bei Gelegenheit vor. Möchte den Mann gern mal kennenlernen.‹ Der Admiral lauscht. ›Gar nicht so schlecht, der Schlager. Aber reichlich laut. Beim nächsten Mal stellen Sie den Ton bitte leiser. Möchte ich mir ausgebeten haben.‹ Der Kommandeur atmet erleichtert auf. Er brüllt: ›Achtung!!‹ Der Admiral hat sich auf dem Schiff die nächste Zeit nicht mehr sehen lassen.«

Der Chef vom Berufsförderungsdienst auf Dänholm verstummt. Die Erinnerung macht ihn wehmütig. »Irgendein Kerl hat mir die Platte geklaut, oder sie ist mir irgendwie abhanden gekommen. Ich habe mir die Hacken abgelaufen. Aber nirgendwo gibt's die zu kaufen. Können Sie sich vielleicht vorstellen, warum nicht?« Kann ich mir gut vorstellen. Vielleicht hat der Volkswartbund in Köln noch eine im Keller. Zunächst halte ich lieber den Mund und stelle mich dumm. »Keine Ahnung. Aber ich werde der Sache mal nachgehen. Das muß doch zu schaffen sein.« Herr Nowak ist auf Vorschuß dankbar. »Das würde ich Ihnen nie vergessen. Dafür würde ich glatt einen Stahlhelm der NVA opfern.« Meinetwegen kann er den behalten. Ich habe dafür kaum Verwendung in Bonn. Aber diese Helme sind in letzter Zeit rar geworden. Trophäenjäger aus dem Westen haben den ganzen Markt leergefegt. Nicht mal eine Fahne »Schwarz-rot-gold mit Handwerkszeug« ist auf ganz Dänholm zu haben. »Und dabei hatten wir den ganzen Keller voll«, erinnert sich Herr Nowak.

In den nächsten Wochen klappern wir die Republik nach der Schallplatte aus Schwabing ab. Zunächst ohne Erfolg. Was keiner ahnt: Es gibt nur noch zwei Stück davon. Und eine liegt irgendwo im Archiv. Da ist überhaupt nicht dranzukommen.

Im Januar hat Herr Nowak Geburtstag. Rechtzeitig ist die zweite Platte aufgetaucht. In einem alten Krämerladen, versteckt unter verkratzten und zerbrochenen Schellackplatten. Zu einem Spottpreis. Aber das braucht ja keiner zu wissen.

Als der Jubilar zum Geburtstagsumtrunk einlädt, liegt ein flaches Päckchen, liebevoll mit Buntpapier umwickelt, rund herum eine goldene Kordel, auf dem Schreibtisch.

»Den Geburtstag werde ich nie vergessen«, sagt Herr Nowak ergriffen. Seine Dankbarkeit ist grenzenlos. Die kann mit einem Stahlhelm gar nicht mehr wettgemacht werden. Am liebsten würde er uns wohl einen ausrangierten Panzer von der Nationalen Volksarmee schenken, oder ein altes Geschütz. Leider haben wir keinen Bedarf. Auf dem Gelände in Prora stehen noch einige Panzer von den Russen, Typ T 34, aus dem letzten Weltkrieg. Die müßten eigentlich genügen. Und außerdem wollen wir keinen Dank. Was hat sich denn der Herr Nowak gedacht? Wir lassen doch unseren

Freund, den es in den Osten verschlagen hat, dort nicht verkommen. Sein Namensvetter hat sich um die lebenslustige Dame gekümmert. Damals, in Schwabing. Wir sorgen für den Nowak selbst. Heute, in Dänholm. Mit einer begehrten Schallplatte zum Geburtstag.

Wird jetzt auch im Osten die Jugend vor Schmutz und Schund geschützt? / Aus der Arbeit der Jugendschützer

Ich war gerade für ein Wochenende von Rügen nach Hause gekommen, da erfahre ich von meiner Frau, daß ein merkwürdiger Typ angerufen und sich nach mir erkundigt habe. Näheres wollte er nicht sagen. Der Anrufer hat nur in die Muschel gehaucht: »Sagen Sie ihm einfach: Codewort hat angerufen.«

Codewort? Was soll das, ist der Anrufer so geheim, daß er seinen Namen nicht nennen will?

Eine Stunde später, die Nachrichten haben gerade begonnen, klingelt das Telefon. Es meldet sich der pensionierte Leiter der Bundesprüfstelle für jugendgefährdende Schriften.

Was er denn so Eiliges zu später Stunde habe?

»Ich habe ein Angebot von der Landesregierung in Schwerin. Die richten eine Prüfstelle für Schmutz und Schund ein. Und ich soll der Leiter werden. Sie kennen doch Land und Leute in Mecklenburg-Vorpommern und vor allem die Regierung. Soll ich zuschlagen? Ich hatte schon mal angerufen. Es war aber nur Ihre Frau zu Hause. Habe mir einen kleinen Scherz erlaubt. Nimmt Sie mir doch nicht übel?«

Aha, der war das also. Wie doch der Beruf den Menschen prägt. Mir fällt sofort unsere erste Begegnung ein.

Ich sollte ihn in der Bundesprüfstelle besuchen. Da wir möglichst ungestört sprechen wollten, vereinbarten wir einen Termin außerhalb der Dienstzeit. Noch beim Auflegen des Telefons höre ich ihn rufen: »Vergessen Sie das Codewort nicht, sonst kommen Sie nicht herein.« Waren die Akten der Prüfstelle mit ihren unsittlichen Magazinen und brutalen Videos so geheim, daß durch Gebrauch eines Codewortes Unbefugten der Zutritt verwehrt bleiben sollte? Ich hielt das für einen Scherz und hatte am Abend prompt das Wort vergessen. Dieses bescherte mir eine geschlagene halbe Stunde Warten bei Eis und Kälte vor der Tür der Bundesprüfstelle. Deren Leiter dachte zum Glück, daß ich wohl doch nicht kommen würde, und wollte daher auch nach Hause fahren. Vor der Tür traf er mich, halb erfroren, aber immer noch hoffend, Einlaß zu finden.

Das Codewort hieß übrigens »Sex«. Zum Aufwärmen in frostigen Zeiten, nehme ich an.

Was soll ich dem Kollegen raten? Die brauchen da in Schwerin ganz andere Prüfer. Nicht für den Jugendschutz. Sondern für die Truppe, die sich dort die Taschen füllt, denke ich mir mal so.

Und das ist die Vorgeschichte:

In meinen ersten Berufsjahren habe ich den Jugendschutz als »Landesschmutzwart« kennengelernt. Sie erinnern sich, Günter Grass und »Die Blechtrommel«.

Der damalige Leiter der Bundesprüfstelle in Bonn hat mit Energie und Überzeugung versucht, die Sexwelle zu bremsen. Erfolglos, wie ich heute weiß und wie jeder sehen kann.

Von ihm stammt die Entscheidung über die anregende Wirkung der ungeschwärzten Busenfalte.

Worum ging es?

Nach dem Krieg kamen die Bikinis auf. Mancher in Deutschland fand diese Mode zunächst schockierend. Bikinimädchen als Covergirls auf den Illustrierten erregten die öffentliche Meinung. Da sollte die Bundesprüfstelle dieser Unmoral den Garaus machen. Sie machte sich die Entscheidung nicht leicht und urteilte: Bikinimädchen dürfen auf dem Cover erscheinen, wenn die Busenfalte züchtig geschwärzt wird. Hat der Verleger darauf nicht geachtet, wird das Blatt eingezogen.

Jahre später, der Sittenrichter war längst pensioniert, erzählt mir ein Verleger:

»Stellen Sie sich mal vor, der strenge Sittenrichter aus Bonn war bei mir. Er möchte den Verlag beraten, damit wir keine Scherereien durch die Bundesprüfstelle kriegen. Darüber habe ich mich sehr gefreut. Solche Leute sind Gold wert. Und was denken Sie? Der liest ein paar Krimis, die wir herausbringen, bringt mir das Zeug zurück und fordert doch allen Ernstes: ›Da muß viel mehr Sex rein. So was wollen die Leute lesen. Das bringt richtiges Geld.‹«

Der Verleger ärgert sich: »So ein Berater kann mir gestohlen bleiben. Der bringt den Verlag noch in Teufels Küche.«

In den frühen sechziger Jahren war der literarische Jugendschutz überhaupt ein ganz heißes Thema in der Bundesrepublik. Ausländische Literatur, darunter Bücher von ungewohnter Freizügigkeit, drängten auf den Buchmarkt. Die Jugendschützer prüften jedes Buch und machten auch vor den Werken der Weltliteratur nicht halt.

In Hamburg hatte der Generalstaatsanwalt Buchholtz seinen Ärger mit der literarischen Unzucht. Auf einer Tagung erzählt er mir von seinen Leiden: »Da legt mir die Polizei doch tatsächlich ein Exemplar des Romans ›Notre dame des fleurs‹ des Franzosen Jean Genet vor. Sicher, der Mann ist schwul. Aber was der schreibt, ist von hohem ästhetischen Reiz und für Kinder und Jugendliche viel zu kompliziert. Wenn von denen einer zufällig seine Nase da reinstecken sollte, dann klappt er nach den ersten zehn Seiten das Buch wieder zu. Was er da sucht, kann er woanders einfacher haben. Außerdem werden die Bücher dieses Schriftstellers weltweit als große Literatur eingeschätzt. Meiner Meinung nach zu Recht. Und jetzt soll ausgerechnet meine Behörde den Sittenrichter spielen. Eine fatale Situation.«

Wie hat der Generalstaatsanwalt wohl seinen Kopf aus der Schlinge gezogen? Er berichtet mir darüber:

»Ich habe mich entschlossen, die Anklage selbst zu vertreten. Das möchte ich keinem anderen überlassen. Als ich morgens meinen weißen Schlips umlege, sagt meine Frau: ›Wie, ist heute Sitzung? Was gibt's denn zu verhandeln?‹ Sie müssen wissen, meine Frau ist Gerichtsreporterin. Heute möchte ich sie nicht gern dabei haben. Ich murmele etwas von einer Sitzung mit dem Justizsenator, die schon ein paar Mal verschoben worden ist. Auch der Präsident des Oberlandesgerichts werde dabeisein.

Meine Frau sieht mißtrauisch zu, wie ich den Talar in der Aktentasche verstaue. Hastig eile ich ins Gericht. Ein Blick auf die Uhr: Die Sitzung fängt gleich an. Wie ich in den Gerichtssaal komme, zieht tatsächlich der Staatsanwalt schon vom Leder. Wenn man dem zuhört, geht es um die größte Schweinerei des Jahrhunderts. Dabei haben namhafte, weltweit renommierte Literaturkritiker die literarische Qualität des Buches bis ins Detail nachgewiesen. Liegt alles bei den Akten. Aber der Kollege hat die wahrscheinlich nicht gelesen. Vielleicht hat er erst im letzten Augenblick die Vertretung an den Hals gekriegt. Und jetzt möchte er mir zeigen, was er aus dem Stand heraus alles schafft.

Ehe das Unheil perfekt ist, streife ich den Talar über, prüfe, ob der Krawattenknoten richtig sitzt, und sage dem Kollegen: ›Lassen Sie mich mal selbst machen. Ich habe mir mit dieser kitzligen Sache schon einige Nächte um die Ohren geschlagen.‹

Nach einem flammenden Plädoyer für die Freiheit der Kunst, das mir, glaube ich, ganz gut gelungen ist, beantrage ich Freispruch. Das Gericht gibt dem statt. Wieder ist eine Schlacht für die Freiheit der Kunst und Literatur geschlagen.

Die Reaktion ist heftig. Der Deutsche Richterverein beschwert sich. Ich hätte die Würde des Gerichts mißachtet. Da kann doch ein Generalstaatsanwalt nicht so mir nichts, dir nichts in die Sitzung reinplatzen, das Wort an sich reißen und dann noch so unqualifiziert daherreden. Außerdem hätte ich die Anklage nur zum Schein erheben lassen. Um mir ein Forum zu schaffen, den Markt für anrüchige Bücher zu öffnen.

Damit nicht genug. Aus Bayern kommt von der Staatsregierung eine Beschwerde an meinen Justizsenator. Der soll mich in aller Form rügen. Das Buch tauge im übrigen überhaupt nichts. Die bayerische Landesregierung beruft sich auf einen Gutachter. Dessen Beurteilung ist an die Beschwerde angeheftet.

Ich lese den Namen des Gutachters und stutze. Den Mann kenne ich doch noch. Aus Goebbels Zeiten. Der hat doch die Nazis beraten, in dem was entartete Kunst sei und was arische. Zu Hause krame ich nach alten Fotografien. Rasch finde ich das gesuchte Bild: Der Reichspropagandaminister im Kreise seiner Getreuen im ›Haus der Deutschen Kunst‹ in München. Er eröffnet gerade die Ausstellung ›Entartete Kunst‹. Zu seiner Rechten sehe ich den Gutachter aus Bayern, der jetzt Gerichte und Staatsanwaltschaften berät. Mit dem, was er so für Kunst hält. Von der Aufnahme machen wir ein paar Abzüge. Einen kriegt der Justizsenator, einen schicken wir nach Bayern an die Landesregierung. Der Justizsenator legt dazu ein Schreiben: ›Der Generalstaatsanwalt hat sich nichts zuschulden kommen lassen. Nach meiner Auffassung hat er einen Literaturskandal vermieden. Das verdient Anerkennung.‹ Die Bayern lassen nichts mehr von sich hören. Die sind verschnupft und denken sicher: So ein Saustall im kühlen Norden da oben. Na. Wollen mal sehen, ob sich bei der nächsten Wahl etwas machen läßt.«

Das Klima ist aufgeheizt. Selbst dem »Stern« geht es an den Kragen. Ich habe noch vor Augen, wie Henri Nannen empört vor seinen Richtern steht. – Da wundert man sich nicht: Als der engagierte Leiter der Prüfstelle in Bonn in Pension geht, findet sich so leicht kein Nachfolger für seine Aufgaben.

In dieser prüferfreien Zeit besuche ich mittags auf eine Tasse Kaffee die alten Kollegen im Ministerium in Düsseldorf. Sie haben Besuch aus Bonn, ein Referent aus einem Bundesministerium. Er wird um seinen Job beneidet. »Die da oben machen die Gesetze, die wir dann ausführen dürfen.« Doch der Kollege aus Bonn ist unzufrieden. »Zuviel Streß und Aufsicht. Bald muß man sich noch abmelden, wenn man mal austreten möchte.«

Na, das wird wohl kräftig übertrieben sein. Die Schikane in den Ministerien ist meist subtiler.

»Sagen Sie mal«, der Besucher wendet sich jetzt an mich und fragt ganz jovial: »Wo kommen Sie denn her? Sie habe ich hier noch nie gesehen.« Kann er auch gar nicht. Da hätte er schon mal vor einigen Jahren herkommen müssen. Jetzt werde ich dem aber den Mund wässerig machen. Mal sehen, ob er anbeißt: »Ich war hier einige Jahre tätig. Habe schweinische Bücher gelesen und dafür noch gutes Geld bekommen, jeden Monat. Solche Posten sind selten. Aber ich hatte nach einigen Jahren die Nase voll davon. Da habe ich mich verändert.« Der Beamte aus Bonn zeigt starkes Interesse: »Ist Ihre Stelle denn schon nachbesetzt? Ich würde mich gerne darum bewerben.« Ich muß ihn enttäuschen. Der Minister hat längst seinen Persönlichen Referenten mit dem Posten versorgt. Der war etwas zu lahm im Ministerbüro. Aber zum Bücherlesen wird er wohl taugen. Der Kollege ist enttäuscht. »Immer, wenn man von einer vernünftigen Arbeit hört, sitzt da schon ein anderer drauf.« Er schlürft den Kaffee. »Wenn Sie mal von etwas Ähnlichem hören, kann ja zufällig sein, rufen Sie mich doch sofort an.« Er kramt in seiner Jackentasche und holt eine zerknitterte Visitenkarte heraus. »Die Telefonnummer ist allerdings anders. Notieren Sie doch bitte mal.« Das Notieren kann ich mir schenken, dem Mann kann sofort geholfen werden: »Da gibt es doch eine Behörde in Bad Godesberg, untersteht dem Innenminister. Da können Sie den ganzen Tag Bücher lesen und Entscheidungen treffen. Noch dazu als Ihr eigener Herr. Der Behördenchef ist pensioniert, ein Nachfolger nicht in Sicht. Vielleicht klopfen Sie da mal an.« Der Beamte macht sich fleißig Notizen. Der Besuch in Düsseldorf hat sich für ihn gelohnt. Er trinkt seinen Kaffee aus, guckt auf die Uhr: »Können Sie mir mal bitte einen Dienstwagen rufen, zum Bahnhof? Mein Zug nach Bonn fährt gleich ab.«

Und was glauben Sie? Der Innenminister war froh, daß sich jemand gefunden hatte, und gab ihm sofort den Job, den sonst keiner haben wollte. »Ein Traumjob«, sagte mir der jetzt sehr zufriedene Kollege, als wir einander gelegentlich in Bonn begegneten.

Was ihm kaum jemand zugetraut hatte: Er hat den Vorsitz in der Bundesprüfstelle die ganze Amtszeit hindurch mit Augenmaß und Engagement geführt.

Und der will nun nach seiner Pensionierung nicht wie sein Vorgänger Verlage beraten, sondern weitermachen. Diesmal im Osten. Soll er doch ruhig die Einfuhr jugendgefährdender Schriften aus dem Westen einschränken helfen. An deren Verbreitung ist im Osten keinem gelegen. Und die alten DDR-Romane, sofern sie nicht auf Schredderplätzen und Müllkippen vernichtet worden sind, haben nichts zu befürchten. Sie sind mit Sex und Crime recht zurückhaltend. Darüber hatte schon seinerzeit das Ministerium für Kultur in der DDR gewacht.

Der Reeder Meyer aus Papenburg möchte sich ausgerechnet in der Prora-Bucht auf Rügen eine Werft bauen und verscheucht damit die Investoren

Im Schweriner Schloß, dem Sitz des Landtages von Mecklenburg-Vorpommern, ereifern sich die Abgeordneten über den Bau einer neuen Werft, die auf Rügen die Erholungsmöglichkeiten schmälert, aber dafür die Arbeitsplätze vermehren soll. Bauherr ist der Reeder Meyer aus Papenburg in Niedersachsen.

Also war an den Gerüchten, die seinerzeit kursierten und die ich für Ammenmärchen hielt – was sollte bloß eine neue Werft angesichts der notleidenden Werften vor der Haustür in Stralsund und Rostock-Warnemünde – doch etwas Wahres dran.

Seriöse Zeitungen berichteten über die Pläne im Detail, so die Frankfurter Allgemeine in ihrer Ausgabe vom 24. Januar 1992:

»Die Schiffe, die Meyer nach der Jahrtausendwende bauen will, lassen sich ihres Tiefganges wegen nicht mehr über den Fluß in die Nordsee schleppen. Mit einem Blick auf die Seekarte ging Meyer auf die Suche nach einem neuen Standort. In der Prora-Bucht, der Bucht zwischen Binz und Saßnitz, wurde er fündig, an einem Punkt nördlich des Fährhafens Mukran. Seine Pläne sehen vor, ein 60 Hektar großes Areal in der Ostsee aufzuschütten, das seitlich der Mukraner Hafenmole läge und rückwärts an die Küste grenzte. Darauf sollen Werfthallen errichtet werden, die größte hätte eine Länge von 300, eine Breite von 140 Meter; sie würde 63 Meter hoch.«

Damit würde der Bau die dahinter liegende Steilküste um 40 Meter überragen. Doch die Stadt Saßnitz hofft, daß die Werft andere Investoren anzieht. Ihr Gewerbegebiet reicht allemal für sie aus. Das hat diejenigen Landtagsabgeordneten, die dem Wirtschaftsausschuß angehören, bald überzeugt. Einer sagt, angesichts der immensen Schwierigkeiten Rügens bedeute die Werft »nur einen kleinen Schandfleck, der an die Insel rangesetzt wird«.

Da Mecklenburg-Vorpommern insgesamt ein armes Bundesland ist und es dem Kreis Rügen besonders schlecht geht, scheint es mehr Befürworter der Werft als Gegner zu geben. Fragt sich nur, warum die stillgelegte Werft in Rostock nicht aufgemöbelt werden kann. Dann gäbe es Tausende von Arbeitsplätzen, und die Erholung auf Rügen wäre weiter gesichert.

Dazu liest man in der FAZ: »Eine Zeitlang haben sich Hoffnungen darauf gerichtet, der Schiffsbauer aus dem Emsland lasse sich überreden, seine Pläne in Rostock, statt auf Rügen, zu verwirklichen. Doch er ist darauf nicht eingegangen; der Standort Rostock steckt in einer Werftenkrise. Meyer scheut damit verbundene Unwägbarkeiten, er hat in Saßnitz eine bessere Position, nicht zuletzt gegenüber der Stadtverwaltung ...« Fragt sich nur, warum. »Daß offenbar bei Meyer ein eigenes Betriebsklima herrscht, ist auch den Schweriner Abgeordneten bei ihrem Besuch auf Rügen aufgefallen. Meyer schickt ihnen als Gesprächspartner seinen Betriebsratsvorsitzenden. Der macht seine Sache gut und vermittelt den Zuhörern viel vom Stolz der Werftarbeiter, die Schiffe bauen, statt etwa als Kellner Touristen bedienen zu müssen ... Er war mit einem Wagen angereist, an dessen Heckscheibe ein Umweltaufkleber warnend verkündete: Wir gehen mit dieser Welt um, als hätten wir noch eine zweite im Koffer.«

Im Sommer hörte ich zum zweiten Mal von Meyers Absichten. Die erste Reaktion auf Prora war: »Jetzt werden die Holländer das Gelände preiswert kaufen können. Wer macht schon mit einer Werft vor der Nase einen Kurbetrieb auf. Da kriegen wir vielleicht gerade noch ein Altersheim für Matrosen gebaut, oder ein paar betagte Kapitäne ziehen aus Hamburg-Blankenese fort und mieten sich in Prora ein, um auf ihre alten Tage noch einmal den Lärm der großen weiten Welt um die Ohren zu kriegen.«

Außer einigen Skeptikern in Prora hat bisher niemand an den Zusammenhang zwischen der Ankündigung des Werftbauers Meyer und den Grundstücksspekulationen geglaubt. Vielleicht gibt es auch gar keinen Zusammenhang.

Nicht so überzeugt davon sind allerdings einige kapitalkräftige Anleger. Die haben sich inzwischen zurückgezogen. Das wird die Holländer freuen. Konkurrenz hebt zwar das Geschäft, verdirbt aber die Preise.

Der Schöngeist von der Oberfinanzdirektion mit seinem Insich-Geschäft wird sich bald wundern: wenn die Grundstückspreise fallen. Denn wer traut sich noch, auf Rügen eine Hotelfachschule aufzumachen, wenn die stolzen Werftarbeiter verächtlich auf die künftigen Kellner herunterblicken? Und eine Kur kann man bald nur noch dem empfehlen, der starke Nerven hat und dazu schwerhörig ist. Wem kann man sonst dazu raten, neben einer Großbaustelle Erholung und Entspannung zu suchen. Am besten: Herr Meyer zieht nach Rostock um, baut die marode Werft dort wieder auf und gibt Tausenden von arbeitslosen Werftarbeitern neue Arbeitsplätze. Aber auch die Volkswerft in Stralsund, die keine Aufträge hat, könnte durch einen cleveren westdeutschen Unternehmer wieder auf Trab gebracht werden. Dann haben es die Rüganer nicht weit zur Arbeit, und die Touristen bleiben der Insel erhalten.

Ich schlage vor, wir warten ein paar Jahre, dann setzen wir uns ins Auto, fahren nach Rügen und sehen dort nach dem Rechten. Schlimmstenfalls ist nichts passiert: Die sechs Kilometer Kasernen sind verrottet. Das Walter-Ulbricht-Heim steht leer. Keiner macht dort Urlaub. Und die freien Verbände sind des Gerangels mit den Behörden leid und haben die geplante Fachschule fürs Hotelgewerbe und den Ausbildungsbetrieb für Krankenschwestern, Pfleger, Masseure und Gymnastiklehrer woanders aufgebaut.

Vielleicht ist dann auch von Herrn Meyer nichts mehr zu hören.

Die Zeit ist inzwischen vergangen, und diese düstere Prognose ist leider eingetroffen.

Für den Skeptiker hält die Landesregierung in Schwerin erbauliche Lektüre bereit. Zu empfehlen ist die Broschüre »Zukunftsinitiative Küstenregion« des Landes Mecklenburg-Vorpommern. Wer da reinguckt, findet seinen Glauben wieder. An das »Gemeinschaftswerk Aufschwung Ost« und an das Regierungsprogramm »Arbeit für Mecklenburg-Vorpommern«.

Na, denn man tau.

In Wien: Politiker aus Marzipan und Schokolade

Meine Arbeit im Bonner Ministerium hatte auch im Ausland Auswirkungen auf die Fort- und Weiterbildung von Lehrern. Medienprogramme zur Verbesserung der beruflichen Bildung wurden zum Beispiel auch in Österreich genutzt. In diesem Zusammenhang führte mich – lange vor der Wende – ein internationales Treffen nach Wien. Am Ring, nahe vom Stephansdom, liegt die Dorotheergasse. Da finde ich in einem kleinen, unscheinbaren Hotel ein eher dunkles Zimmer. Morgens telefoniere ich mit meiner Frau. Sie sagt: »Hier regnet es Bindfäden. Wie ist das Wetter in Wien?« Ich zucke mit den Achseln: »Schwer zu sagen.« Das kann auf die Entfernung natürlich keiner recht verstehen. Daher füge ich hinzu:

»Wenn ich nach draußen gucke, sehe ich eine graue Wand. Direkt vor dem Fenster. Ich kann ja mal fühlen, ob die naß ist.«

Neben dem Eingang ist eine Marmortafel angebracht. Die Inschrift lautet: »Hier haben Franz Kafka und sein Freund Max Brod häufiger genächtigt.« Ein Kollege fragt: »Kennen Sie den Mann, der draußen auf der Tafel steht? Kafka oder so ähnlich.« Sicher, den Mann kenne ich schon, aber ich möchte mich dem Kollegen gegenüber nicht aufspielen. Deshalb sage ich so nebenbei: »Ich glaube, das war so ein Dichter. Ist aber schon lange tot.« Der Kollege versteht: »Kein Wunder, so ein Hungerleider von Dichter kann sich eben keine bessere Bleibe aussuchen. Der Freund war sicher auch ein armer Schlucker. Max Brod? Nie gehört, den Namen. Da machen die gleich eine Tafel an die Wand, noch dazu aus echter Bronze. Die sollten mal lieber ihre Fassade verschönern und die Zimmer aufmöbeln.« Der Kollege überlegt, dann schüttelt er den Kopf: »Besser nicht, sonst können wir die Übernachtung hier überhaupt nicht mehr bezahlen. Die Preise laufen schon so den Reisekosten weg. Nächstens können wir uns gerade noch ein Zelt mieten und in der U-Bahn schlafen. Ob die hier wohl auch schwarze Sheriffs haben wie in München? Sonst ist das mit der U-Bahn auch nichts.« Er gibt sich ratlos: »Da bleibt uns wohl nur noch der Prater.«

Der Kollege bleibt muffelig. Selbst am Kaffeetisch nörgelt er. Der Kaffee ist ihm zu dünn, die Hörnchen sind zu trocken und die Marmelade zu pappig. Dafür ist die Rechnung gesalzen. Die Wände im Speisesaal könnten mal wieder einen Anstrich gebrauchen. Sie haben wohl zuletzt den Anstreicher gesehen, als Kafka hier gegessen hat. Die schlimmsten Flecken werden von Bildern verdeckt. Ich trete näher heran an die Wand und staune: »Das sind ja alles farbige Grafiken vom Maler Fuchs. Der müßte eigentlich hier in der Gegend wohnen.« Der Portier zeigt sich aufgeschlossen. Ein Trinkgeld macht ihn gesprächig: »Der Künstler wohnt gar nicht weit entfernt. Nehmen Sie die Tram und fahren Sie zur Hüttelbergstraße. Nr. 26. Er hat eine prachtvolle Jugendstilvilla ausgebaut. Können Sie gar nicht verfehlen. Die letzten Meter müssen Sie allerdings zu Fuß gehen. Oder besser, Sie nehmen sich einfach ein Taxi.«

Ich rufe beim Maler an. Der gibt sich aufgeräumt: »Kommen Sie einfach mal her.«

Auf dem Wege zur Straßenbahn vermeide ich den überlaufenen Ring und gerate in eine unübersichtliche Nebengasse. Vor einem kleinen Cafe drängt sich eine Menschenmenge. Der Verkehr stockt. Wahrscheinlich eine Werbeschau. Oder es gibt etwas geschenkt. Ich habe Glück und komme durch bis ans Schaufenster. Hier drücken sich die Passanten die Nasen platt:

Der Bäcker hat eine Überraschung parat. Er hat Figuren der Zeitgeschichte in Lebensgröße ausgestellt. Aber nicht in Wachs, wie anderswo. Nein, ganz mit Wiener Charme: aus Marzipan mit Schokoladenguß.

»Eat Art« nennt sowas die Düsseldorfer Avantgarde von der Kunstakademie. In der Düsseldorfer Altstadt haben sie eine ganze Galerie davon vollgestellt. Natürlich bescheidenere Exponate. Ich fand das eine pfiffige Idee, und nun die Enttäuschung: Das haben sie wohl dem Wiener Bäcker abgeguckt. Und das Plagiat als eigene Erfindung vermarktet und damit die Bildungsbürger aufgeschreckt.

Die Marzipanfiguren im Schaufenster kommen mir bekannt vor. Ich gucke zweimal hin: Tatsächlich, das sind der amerikanische Präsident Kennedy und sein Ge-

genspieler, der Herr Chrustschow aus Moskau. Beide tragen Raketen in den Händen: Gott sei Dank auch nur aus Marzipan.

Der dritte ist der Österreicher Waldheim, der spätere Bundespräsident. Meine Frage »Die beiden Staatsmänner kenne ich. Weiß einer, wer der Dritte sein soll?« löst einen mittleren Aufstand aus.

»Wissen Sie nicht, wer das ist? Wo kommen Sie denn bloß her?«

Was die Leute denken, steht ihnen im Gesicht geschrieben: Ein lästiger Ausländer, als Tourist verkleidet.

»Das ist doch unser Herr Waldheim. Den wir zur UNO geschickt haben. Der dort für den Weltfrieden sorgt.« Hoffentlich. Zunächst hat er sich mal selbst im Weg gestanden. Wegen seiner Vergangenheit bei der Deutschen Wehrmacht im Krieg.

Aber das würde jetzt zu weit führen. Der Maler Fuchs wartet. Rasch verlasse ich den Schauplatz, nehme die nächste Tram und bin schon bald am Ziel.

Beim Maler Fuchs ist alles gestylt, auch die Gäste

Die Villa des Künstlers verschlägt mir den Atem: innen und außen alles reiner Jugendstil. Mit Farbe und Dekor ist nicht gegeizt worden. Sogar die Tapeten an den Wänden hat der Künstler selbst entworfen. Überall hat er Hand angelegt: Sessel, Tisch, selbst die Bettwäsche sind von reizvoller Extravaganz und dazu stilvoll arrangiert. Nur ein Banause brächte es fertig, sich einen Stuhl heranzuziehen und darauf Platz zu nehmen.

Die Tür zum Schlafzimmer steht offen. Ich werfe einen Blick hinein: Auch hier alles raffiniert und kalkuliert angeordnet. Wer da wohl saubermacht? Paßt der nicht auf und legt ein Kopfkissen verkehrt wieder hin, bricht das Gesamtkunstwerk »Schlafzimmer« zusammen. Nicht anders, als wenn jemand mit schlechtem Erinnerungsvermögen ein Gedicht aufsagt und eine ganze Zeile wegläßt. Dann ist der Rhythmus gestört, das kunstvolle Gefüge wird brüchig, und das Gedicht ist ruiniert.

Das einzig Menschliche, was mein Auge entdeckt, ist eine Stereoanlage im diskreten Charme der fünfziger Jahre. Am liebsten würde ich eine Platte auflegen. Irgend etwas Flottes. Vielleicht einen Gassenhauer. Damit die ganze künstliche Atmosphäre entspannt würde.

An der Wand über dem Plattenspieler hängt ein Bild. Diesmal kein echter Fuchs. »Das hat meine Frau gemalt«, sagt der Künstler. Er bemüht sich um eine neutrale Stimmlage. Wahrscheinlich hätte er das Machwerk längst auf die Müllkippe geschmissen, wenn das jemand anders angefertigt hätte. Aber das Thema ist aufschlußreich: Frau Fuchs wird von Schwänen verfolgt, die ihr ins Bein beißen wollen. Solche Ängste sind verständlich. Da braucht man gar nicht erst Freud zu bemühen.

Im Keller sei ein Imbiß angerichtet.

Beklommen gehe ich die Treppe hinunter. Hoffentlich geht es da mit der Jugendstilpracht nicht weiter. Das könnte ich kaum aushalten. Ich habe Glück: Im Kellergeschoß sieht es nicht anders aus als beim Normalbürger. Sogar schlimmer. Etwa so wie bei Hempels unterm Sofa. Alles liegt kunterbunt durcheinander. Richtig zum Aufatmen und Sichwohlfühlen. Dazwischen läuft eine Schar Kinder herum. »Die anderen sind schon groß«, vertraut mir der Künstler an. Er war schließlich sechsmal verheiratet. Die Kinder, die noch bei ihm wohnen, besuchen Privatschulen. »Die öffentlichen Schulen in Wien sind für sie ganz ungeeignet.« Ich finde das eine schicke Formulierung. Andere haben ein gebrochenes Verhältnis zur Sprache und drücken das gerade umgekehrt aus. Den Haushalt führt die 80jährige Mutter. Sie war früher mal

Vorführdame. Ich denke mir, für Umstandsmoden, bei ihren vielen Kindern. Die Mutter ist die Seele des Hauses, eine beeindruckende Persönlichkeit.

Mit dem Imbiß hat es irgendwie nicht geklappt. Fuchs schlägt vor: »Dann gehen wir mal zum Italiener rüber.«

Da bin ich aber gespannt. Von der Straßenbahn bis zur Villa habe ich weder ein Haus und schon gar keinen Italiener entdecken können. Soweit ich gucken konnte, sah es auch in der anderen Richtung mau aus. Der Italiener ist eine schlichte Imbißbude. Einen stärkeren Kontrast zu den Kostbarkeiten, die ich gerade verlassen habe, kann man sich kaum vorstellen. Gott sei Dank hat die Imbißbude geschlossen. Ein solcher Stilbruch hätte mir glatt den Appetit verschlagen. Aber der Künstler weiß Rat: »Dann fahren wir eben in die Stadt.« Mir klingeln die Ohren. Fuchs ist berüchtigt wegen seiner pompösen Auftritte, besonders bei Vernissagen. Er kommt mit einem Rolls Royce vorgefahren, hört man, vorne der Chauffeur und an seiner Seite ein blondes Gift. Der Künstler wird immer älter, er ist Jahrgang 30. Die Begleiterinnen werden immer jünger.

Im Ministerium sagen die Beamten neidisch: »Der Mann hat fünf Wagen von der Sorte. Jetzt will er noch Professor an der Akademie werden. Aber da hat er keine großen Chancen.« Der Künstler leidet darunter, er beneidet seine Kollegen, die an der Akademie in Wien Professoren sind, wie Hundertwasser und andere. Franz-Josef Strauß wollte ihn nach Bayern holen und dort zum Professor machen. Aber der Künstler hat sich in den Kopf gesetzt, die Ehrung zu Hause in Wien in Empfang zu nehmen. Nach München möchte er deshalb nicht extra hin.

Die Überraschung des Tages habe ich noch vor mir: Statt eines Rolls Royce steigen wir in einen Fiat kleinster Bauart. Vorne zwei Sitze, hinten könnte bequem noch ein Dackel Platz finden. Auf den Rücksitzen finde ich keinen Dackel, auch keinen Schäferhund, sondern zwei Typen, denen ich nicht im Dunkeln begegnen möchte. Einer der zwei sieht aus, wie sich der kleine Fritz die Mischung von Zuhälter, Taschendieb und Mafioso vorstellt. Der schwarze Anzug ist aus der letzten Lumpenkiste. Den würde ich nicht mal ans Rote Kreuz verschenken. Da müßte man sich wirklich schämen. Das Hemd ist bis zum Bauchnabel geöffnet. Offenbar, damit man die vielen Goldkettchen bewundern kann, die mindestens 24 Karat haben. Das strahlt und funkelt wie auf einem Gaunertreff. Die goldene Uhr und das goldene Armband sind auch nicht von schlechten Eltern. Fehlt nur noch der Ring durch die Nase, dann wäre der Mann komplett.

Sein Begleiter auf dem Nebensitz ist das krasse Gegenteil. Proper gekleidet, aber schäbiger Anzug. So ein armseliges Gewand habe ich zuletzt auf einer ländlichen Hochzeit kurz nach dem Krieg gesehen. Ein kleiner Kötter aus Westfalen hatte sich von seinem letzten Schinken getrennt und dafür ein Fest auf der Tenne arrangiert. Der magere Stehgeiger im abgewetzten Bratenrock sorgte für Stimmung. Das Gefiedel von dem Mann habe ich heute noch in den Ohren. Der hätte ein Bruder des dürftig ausgestatteten Herren auf dem Rücksitz sein können. Mit seinen glänzend gewichsten Schuhen und seinem unauffälligen, fadenscheinigen Schlips spielt der den seriösen Part. Das ist wohl der Kassierer vom Mafioso.

Neugierig macht mich die Frage, was es wohl bei Fuchs zu holen gibt. Schließlich kann man die ganze Villa ja nicht mitnehmen. Und die Gemälde, die richtiges Geld auf der Auktion bringen, müßte man schon in Stücke schneiden. Sonst passen sie nicht in den winzigen Fiat.

Der Künstler kennt die beiden Fahrgäste offenbar gut. Ich beneide ihn nicht um die Bekanntschaft. Er steckt eine Kassette in das Autoradio, und schon höre ich seine selbstgefertigten Gesänge zu Psalmen oder sonstigen Bibeltexten. Das Zeug klingt in den Ohren so mißtönend, daß meine Laune mit einem Schlag in den Keller geht. Vergeblich versuche ich, mich bei dem Lärm verständlich zu machen.

Ein Griff in die Jackentasche: Noch stecken dort meine Papiere und vor allen Dingen die Scheckformulare. Wer weiß, was auf der Fahrt noch alles passiert. Fuchs versteht: »Sie wollen aussteigen. Habe ich Ihrer sauren Miene schon entnommen. Aber keine Sorge. Das sind ganz ehrenhafte Leute.« Ich habe schon mal von solchen ehrenhaften Leuten gelesen. Die kamen aus Chicago und nannten sich »Ehrenhafte Gesellschaft«. Wer mit denen zu tun hatte, konnte gleich eine Lebensversicherung abschließen. Der Künstler klärt mich auf: »Was denken Sie denn? Mit den beiden mache ich eine Ausstellung. In Venedig. Die liefern die schicken Autos. Und ich sorge für die Dekoration mit meinen Ölgemälden. Das wird ein Bombenerfolg. Gehe ich mal von aus.«

Das wird ja immer rätselhafter. Bisher hatte ich gedacht, die geklauten Autos landen im vorderen Orient. Jetzt werden die also nach Venedig geschafft und dazu noch ausgestellt. Fuchs will die peinliche Situation beenden. Er macht uns miteinander bekannt.

Der »Zuhälter« trägt einen berühmten Namen: »Das ist der Herr Pepperoni aus Italien. Der für die Nobelschlitten die berühmten Karosserien schneidert. Der Begleiter ist sein Buchhalter, sozusagen der Persönliche Referent.« Ich lerne, wie sich die versnobte Schickeria vom gemeinen Volk abhebt: stilvolle Lumpen vom Modezaren und Glitzergold aus der Boutique.

Seit der Zeit habe ich mir abgewöhnt, noch irgendeinen Menschen nach seinem Äußeren zu beurteilen.

Mit dem Maler Fuchs wollte ich gerne in Berlin eine Ausstellung machen, in der Orangerie im Charlottenburger Schloß. Das ist der Traum eines jeden arrivierten Malers. Aber da gibt es Wartefristen bis zu fünf Jahren. Fuchs dauert das zu lange. Was ist da zu machen? Ich kenne einen Weg, den wollen wir uns zunutze machen.

In Berlin: Ein Lehrgang für Künstler wirbelt Staub auf / HAP Grieshaber erinnert sich

In Berlin lebt ein erfolgreicher Kunstmanager, der Leiter der Kunsthalle auf der Budapester Straße, Dieter Ruckhaberle.

Der ist eines Tages bei mir in Bonn aufgetaucht. Ein wenig großspurig. Aber das mußte man ihm nachsehen: Den Abend hatte er in besserer Gesellschaft verbracht. Das hatte ihn offenbar seelisch aufgemöbelt. Davon erzählte er mir:

»Ich habe gestern mit Ihrem Minister, dem Herrn Rohde, ein Bierchen getrunken. Es können auch mehr geworden sein. Dabei habe ich ihm berichtet, was wir in Berlin vorhaben: An der Kunsthochschule soll ein neuer Studiengang entwickelt werden. Mein Freund, der Ulrich Roloff, ist dort gerade Kanzler geworden. Er hilft uns bestimmt dabei. Außerdem steht der Bundesverband Bildender Künstler auf meiner Seite.«

Worum geht es? Dieter Ruckhaberle verrät es mir:

»Wir haben über dreißigtausend arbeitslose Künstler. Die hocken in ihren Ateliers und malen auf Teufel komm raus, und keiner kauft das Zeug. Ich will den Leuten eine Chance auf dem Arbeitsmarkt geben. Bildungs- und Kulturarbeit sollen die machen.«

In Bremen hat man damit gute Erfahrungen gemacht. Die Stadt wollte einen Park mit Plastiken schmücken, hatte aber kein Geld dafür. In der Not hat man einen Professor von der Kunsthochschule ins Zuchthaus geschickt. Der hat sich dort umgesehen und einige Lebenslängliche mit in sein Atelier genommen. Die haben aus Stein schöne Tierplastiken herausgehauen. Die Beamten waren mit der Arbeit sehr zufrieden. Ein besonders tüchtiger Strafgefangener ist heute Meisterschüler des Professors. Er hatte bis dahin überhaupt keine Ahnung, was in ihm steckt.

»Und das soll jetzt in Berlin Schule machen?« Nur gut, daß der Minister Rohde schon zugestimmt hat. Wenn die Beamten von mir erfahren, daß wir jetzt Zuchthäusler in die Hochschulen schicken, drehen die durch. Der Kunstmanager aus Berlin schlägt vor: »Zunächst entwickeln wir Programme für die Arbeit mit Senioren in Altersheimen, Querschnittsgelähmten in Rehabilitationszentren und psychisch Kranken in Psychiatrien. Auch an Stadtteilsarbeit ist gedacht. Die Künstler sollen mit ausländischen Mitbürgern Feste arrangieren. Dann fühlen die sich nicht so einsam und gewinnen besseren Kontakt zu den Einheimischen.« Keine schlechte Idee.

Auf dem Papier liest sich das alles ganz problemlos. Doch schon die Vorbereitungen für diesen Modellversuch sind ungewöhnlich strapaziös. Wahrscheinlich kriege ich als Geldgeber aus Bonn die Querelen im Senat und in den Künstlerverbänden nicht so richtig mit. Der Bund könnte ja abspringen. Ich muß laufend nach Berlin und den »Feuerlöscher« spielen. Der Senat hält sich bedeckt.

Gern würde ich mir die Grieshaber-Ausstellung in der Kunsthalle mal ansehen. Aber dazu bleibt einfach keine Zeit: Oft fliege ich abends nach der Arbeit in

Bonn noch mal nach Berlin. Und dann sitzen wir bis Mitternacht zusammen und ärgern uns über die Schüsse aus dem Hinterhalt.

Dieter Ruckhaberle bereut wohl schon, was er mir da mit dem Herrn Rohde beim Bierchen eingebrockt hat. »So, den Grieshaber mögen Sie auch so sehr? Da will ich ihn mal fragen, ob er was Schönes für Sie aus Stuttgart mitbringt.« Er lächelt jovial. Aber ich habe da so meine Vorbehalte. Bei anderer Gelegenheit hat er die Katze aus dem Sack gelassen: »Dem Mann brauchen Sie nicht besonders dankbar zu sein. Der tut doch nur seine verdammte Pflicht als Beamter.«

Aber eine Bitte hätte ich schon: Vor langer Zeit, ich war noch Justitiar in Schilda, hatte ich mir bei der Buch- und Kunsthandlung »Atlantis« am Bahnhof in Duisburg ein kleines gerahmtes Grieshaber-Blatt »Laternenmännchen« zurücklegen lassen. Als ich es am nächsten Tag abholen wollte, war es nicht mehr da. Ich glaube, geklaut. »Zusammen mit einem wertvollen Dürer-Blatt, das daneben hing. Was meinen Sie, wie der Chef getobt hat. Bedenken Sie: Ein echter Dürer! Und Sie regen sich über einen Grieshaber auf!« Na gut, aber ich hätte das Blatt gern fürs Kinderzimmer gehabt. Ich habe dann noch jahrelang Kunstkenner danach gefragt. Aber keiner wußte Bescheid. Frau Fürst, die das Werkverzeichnis angefertigt hat, hält das alles für einen Irrtum: »Der HAP hat sowas nie gemacht. Die Marotte eines kunstsinnigen Beamten.«

Jetzt zur Ausstellung in Berlin kommt mir die Grafik wieder in den Sinn. Der Herr Roloffs glaubt, sich verhört zu haben. Da wollen sie den Kollegen aus Bonn mal so richtig beschenken, und der kommt mit irgendwelchen obskuren Blättern für seine Kinder. Die Gehilfin von Dieter Ruckhaberle mischt sich ein: »Das Blatt hängt bei mir zu Hause. Das bringe ich gerne mit.« Na also. Ich bin zufrieden: Keiner denkt mehr, der spinnt doch bloß.

Eines Abends in der Kunsthalle, die Sitzung hat gerade begonnen, steht Herr Roloffs auf, murmelt etwas von dringender Erledigung. Und: »Ich komme gleich wieder.« Na, das kennt man.

Wir machen ohne ihn weiter. Plötzlich geht die Tür auf und Herr Roloffs tritt ein. Und wen hat er denn da mitgebracht? Einen etwas nachlässig gekleideten Oldtimer, der müde und abgespannt wirkt. Ich traue meinen Augen nicht. HAP Grieshaber steht leibhaftig vor mir, und noch dazu zu so später Stunde. Herr Roloffs hat ihn am Flughafen Tegel abgeholt. Kaum zu glauben: Der Meister aus Stuttgart trägt eine Rolle unterm Arm. »Die habe ich für den Professor aus Bonn mitgebracht.« Sein »Laternenmännchen«. Er packt aus. »Gar nicht mal so schlecht. Eine Mischtechnik, Glas und Holz. Hat mir damals nicht so gefallen.« Jemand bleibt skeptisch: »Sieht aber nicht nach einem echten Grieshaber aus.« Der Künstler erbittet einen Bleistift und signiert. »So, jetzt ist es von mir. Basta.« Er erinnert sich: »Das Blatt habe ich für eine Schweizer Kunstzeitung gemacht. Die ist nach einigen Nummern kläglich eingegangen. War einfach zu teuer.« Wieso sagt der Meister zu mir Professor? Wer hat ihm das weisgemacht? Dieter Ruckhaberle klärt mich auf: »Der HAP mag keine Beamten. Mit denen hat er schlechte Erfahrungen gemacht. Wenn der hört, daß Sie zu dieser Sippschaft gehören, dreht er um und geht in sein Hotel.« Darauf wollen wir es nicht ankommen lassen. Grieshaber sagt gerade: »Wie, was reden Sie da von Kulturhoheit der Länder? Das kann aber nicht für Stuttgart gelten. In der Regierung habe ich wohl viel Hoheit beobachtet. Aber wo war die Kultur?«

Für die Signatur bin ich dankbar. In der Ausstellung in der Kunsthalle hängen einige große Blätter mit dem Vermerk »Die Signatur ist gefälscht. HAP Grieshaber«.

Ich muß derweil meine Neugierde zügeln. Der Meister hat den Ärger noch nicht verwunden. Später erfahre ich: Grieshaber hat sich einen Gehilfen auf die Ach-Alm geholt, der ihm beim Drucken zur Hand geht. Dieser ist auf den Geschmack gekommen und hat ab und an, wenn er allein das Haus hütete, für sich selbst einige Gratisabzüge gemacht, mit Grieshaber unterschrieben, und sie dann in den Handel gegeben. Valentin in Stuttgart haben den Schwindel aufgedeckt.

Der Abend in der Kunsthalle wird noch recht gemütlich. Nach kurzer Eingewöhnung sagt der Herr Professor auch nicht mehr Herr Professor zu mir. Da fühle ich mich wieder wohler. Ich habe den großen Holzschneider danach nicht mehr wiedergesehen. Er ist wenige Zeit nach der hochgerühmten Ausstellung in Berlin, für die Dieter Ruckhaberle jedes Lob verdient hat, verstorben. Die »Laternenmännchen« sind in Merzbach zu besichtigen.

Der Modellversuch aber hat Erfolg. Den kann selbst ein umfangreiches juristisches Gutachten mit Bedenken hier und »Einspruch, Euer Ehren« da, nicht verhindern. Aus dem ganzen Bundesgebiet kommen die Teilnehmer. Als der Lehrgang beginnt, sind es so an die hundert.

In Freiburg bringen Absolventen des Lehrganges ein ganzes Altersheim auf Schwung. Die Senioren, die bisher nur tatenlos herumgesessen und ins Fernsehen geguckt haben, kriegen eine Aufgabe: Eine kahle Häuserwand ist farbig zu bemalen. Gemeinsam mit den Künstlern werden Entwürfe erarbeitet. Eine Firma stellt ein solides Holzgerüst auf. Pinsel und Farbe sind rasch beschafft.

»Sie können sich kaum vorstellen, wie begeistert die alten Leute waren. Schon morgens um sechs klopfen sie an die Tür, wollen frühstücken und arbeiten. Es herrscht richtige Aufbruchstimmung.«

Auch anderwärts ist der Modellversuch ein Erfolg: In den Krankenhäusern arbeiten Ärzte und Pflegepersonal mit den Künstlern zusammen. Gemeinsam gelingt es, mit den Kranken ins Gespräch zu kommen und seelische Schäden abzubauen. Dafür hatte das knappe Krankenhauspersonal bisher kaum Zeit.

Einige Projekte der Künstler werden sogar öffentlich ausgezeichnet.

Heute ist der Studiengang »Künstlerweiterbildung« an der Hochschule der Künste in Berlin fest installiert und gut besucht. Ulrich Roloff, später Kultursenator, erinnert sich: »Das ist schon lange her. War eine gute Sache.« Auch Dieter Ruckhaberle ist zufrieden.

Natürlich gibt es auch andere Stimmen. So denkt der frühere Senator Carl-Franz Evers ungern zurück: »Mit dieser Künstlerweiterbildung haben wir uns mächtig rumgeärgert. Ich weiß nicht, ob was daraus geworden ist.« Wenn er bei der Kunsthochschule Berlin nachfragt, wird er hören, daß alles gut läuft und keiner mehr sich an die »Geburtswehen« erinnert.

Im Kunstamt Charlottenburg begegnen sich zwei »alte Möbel«

Als ich Dieter Ruckhaberle auf seine guten Beziehungen zur Berliner Kunstszene anspreche, lächelt er zustimmend. Aber kaum habe ich mich für Ernst Fuchs eingesetzt, der in der Orangerie ausstellen will, ist seine gute Laune wie weggewischt:

»Für den Mann kann ich nichts tun. Eine Ausstellung in der Orangerie kann der meinetwegen machen. Aber ohne mich.«

Ich wundere mich über die schroffe Ablehnung. Die Erklärung:

»Wissen Sie das denn gar nicht? Der Mann ist mit Arno Breker befreundet. Der die monumentalen Plastiken für seinen Führer Adolf Hitler gemeißelt hat. Breker und Thorak hatten im Dritten Reich das Sagen. Die sollen mal heute kleine Brötchen backen.« Kann ich verstehen, aber was hat Ernst Fuchs damit zu tun? Das klingt mir fast nach Sippenhaft. Dabei sind die beiden noch nicht einmal verwandt, sondern nur befreundet. Dieter Ruckhaberle lenkt ein: »Mich kriegen Sie trotzdem nicht herum. Aber ich kenne da einen Kollegen, der ist Leiter eines städtischen Kunstamtes. Der schätzt den Ernst Fuchs sehr. Und ich glaube, der stört sich auch nicht an seiner Freundschaft zu Arno Breker. Er heißt Robert Wiese. Gehen Sie doch mal hin. Von mir brauchen Sie nicht unbedingt einen schönen Gruß zu bestellen.«

Na, dann wollen wir es mal bei Robert Wiese versuchen, im Kunstamt.

Sein Dienstzimmer ist beeindruckend. Ich war noch nie beim Bundeskanzler. Aber der sitzt vermutlich bescheidener. An den Wänden echte Expressionisten. Auf dem Perser eine geschmackvolle, antike Ledergarnitur. Und dann das Prunkstück des Zimmers: Ein bombastischer eichener Schreibtisch, überladen mit Schnitzwerk: Löwenköpfe, Löwentatzen, allegorische Figuren, die ganze Sagenwelt der Römer und der Griechen ist hier verewigt. Das kann nicht die Arbeit eines einzelnen Handwerkers sein. Mindestens ein Dutzend Künstler hat damit die Meisterprüfung für das Schreiner- und Drechslerhandwerk bestanden. Von dem Anblick kann ich mich kaum losreißen. Dahinter thront der Chef des Hauses. Er bemerkt meinen bewundernden Blick und lächelt geschmeichelt. Als wenn er das Ungetüm selbst gebastelt hätte. Was mich noch mehr verwundert: nicht eine einzige Akte auf der spiegelblanken Schreibtischfläche. Der Mann hat's gut. Ich wünschte, der käme mal nach Bonn und sähe meinen Tisch.

Herr Wiese hat mit seinem Monstrum Schlimmes erlebt. Beinahe wäre er es losgeworden. Er erzählt: »Das war so vor vierzehn Tagen, glaube ich. Da komme ich aus Ägypten von einem Kongreß. Wie ich nichtsahnend die Straße entlang gehe, steht vor dem Kunstamt ein Möbelwagen. Die Packer räumen ein, unser ganzes Mobiliar. In meinem Arbeitszimmer sind welche dabei, meinen schönen Schreibtisch wegzuschaffen. Sie holen gerade Verstärkung. Immerhin wiegt er so einige Zentner. Massives Holz.« Der Erzähler guckt mißvergnügt drein. Er erlebt die vergangenen Schrecknisse noch einmal, als wären sie gestern passiert. »Ich sage den Leuten: ›Lassen Sie bloß den Tisch stehen. Der bleibt hier im Zimmer.‹ Aber die nehmen sich nichts davon an. Ich soll mit dem Vorarbeiter sprechen. ›Der Senat hat beschlossen, daß alle neue Möbel kriegen. Modernere, aus Plastik, gut zu pflegen. Wer will denn heute noch den alten Krempel von anno dunnemals in den Büros rumstehen haben? Reine Staubfänger.‹ Ich wende mich verzweifelt an den Vorarbeiter, der hier das Sagen hat. Dieser ist alt und gebrechlich. Er geht tief gebückt, trägt einen grauen, nicht mehr ganz frischen Kittel und hakt mißmutig auf einer Liste die Möbel ab, die von den Arbeitern weggeschafft werden. Auf die Müllkippe. Mit meinem Wunsch, den Schreibtisch zu behalten, mag er sich nicht anfreunden. ›Schließlich habe ich meine Vorschriften. Meinen Sie, ich wollte Scherereien mit meinem Inspektor haben? Nur weil Ihnen die neuen Möbel nicht passen. Meinetwegen kommen Sie mit zur Müllkippe. Nehmen Sie sich einen Kleintransporter und ein paar Leute mit. Die können ja das Zeug von der Müllkippe wieder zurückbringen. Dann habe ich jedenfalls meinen Auftrag erledigt.‹ Ich denke, der Mann ist nicht richtig bei Trost. Wahrscheinlich Altersstarrsinn. Versuchen wir es mal mit Güte.

Der Versuch lohnt sich. Aufseufzend steckt der klapprige Vorarbeiter seine Liste in die Tasche. Er klettert mit mir die Treppe hoch. Bleibt mehrmals keuchend stehen. Ich mache mir schon schwere Vorwürfe. Sollen die meinetwegen das alte Möbel mitnehmen, ehe mir der Oldtimer auf der Treppe zusammenkracht.

Im Arbeitszimmer erkenne ich ihn nicht wieder. Straffe Haltung, Hände sozusagen an der Hosennaht. Die Augen leuchten. In verändertem Ton, mit markiger Stimme verkündet der alte Herr: ›Das hätten Sie mir gleich sagen sollen. Dieser Schreibtisch bleibt natürlich an Ort und Stelle. Kann ich mich für verbürgen.‹ Nanu, offenbar ein Kunstfreund. Das Leben steckt voller Überraschungen. Aber warum muß er dann so eine stramme Haltung einnehmen? Ich erfahre: ›Das ist der Schreibtisch von meinem früheren Chef. Vor dem habe ich mehrmals am Tag stramm gestanden und Meldung erstattet.‹ Was das denn für ein Chef gewesen sei, möchte ich gerne wissen. Der Alte lächelt verklärt: ›Ja, junger Mann, das können Sie natürlich nicht wissen. Mein Chef war Baldur von Schirach, der Reichsjugendführer persönlich. Das waren noch Zeiten! Und ich war sein Adjutant.‹ Die Erinnerung hat ihn gepackt. ›Später im Krieg war ich dann SS-General.‹

Die neuen Herren haben seine Rente beschnitten. Weil er angeblich nichts Vernünftiges gelernt und keine Beiträge zur Rentenversicherung gezahlt hat. Später, zu der Zeit der Wende, denke ich an die Rentenansprüche der ehemaligen DDR-Größen. Im Vergleich zu dem alten Herrn vom Berliner Fuhrpark, der keine Berufsausbildung vorweisen konnte, ist der Honecker schon besser dran. Der ist immerhin gelernter Dachdecker und könnte von seiner Rente leben, ohne ein Zubrot von der Städtischen Müllabfuhr.

Der Vorarbeiter ist zufrieden, der Amtsleiter strahlt, und der Schreibtisch bleibt stehen. Wo er hingehört. Aber: ›Eigentlich steht er hier falsch. Der Reichsjugendführer hatte unten sein Dienstzimmer. In dem großen Sitzungssaal. Da nimmt sich das Möbel auch viel besser aus. Kommt richtig zur Wirkung. Na ja, wollen mal fünfe gerade sein lassen. Meine Leute haben heute genug gearbeitet.‹

Aufgeräumt verabschiedet sich der Adjutant mit Handschlag, augenzwinkernd: ›Aber nichts verraten. Die Sache bleibt unter uns. Ehrensache.‹«

Herr Wiese verstummt. Die Schatten der Vergangenheit haben uns eingeholt.

Ein Wiener in Berlin: Ernst Fuchs würde gern in der Orangerie ausstellen

Bei meinem nächsten Besuch spreche ich Robert Wiese auf eine Ausstellung mit Ernst Fuchs in der Orangerie an. Ich habe recherchiert und bin nun etwas besser vorbereitet als bei dem Gespräch mit Dieter Ruckhaberle in der Kunsthalle.

Zunächst habe ich Herrn Fuchs nach seinem Verhältnis zu Arno Breker gefragt. Die beiden sind doch politisch meilenweit auseinander. Fuchs ist Halbjude. Er war im Krieg mit 15 Jahren in einem Heim für jüdische Kinder untergebracht. Die meisten seiner Freunde sind in Auschwitz umgekommen.

Ernst Fuchs bestätigt meine Vermutung: »Was der Breker mit Hitler zu schaffen hatte, interessiert mich überhaupt nicht. Der Mann ist heute über achtzig Jahre. Und immer noch sehr rüstig. Sie müssen sich mal die kleinen Frauenplastiken ansehen, die er in seinem Atelier in Düsseldorf modelliert.« Fuchs ist voller Anerkennung. »Die würden mir nicht gelingen. Seit Rodin hat es sowas überhaupt nicht mehr gegeben.«

Der Künstler sinnt nach: »Der Josef Stalin hat nach dem Krieg dem Breker einen Brief geschrieben. Eigenhändig. Habe ich selbst gesehen. Er sollte nach Moskau kommen und dort monumentale Bauten errichten. Aber der hat drauf verzichtet. Er sagte mir: Lieber in Düsseldorf genügsam und als Rentner leben, als in Sibirien im Arbeitslager landen.

Das ist schon ganz anderen Leuten passiert, denen der Diktator sein Wohlwollen entzogen hat. Den Brief aus Moskau soll sich der Herr, wie hieß er noch? Ja, richtig, Ruckhaberle, mal ansehen.«

Ich habe dem das bei passender Gelegenheit angeboten. Ob er davon Gebrauch gemacht hat, weiß ich jedoch nicht.

Die Plastiken des betagten Baumeisters kann man in Schwabing besichtigen, in der Prinz-Georg-Straße. Da stehen sie beim Kunsthändler Dr. med. Hartmann, einem gelernten Nervenarzt. Er vertreibt vor allem die Werke von Breker, Fuchs und Salvadore Dali. Die mickrigen, handtellergroßen Frauengestalten von Herrn Breker gefallen mir nicht. Vermutlich fehlt mir dafür der Kunstverstand.

Gegen eine Ausstellung in der Orangerie hat der Amtsleiter nichts einzuwenden, im Gegenteil. Er schätzt die Kunst von Ernst Fuchs, ohne Vorbehalte. Schon lange wollte er den großen Künstler stilvoll in Berlin präsentieren. Stilvoll bedeutet: Die Wände mit schwarzem Samt bespannt. Darauf, in raffinierter Anordnung, großflächige grellfarbene Malerei. Angestrahlt von Spotlights. In allen Räumen getragene Musik. Sie kommt aus dem Lautsprecher: Gesänge von Ernst Fuchs. Von ihm selbst komponiert und vorgetragen. Texte aus dem Alten Testament.

Hoffentlich sind es nicht dieselben Kassetten, die ich damals in Wien anhören mußte. Auf der Hüttelbergstraße 26, im Fiat. Wo die beiden verdächtigen Italiener auf dem Rücksitz saßen. Dann werde ich mir die Ausstellung wohl schenken.

Herr Wiese vermutet: »Einen kleinen Eigenbeitrag muß der Fuchs schon leisten. So für ganz umsonst kann ich das nicht machen.« Er hat so etwa an 50.000 DM gedacht. Für die Ausstattung und Beleuchtung. »Kriegen wir leicht alles wieder rein. Fuchs bringt aus Wien Bettwäsche mit, selbstbemalt und handsigniert. Da werden sich die Berliner drum reißen. Vermute ich mal. Außerdem kann er einige Packen Künstlerpostkarten loswerden. Das kriegt er leicht wieder raus, was jetzt investiert wird.« Ein kluger, praktischer Vorschlag, scheint mir. Aber nicht umzusetzen: Der Künstler aus Wien ist pleite.

Ich mag das nicht glauben und frage Frau Prosek, seine Sekretärin. Die war zwischendurch bei André Heller, dem Exzentriker aus Wien, tätig. Frau Prosek ist reumütig zur Hüttelbergstraße zurückgekehrt. Doch sie klagt: »Der Fuchs kann überhaupt nicht mit Geld umgehen. Der Mann hat natürlich seine Unkosten. Mehrmals geschieden, eine Reihe unversorgter Kinder. Das kostet. Malen kann er gut. Aber verkaufen, da hapert's bei ihm. Wenn er den Hartmann in Schwabing nicht hätte, ging's ihm ganz dreckig.« Frau Prosek sinnt nach. »Wenn Sie bei sich in Bonn einen kennen, der unser Haus kaufen möchte, rufen Sie bloß sofort an. Kriegen wir einen vernünftigen Preis geboten, trennen wir uns von dem ganzen Kram mit Kußhand. Und sofort.«

Aber da ist noch ein Haken: »Der Käufer muß in Wien erst mal mit der Regierung reden. Die haben uns eine Hypothek bewilligt und das ganze Anwesen unter Denkmalschutz gestellt.«

Jahre später hat es dann doch noch in Berlin geklappt: Bei mir im Büro klingelt das Telefon. Ich hebe ab, melde mich und höre: »Hier ist der Christoffel aus Berlin. Vom Kunstamt Willmersdorf. Wir beide kennen uns doch?« Ich erinnere mich vage. So ein langer, freundlicher Mensch. Noch ziemlich jung. Und schon Amtsleiter. Er wollte mir mal bei so einer Sache in Berlin helfen. Und ist dann über seine eigenen langen Beine gestolpert. Mal sehen, was er heute auf dem Herzen hat. »Ich habe da so eine Idee. Ganz überraschend habe ich Platz für eine Ausstellung. Da habe ich an die Grafik von Ernst Fuchs gedacht. So etwa die letzten zwei bis drei Jahrzehnte. Exponate habe ich in Hülle und Fülle. Ich weiß nur nicht, wie ich an den Künstler herankomme. Der soll so eigen sein. Wie ich von Herrn Ruckhaberle hörte, haben Sie doch Beziehungen.« Nun, so weit her ist das auch wieder nicht. Herr Christoffel ist noch nicht am Ende: »Ich stelle mir vor, wir machen auf Publicity: Der Senator eröffnet, Herr Fuchs führt in sein Werk ein. Ich fülle den Saal mit Prominenz aus der Kunstszene auf. Ach ja, daß ich nicht vergesse: Der Künstler kann seine Sekretärin ruhig mitbringen. Für beide reserviere ich Einzelzimmer, im Kempinski, mit Frühstück. Geld für die Reisekosten ist auch da. Wenn er will, kann er zwei Flugkarten kaufen. Natürlich Touristenklasse. Mehr ist nicht drin. Ist das nicht ein schönes Angebot für den Mann, der immer mal in Berlin groß rauskommen wollte?«

Ich bin da nicht so sicher. »Wann soll denn die Ausstellung sein?« Hoffentlich haben wir noch etwas Zeit, daß sich der Herr Fuchs von dem Anschlag erholen kann. Christoffel: »Ich denke so Mitte Mai. Wäre die beste Zeit.« Ich gucke auf den Kalender: Wir haben schon Mitte April.

Ich rufe die Zentrale an und lasse mir eine Privatleitung geben, nach Wien. Frau Prosek kommt an den Apparat, hört kaum zu und ist wütend: »Was denken sich die Leute da überhaupt in Berlin? Wir sind ausgebucht bis Jahresende. Und dann, ohne uns rechtzeitig zu fragen. Unter 20.000 DM gibt der Fuchs dazu nie seine Genehmigung. Da können die Berliner Gift drauf nehmen.«

Frau Prosek läßt sich besänftigen. Großer Empfang beim Senat, eine noble Herberge, Anreise im Flugzeug und Taxi am Flughafen. Die Presse wird berichten. Vielleicht kommt sogar der eine oder andere betuchte Kunstliebhaber und kauft ein.

Frau Prosek notiert sich die Telefonnummer in Wilmersdorf. Da wird der Herr Christoffel einiges zu hören kriegen. Ob der wohl immer so von heute auf morgen seine Ausstellungen zusammenschustert?

Den Rest erfahre ich aus der Lokalpresse: Es sei ein schöner Erfolg gewesen. Der Herr Senator hat persönlich eröffnet. Er steht mit Bild in der Zeitung. Seine Rede ist gleich mit abgedruckt.

Als ich einige Wochen später Herrn Christoffel treffe, weiß der gar nicht, wie er mir danken soll. Da kann ich ihm einen Tip geben. In der Ausstellung, die noch läuft, habe ich eine Grafik entdeckt, mit der ich liebäugele: »Der Tod und das Mädchen«. Das Thema ist nicht gerade originell, doch das Bild hätte ich gern erworben. Es gibt nur einen kleinen Schönheitsfehler: Es kostet so um die 5.000 DM. Kann auch mehr sein. So genau weiß das der Herr Christoffel nicht. Was scheren ihn die Preise. Die Mühe erspare ich ihm. Doch er will mir unbedingt was Gutes antun und hat schon eine preiswerte Alternative parat: »Von dem guten Stück gibt es auch Plakate. In den sechziger Jahren hat das Kunsthaus Ketterer in München eine Fuchs-Ausstellung gemacht.

Das Bild, das Ihnen so gefällt, gab es damals als Plakat. Direkt vom Stein abgezogen. Also: Originale Grafik. Kann ich bestimmt noch ein Blatt von besorgen. Dürfte nicht viel kosten. Das lasse ich Ihnen natürlich zum Selbstkostenpreis.« Ich bin zufrieden. Schließlich will ich ja nicht mit der Kunst handeln, teuer kaufen und dann spekulieren, sondern das Blatt an die Wand hängen und meine Freude daran haben. Freude ist vielleicht nicht das richtige Wort. Bei der Thematik.

Herr Christoffel muß lange suchen. Keiner hat das Blatt. Der eine oder andere Kunsthändler erinnert sich: »Das habe ich früher mal gesehen. Hat mir recht gut gefallen. Aber ob Sie das heute noch kriegen? Versuchen Sie Ihr Glück woanders.«

Herr Christoffel bedauert: »Nichts zu machen. Dabei hätte ich mich so gern erkenntlich gezeigt.« Er hatte wirklich nichts unversucht gelassen. Noch gestern abend hatte er Besuch aus Hamburg. Von einem Freund, den er lange nicht gesehen hat. Der war vor kurzem in Bonn. Dort hat er seinen Zug verpaßt und sich zwei Stunden die Beine in der Stadt vertreten. In einer stillen Ecke, wo sonst kaum ein Fremder hinkommt, hat der kunstliebende Freund eine kleine Galerie entdeckt: »Der Mann hat nur Plakate, die liegen da bündelweise herum. Vielleicht ist auch der Fuchs dabei.« Abends mache ich mich auf den Weg. Der Galerist macht gerade zu. »Am besten, Sie kommen morgen mal wieder, ich habe noch eine Verabredung.« Ich verlege mich aufs Bitten. Der Galerist: »Wenn Sie genau wissen, was Sie wollen, meinetwegen. Es muß aber fix gehen.«

Kaum zu glauben, werden meine Freunde sagen, wenn ich ihnen das erzähle: Die verschollene Lithografie liegt im ersten Haufen, und zwar ganz unten. Aber immerhin. Gut erhalten und kostet nur 100 DM. Der Galerist steckt das Geld ein, rollt das Bild zusammen und fragt geringschätzig: »Wer hat das überhaupt gemalt? Einen Ernst Fuchs aus Wien kenne ich nicht. Müßte ich schon mal gehört haben. Sicher so eine Nachwuchskraft. Sonst wäre ich das Blatt doch längst losgeworden. Im kunstliebenden Bonn.«

Jahrelang hängt das Blatt bei mir im Dienstzimmer. Zwischen zwei Glasplatten. Dann hat meine jüngste Tochter die Grafik mitgenommen, nach Hamburg. Sie studiert dort. Jura. In der Kunst haben wir denselben Geschmack. Das schafft Probleme. Am besten kauft man alles, was gefällt, gleich zweimal ein.

Bei Raritäten ist der Markt allerdings ziemlich eng. Nicht nur für Bilder, auch für Schallplatten. Sie erinnern sich: Den »Nowak« haben wir auch nur einmal kriegen können. Wenn es eine zweite Platte gäbe, hätte ich die für mich behalten. Ich finde die Aufnahme nämlich gar nicht übel. Im Vertrauen gesagt.

»Grüßen Sie den Kanzler von mir«, sagt der Senator

Robert Wiese hat nicht mehr lange Freude gehabt an seinem schönen Schreibtisch. Er hat kräftig in der Kommunalpolitik mitgemischt. Und das ist ihm schlecht bekommen. Er hat mir später erzählt, was ihm damals passierte – das muß so in den siebziger Jahren gewesen sein: »Kurz vor der letzten Wahl kam doch der Senator zu mir. Er sagte: ›Robert, wir haben solchen Ärger mit den Hausbesetzern in Kreuzberg. Du kennst doch die Szene gut. Zu Dir haben sie Vertrauen. Geh doch mal rüber. Wenn die sich bis zur Wahl nicht mehr rühren und es keine Krawalle mehr gibt, läßt der Senat mit sich reden. Ich denke schon, daß wir die Leute dann dort wohnen lassen können. Natürlich keine Kriminellen.‹«

Robert Wiese hat angebissen. »Ich bin also nach Kreuzberg raus und habe die Wogen geglättet. Das hat ein paar Abende gekostet. Und dann war alles paletti. Kaum war die Wahl vorbei, da hat man mit den Hausbesetzern kurzen Prozeß gemacht. Wer nicht freiwillig geräumt hat, ist von der Polizei rausgeprügelt worden. Ich habe davon einige Aufnahmen gemacht.«

Das hat Herrn Wiese aber nicht genügt. Er hat die Aufnahmen auf Wahlplakate montiert und diese Kollagen unters Volk gebracht. Die Serie hat er »Golgatha« genannt. Wegen der drei schwarzen Kreuze im Hintergrund. Die Serie war in Postkartengröße zu haben: zwölf Karten für fünf Mark. Das hat die Politiker in Berlin natürlich wenig gefreut.

Aber Herr Wiese ist standhaft geblieben. »Im Adenauer-Haus in Bonn habe ich eine Ausstellung eröffnet, Bilder von russischen Emigranten. In Gegenwart des Regierenden Bürgermeisters. Der war als Schutzpatron zur Ausstellung gekommen. Ich habe direkt an seiner Seite gesessen. Da mußte er sich meine Erlebnisse mit den Hausbesetzern anhören. Hat ihn ganz schön schockiert. Er wollte sich mal darum kümmern. Braucht er aber nicht mehr. Ich trete sowieso aus seiner Partei aus. Habe ich ihm bei der Gelegenheit mitgeteilt.« Ich möchte wissen, was der Regierende dazu gesagt hat. »Nicht allzu viel. Ganz lapidar hat der bloß gesagt: ›Wir halten keinen.‹«

Auch nicht im Amt. Da sitzt jetzt ein anderer hinter dem pompösen Schreibtisch des Reichsjugendführers Baldur von Schirach. Robert Wiese sitzt im Kelleratelier und malt. Regelmäßig stellt er in Berlin aus. Kritische Bilder mit sozialem Engagement. Die regen zum Nachdenken an und sind mit Augenmaß gefertigt. Keine verfremdeten Wahlplakate und auch keine Postkarten.

Eine solche Ausstellung lohnt den Besuch.

Der Protest des Künstlers auf den Wahlplakaten hatte für diesen noch ein übles Nachspiel. »Stellen Sie sich bloß vor, da flattert mir ein Strafbefehl von 5.000 DM und Gerichtskosten ins Haus. Wegen Verunglimpfung eines Polizisten. Ich halte das für einen Irrtum und frage nach.« Der Künstler erfährt, das habe alles seine Richtigkeit. »Auf einer der Postkarten, die Sie damals unters Volk gebracht haben, ist ein Polizeibeamter fotografiert. Ein junger Mann in voller Montur, gerüstet für den Straßenkampf. Steht vorm ›Cafe Knüppel‹. Der Mann hat was dagegen, sich lächerlich machen zu lassen. Kann man doch verstehen.« Robert Wiese wundert sich: »Aber das ist doch schon über ein Jahr her.« Antwort: »Der Mann hat sich erst jetzt gemeldet. Mit einem Strafantrag. Der Sache muß nachgegangen werden. Wir leben nun mal in einem Rechtsstaat.« Der Künstler erzählt mir das verbittert bei einem Besuch im Mercedes-Salon auf dem Kudamm. Da hat ein Nachwuchskünstler seine Bilder an die Wände gehängt. Ich weiß nicht recht, was wir bei dieser Vernissage sollen. Lauwarmen Sekt können wir auch woanders trinken. Und die Aquarelle lohnen keinen Blick. Der Mann hätte lieber ein ordentliches Handwerk erlernen sollen. Wie sagte doch dieser Tage ein Abgeordneter im Bundestag zur Diätenerhöhung: »Ein Abgeordneter verdient gerade mal soviel wie ein fleißiger und erfolgreicher Fliesenleger.« Das ist wohl anstrengender, als Bilder zu malen, aber es ernährt immerhin seinen Mann.

Als wir auf den Kudamm raus treten, kommt uns der Senator entgegen. Er hat sich verspätet. »Haben die schon angefangen, Robert?«

Aha, die beiden kennen sich wirklich gut. Hat also wohl gestimmt, was mir der Künstler erzählt hat. Da liegt Ärger in der Luft. Ich trete lieber ein bißchen an die Seite. In der Dunkelheit falle ich ohnehin nicht sonderlich auf. Schon geht die Streiterei los. Robert Wiese: »Du brauchst gar nicht so freundlich zu tun. Schickst mir so mir nichts dir nichts einen Strafbefehl ins Haus. Was denkst du denn, wo ich das Geld hernehmen soll?« Der Senator gibt sich gekränkt: »Das macht doch die Justiz. Auf die habe ich überhaupt keinen Einfluß.« Und dann vertraulich:

»Deine Malerei gefällt uns ja so gut. Meine Frau hat sich gerade noch ein Bild von dir gekauft. Das hat sie sich ins Schlafzimmer gehängt.«

Der Künstler ist nicht zu besänftigen. »Deine Frau kann sich meinetwegen ihre Bilder hinhängen, wo sie will. Ich jedenfalls zahle keinen Pfennig auf den lausigen Strafzettel. Egal, wer den geschickt hat. Staatsanwalt, Polizei oder wer das sonst sein mag. Ich gebe Dir eine Chance. Der Schrieb verschwindet im Papierkorb. Und Du kannst jeden Morgen zum Kaffee die Morgenzeitung lesen, ohne einen Schreck zu kriegen. Ich denke, das ist ein fairer Kompromiß.« Der Senator nickt ergeben. Das Thema gefällt ihm nicht. Schon gar nicht vor Zeugen. Er deutet auf mich und sagt: »Wen hast Du denn da mitgebracht, Robert?« Der antwortet zerstreut: »Irgend so ein Beamter. Mit dem bin ich befreundet. Kommt aus Bonn. Ein ziemlich hohes Tier, glaube ich, Staatssekretär oder so etwas ähnliches.« Er nennt meinen Namen.

Der Senator kommt strahlend auf mich zu, schüttelt mir die Hand und entschuldigt sich: »Habe Sie in der Dunkelheit ja gar nicht erkannt. Kann ich mir kaum verzeihen. Gestern Ihr Artikel in der FAZ. Was sage ich, große Klasse. Habe ich mit Genuß gelesen. Ein wahres Meisterstück.« Pause. »Wenn Sie wieder nach Bonn kommen, grüßen Sie den Kanzler von mir.«

Dazu werde ich wenig Gelegenheit haben. Vielleicht haben den Kanzler auch schon andere vom Senator gegrüßt. Damit tröste ich mich.

Das wäre fast ins Auge gegangen: Die Rückkehr des Leihbeamten nach Bonn

Kurz bevor ich Ende des Jahres 1991 meine Zelte in Rügen abbreche, machtlos gegen die Intrigen und Widerstände des Ministeriums in Schwerin, ruft mich eines Tages ein Kollege aus Bonn an, der im Ministerium eine Vertrauensstellung innehat. Er leitet das Büro des Staatssekretärs. Die meisten Beamten, die es soweit gebracht haben, genießen den Lakaiendienst »bei Hofe« und verlieren den Kontakt zu den Kollegen an der »Front«. Zu denen gehört der Anrufer aber nicht: Wir beide haben einige Jahre zusammen in einem Team gearbeitet und bei gefahrgeneigter Arbeit einige harte Nüsse gemeinsam geknackt. So was verbindet.

Der Anrufer, an sich ein Typ, der nur schwer aus der Ruhe zu bringen ist, wirkt besorgt. Zunächst erkundigt er sich nach meinem Befinden. Verdrossen erkläre ich ihm, daß ich mit meiner Mission gescheitert bin. »Man hat mich fühlen lassen, daß mein Engagement ganz unerwünscht war. Was sie von mir im Ministerium erwartet haben, waren Hand- und Kopflangertätigkeiten, keine Eigeninitiative.« Der Kollege wundert sich: »Ich habe doch hier im Büro des Staatssekretärs den ganzen Hickhack um Ihre Abordnung mitgekriegt. Soweit ich mich erinnere, haben Ihnen die Oberen aus Schwerin eine selbständige und kreative Arbeit übertragen. Sie sollten das Projektmanagement und die Koordinierung in der Arbeitsmarkt- und Weiterbildungspolitik übernehmen und dazu beitragen, eine Trägerlandschaft aufzubauen und Modellprojekte zu schaffen. Uns hat auch beeindruckt, daß Sie für die Finanzierung zuständig sein und Mittel der EG, des Bundes und des Landes beschaffen und daraus einen Topf für die Umwidmung der Anlage auf Rügen bilden und verwalten sollten. Das hat der dortige Staatssekretär schriftlich meinem Chef bestätigt.« Ich sage ihm, das sei alles dummes Gerede gewesen. In Wahrheit hätten sie in Schwerin einen Fachmann gebraucht, der ihnen die Immobilie ahnungslos zum Nulltarif in die Hände spielt. »Ich hätte ja längst auf Rügen Schluß gemacht. Aber leider ist mir erst nach und nach schrittweise ein Licht aufgegangen. Als ich meine Rolle ganz begriffen hatte, war die ›Leihzeit‹ schon herum.«

Der Kollege räuspert sich. Mein Mißerfolg tut ihm leid. Er habe geglaubt, die Arbeit in Prora fülle mich aus und reiche gut und gerne bis zur Pensionierung in einigen Jahren. Deshalb habe er auch kein Arg, mir mitzuteilen – er komme jetzt zum Kern seines heutigen Anrufes – daß man in Bonn nicht mehr mit mir rechne. Vornehm ausgedrückt, im Bonner Jargon. Direkter: »Die Politiker wollen Sie hier in Bonn nicht wiedersehen. Ihr altes Referat ist an die CDU gefallen und von denen neu besetzt worden. Wenn Sie Glück haben, kriegen Sie in der Abteilung ›Pinsel und Bürsten‹ ein totes Zimmer. Vielleicht kommen Sie auch zu einem Kollegen, der Sie bis zur Pensionierung schikaniert.«

Da ist guter Rat teuer. Mir hat es ganz schön die Sprache verschlagen. Der Kollege weiß Abhilfe: »Lassen Sie sich bloß rasch beim Staatssekretär einen Termin geben. Aber einen ›Personaltermin‹. Da weiß er, es geht um ganz persönliche Sachen. Da sagt er nie nein. Er ist kein Unmensch, der Chef.«

Ich frage nach der Begründung, was denn den Zorn der Leitung erregt hätte. »Haben die in Schwerin sich über mich in Bonn beschwert? Weil es nicht nach ihrer

Mütze gegangen ist, vielleicht.« Ich erfahre, das könne noch kommen. Aber heute gibt es einen anderen Grund für die Verärgerung. »Ja, wissen Sie denn nicht? Man wollte Sie doch gar nicht nach Schwerin ausleihen. Sie sollten in Bonn weiter Ihre Arbeit machen.« Ja richtig, ich erinnere mich dunkel. (»Was wollen Sie denn im ›Wilden Osten‹? Da schicken wir andere hin, die entbehrlicher sind.«)

Ich höre: »Da haben die in Schwerin kurzen Prozeß gemacht und sich beim Bundeskanzler beschwert. Oder damit gedroht. Ob die Zusage des Kanzlers nicht gelte, wenn FDP-Minister in den neuen Ländern Hilfe bräuchten.«

Die Reaktion im Ministerium können Sie sich denken: »Dann soll der Kerl doch hingehen, wo der Pfeffer wächst. Aber ein Zurück gibt's für den nicht mehr. Soll er da bleiben, bis er schwarz wird.« Und dieses Versprechen lösen sie nun ein.

Ich bedanke mich für den Tip. Solche Freunde sind selten. Ich bitte also um einen Personaltermin, einen möglichst raschen. Es sei dringlich. Dabei spekuliere ich auf die Neugierde. Nicht vergeblich. Im Handumdrehen ist der Termin da.

Mit starkem Unbehagen gehe ich hin. Der Staatssekretär gilt als »knallhart« bei Untergebenen. Er mag Beamte nicht sonderlich, die widerspenstig sind und einen eigenen Willen vorzeigen. Die Vorzimmerdamen sind gedämpfter Stimmung. Ein Gradmesser für das Klima beim Chef.

Der Staatssekretär tritt aus dem Zimmer. Betont distanzierter Blick. Spröde Begrüßung. »Sie haben um diesen Termin nachgesucht. Was haben Sie mir zu sagen? Bitte kurz und bündig!«

Ich weise dezent auf die Vorzimmerdamen. »Da brauchen Sie sich keine Sorgen zu machen. Reden Sie ungeniert. Vor denen habe ich keine Geheimnisse.« Wie schön. Ich nehme einen letzten Anlauf. Was ich zu sagen hätte, sei schon heikel. »Hinterher tut es Ihnen leid. Aber dann ist es zu spät.«

Der Staatssekretär schaut mürrisch drein. Er geht unwillig durch die Tür in sein Zimmer, bittet mich mit einem knappen Wink herein. So gerade hinter der kaum angelehnten Tür: »Aber bitte nur einen Satz. Ich habe überhaupt keine Zeit.«

Na, dann wollen wir mal anderthalb Narren auf einen setzen. »Darf es auch noch ein Nebensatz sein? Wirklich nur ein ganz kleiner.« Der Staatssekretär möchte sich beherrschen. Nur keine Miene verziehen. Aber er grinst schon ein wenig. Der ist eben ein gelernter Lehrer. Hauptsatz und Nebensatz, so etwas kennt er. Sein Stil ist im Hause gefürchtet. Geschliffen.

»Also, zuerst der Nebensatz. Er lautet: Wenn bekannt wird, was Spitzenbeamte und Spitzenpolitiker aus dem Westen in Schwerin anstellen.« Der Staatssekretär ist ganz Ohr. Sein Interesse ist geweckt. »Und wie lautet der Hauptsatz?« Aha, er hat angebissen, der Rest ist eine Kleinigkeit. »Der Hauptsatz heißt: Dann landen die statt in Pension im Knast.«

Der Staatssekretär wirkt besorgt. Er schließt behutsam die Tür. »Das müssen Sie mir mal genauer erzählen.« Er läßt im Polstersessel Platz nehmen. »Tee oder Kaffee? Zigarette? Ach ja, Sie rauchen ja nicht. Eigentlich schade.« Ja, das ist ein wahrhaft fürsorglicher Gastgeber: »Plätzchen müßten doch auch noch da sein.« Er hatte gestern hohen Besuch, sagt er mitteilsam. Dann lauscht er wieder. Konzentriert. Als ich ihm Einzelheiten berichte: »Ja, haben Sie denn Beweise?« Damit kann der Fuchs aus Dortmund mich nicht hereinlegen. »Das ist ja ganz was Neues. Seit wann wird in der Politik nach Beweisen gefragt? Ich kenne das nur so: Da steht was Verdrießliches in der Zeitung, so ganz aus heiterem Himmel, und wem der Ruf dabei angeknackst wird, der muß schon Phantasie entwickeln, um seine Haut zu retten.« Das kommt an. Diese Sprache versteht er, der gewiefte Politiker. Er gibt sich erstaunt: »Was, Sie waren schon bei der Zeitung? Wie heißt denn das Blatt?« Vorwurfsvoll: »Da hätten Sie aber zuerst mal zu mir kommen müssen, sich mir anvertrauen.« Ich kann ihn beruhigen: »Die Zeitung weiß noch nichts. Jedenfalls nicht von mir.« Ein unverhohlener Blick auf meine Aktentasche, die er schon längere Zeit verstohlen beäugt: »Was haben Sie da denn mitgebracht? Wenn das interessante Unterlagen sind, die hätte ich gern mal gesehen.« Die kann er haben. »Das sind natürlich Ablichtungen. Die Originale liegen bei mir zu Hause.« Trotzdem: Der Staatssekretär ist dankbar. »Ich werde die Sache mit dieser NVA-Kaserne – wie sagten Sie noch? In Prorea – oder so ähnlich – dem Herrn Wirtschaftsminister vortragen.«

Na, ist doch klar. Das hätte ich mir denken können. Der will doch Bundesvorsitzender seiner Partei werden: Da muß er natürlich wissen, was seine Parteifreunde in den Ländern so treiben. Besonders die im »Wilden Osten«.

Er wendet sich zu mir. Sein Blick sagt: »Sie sitzen ja immer noch hier herum. Mir langt es jetzt.« Verbindlich, mit freundlichem Unterton: »Kommen Sie doch nächste Woche wieder herein. Dann reden wir auch über Ihre Wiederverwendung hier im Haus.«

Im Vorzimmer steht der hilfreiche Bürovorsteher und ist neugierig, was ich verstehen kann. »Was hat ER gesagt?«

Er hört es und ist erleichtert. Was meinen Sie, wie froh ich selber war.

Am nächsten Freitag brauche ich nicht lange zu warten. Kein langes Drumrumreden. Es fallen klare Worte: »Also, wir sind beeindruckt. Sie haben allerhand geleistet in der kurzen Zeit. Meinen Respekt. Für die Unterrichtung danken wir. Ihr Referat kriegen Sie natürlich wieder. Die Umbesetzung? Eine vorübergehende Notlösung. Ich habe noch ein paar Sonderaufgaben für Sie, politisch wichtige Arbeiten. Die bekommen Sie dazu. Damit Ihr Referat an Bedeutung zunimmt. Gehen Sie zur Personalabteilung. Sie kennen ja den Leiter.« Ja, sicherlich. Der war vor einigen Jahren noch Bürovorsteher bei der Ministerin. Bei ihr hat er eine Blitzkarriere gemacht. Ruckzuck war der ganz oben.

Der Staatssekretär fügt schnell hinzu: »Aber lassen Sie mir zunächst ein paar Tage Zeit.« Im Hinausgehen sagt er mit leiser Stimme: »Das bleibt natürlich alles unter uns. Davon wollen wir keinen Gebrauch machen.«

Wenige Tage später suche ich den Personalchef auf, den mit der steilen Parteikarriere. Das Gespräch mit dem sonst zugeknöpften Kollegen verläuft in herzlicher Atmosphäre. Und dabei muß ein Parteifreund seinen Posten räumen. Für mich, den fast zu späten Heimkehrer. Was sagt der gerade? Kaum traue ich meinen Ohren: »Wir sind alle froh, daß Sie wieder bei uns sind. Und für die zusätzlichen Aufgaben gibt es auch zusätzliches Personal.« Das ist beileibe nicht immer so.

Auch der Chef der Fachabteilung, meist wenig zugänglich und eher verdrossen, ist aufgeräumt.

Den Dienst im Ministerium trete ich im Januar 1992 wieder an. Das Klima ist gut, die ganzen folgenden vier Jahre, gut wie nie zuvor. Die Kollegen staunen: »Was haben Sie nur mit dem Staatssekretär gemacht? Der hält große Stücke auf Sie.«

Ich lasse sie alle im dunkeln. Und es lohnt sich, den Mund zu halten. In der Folge wird der Schriftstellerkongreß in Prora ohne das übliche »Wenn« und »Aber« und »Muß das denn so teuer sein?« rasch und wohlwollend genehmigt. Keine Vorbedingungen zur Auswahl von Themen und Autoren. Im Gegenteil, ich werde ermutigt weiterzumachen. Und was ich nicht zu hoffen wagte: Auch die große Anthologie »Von Abraham bis Zwerenz« mit vielen, meist ostdeutschen Schriftstellern passiert den Instanzenweg oder, wie es in den Ministerien heißt, die hierarchische Leiter, ohne Nachfragen und das normale Gerangel, etwa mit den Fachleuten vom Haushalt.

Ganz im Gegenteil. Die Oberen sagen und schreiben: »Das ist ein gutes Projekt.« Sie wundern sich, daß nicht mehr Geld beantragt wird. »Hören Sie, eine gute Sache darf ruhig auch etwas kosten.« Erst viel später, als ein neuer Minister, der von Forschung und Technologie kommt und die Bildung, das Stiefkind, vereinnahmt und die Stellen streicht, rigoroser als sonst der ungeliebte Finanzminister, schlägt die Stimmung um. Ganz allmählich, aber beständig.

Ich kriege zu hören: »Was Sie da machen, ist doch Ihre reine Privatsache. Der Minister hält nichts davon.« Natürlich aus politischen Gründen. Aber das ist eine andere Geschichte und wäre wert, später einmal als Fortsetzung gedruckt zu werden.

Zunächst ist also alles »paletti«, wie es im Neudeutschen heißt. Man ist doch so locker.

Ein kleines Nachspiel stört vorübergehend die Harmonie: Ein erneuter Anruf aus dem Vorzimmer: »Es gibt wieder Ärger. Passen Sie bloß auf. Der Staatssekretär aus dem Ministerium in Schwerin kommt nächste Woche zum Staatssekretär nach Bonn. Zu einer Runde der hohen Beamten aus den neuen Ländern. Aber vorher hat er ein Viertelstündchen Sonderaudienz erbeten. Wie man flüstert, Ihretwegen.«

Also doch eine Beschwerde. Die Herren sind nachtragend. »Der will Ihnen ans Leder. Vermuten wir mal.«

Natürlich, der hat den Spieß einfach umgedreht. Aber soll er doch. Vielleicht zeigt ihm unser Staatssekretär die Ablichtungen. Die der Besucher kennt. Aber nicht an diesem Ort vermutet. Und das ist aus seiner Beschwerde und der Audienz geworden: Wenige Tage später erhalte ich Post aus Mecklenburg-Vorpommern, vom Staatssekretär in Schwerin. Die wollen mich doch nicht wiederhaben?

Ich öffne, lese den Text und bin ganz beruhigt. Er lautet:

»Sehr geehrter Herr Boeger,
für Ihr persönliches Engagement und die in der kurzen Zeit erzielten guten Ergebnisse beim Aufbau und in der Anlaufphase des Projektes ›Berufsbildungszentrum Prora / Rügen‹ möchte ich mich bei Ihnen herzlich bedanken.
Die Gründe, die einer weiteren Tätigkeit vor Ort entgegenstehen, habe ich Ihnen persönlich dargelegt.
Ich würde mich freuen, wenn Sie unserem Land verbunden blieben und Prora im Rahmen Ihrer Bonner Möglichkeiten weiter unterstützen könnten.

Mit den besten Wünschen für Ihre weitere dienstliche und private Zukunft

Ihr Staatssekretär N.N.«

»Den Brief«, sagt meine Frau zu mir, »den kannst Du Dir einrahmen lassen und an die Wand hängen. Sonst glaubt den Dir keiner.« Den Satz wollen wir denn mal unkommentiert so stehen lassen.

Bedanken, meinetwegen so »herzlich«, wie der Staatssekretär sich bei mir bedankt, können sich die Steuerzahler bei den Politikern und den hohen Beamten in der Landesregierung, die trotz aller Geschäftigkeiten, endlosen Beratungen und Sitzungen aber auch gar nichts in Prora zustande gebracht haben. Wie jüngst zu hören war, kostet der Erhaltungsaufwand der Ruine den geduldigen Steuerzahler jährlich 20 oder 30 Millionen DM. Das damals von mir in Rekordzeit erarbeitete Nutzungskonzept, das vom Kabinett in Schwerin beschlossen und abgesegnet wurde, liegt als wertloses Papier in der Registratur und verschimmelt. Das hat auch ein Berliner Notar nicht verhindern können, dem seriöse Investoren 150 Millionen DM – die verlangte Kaufsumme – zur Verfügung gestellt hatten. Trotz Zusicherung, die Konzeption der Landesregierung umzusetzen, stellten immer neue Bedenken, Einwände und Auflagen der Finanzbeamten in Rostock die Geduld der Anlieger auf eine harte Probe. Kurz vor Vertragsabschluß wurde – Hals über Kopf – der zuständige Beamte in Bonn ausgewechselt. Den Nachfolger habe ich wenig engagiert kennengelernt. »Ich soll selbst nach Prora fahren und mir die Anlage ansehen? Wie kommen Sie denn auf so eine Idee?« Kein Wunder, daß die Investoren Prora aufgegeben haben.

Auch in Schwerin gibt es neue Gesichter. Der Staatssekretär, der sich bei mir so bedankt hatte, hat inzwischen seinen Hut genommen. Nicht wegen Prora. Beileibe nicht. Seine Parteifreunde haben die 5%-Hürde bei der Wahl in Mecklenburg-Vorpommern nicht übersprungen. Das war auch das »Aus« für den Karrierebeamten aus Kiel. Wie ich erfahre, ist er in Schwerin geblieben. Als Rechtsanwalt.

Sein treuer Adlatus, der zungenfertige Abteilungsleiter, der »alles fest im Griff hat«, sitzt dagegen immer noch im Ministerium. Er hat seinen Sessel gut plaziert und berät die neuen Herren.

Hoffentlich noch besser als die alten.

Aber ganz so untätig ist die Landesregierung doch nicht geblieben. Sie hat die Ruine von Adolf Hitler und Bauminister Speer unter Denkmalschutz gestellt.

Da frage ich mich doch, an wen dieses Zeugnis von Größenwahn und Geltungssucht den Touristen erinnern soll.

Wie sagte doch ein hoher Beamter in der Landesregierung: »Die Sache ist ganz schön schief gelaufen.« Aber doch nicht nur in Prora auf Rügen. Da sieht man es nur etwas deutlicher als anderswo im »Wilden Osten«.

Inhalt

Die Deutsche Bibliothek – CIP Einheitsaufnahme

Boeger, Wilhelm: Der Leihbeamte. Berichte aus
Bonn, Schwerin und anderen Kleinstädten.
Halle: Mitteldeutscher Verlag 1998
ISBN 3-932776-08-9

Printed in Germany
Umschlaggestaltung: Klaus Ensikat